enVision® Matemáticas

Volumen 2 Temas 8 a 16

Autores

Randall I. Charles
Professor Emeritus
Department of Mathematics
San Jose State University
San Jose, California

Jennifer Bay-Williams
Professor of Mathematics
Education
College of Education and Human
Development
University of Louisville
Louisville, Kentucky

Robert Q. Berry, III
Professor of Mathematics
Education
Department of Curriculum,
Instruction and Special Education
University of Virginia
Charlottesville, Virginia

Janet H. Caldwell
Professor Emerita
Department of Mathematics
Rowan University
Glassboro, New Jersey

Zachary Champagne
Assistant in Research
Florida Center for Research in
Science, Technology, Engineering,
and Mathematics (FCR-STEM)
Jacksonville, Florida

Juanita Copley
Professor Emerita
College of Education
University of Houston
Houston, Texas

Warren Crown
Professor Emeritus of Mathematics
Education
Graduate School of Education
Rutgers University
New Brunswick, New Jersey

Francis (Skip) Fennell
Professor Emeritus of
Education and Graduate and
Professional Studies
McDaniel College
Westminster, Maryland

Karen Karp
Visiting Professor of
Mathematics Education
School of Education
Johns Hopkins University
Baltimore, Maryland

Stuart J. Murphy
Visual Learning Specialist
Boston, Massachusetts

Jane F. Schielack
Professor Emerita
Department of Mathematics
Texas A&M University
College Station, Texas

Jennifer M. Suh
Associate Professor for
Mathematics Education
George Mason University
Fairfax, Virginia

Jonathan A. Wray
Mathematics Supervisor
Howard County Public Schools
Ellicott City, Maryland

D1088644

SAVVAS
LEARNING COMPANY

Matemáticos

Roger Howe
Professor of Mathematics
Yale University
New Haven, Connecticut

Gary Lippman
Professor of Mathematics and
Computer Science
California State University, East Bay
Hayward, California

Asesores de ELLs

Janice R. Corona
Independent Education Consultant
Dallas, Texas

Jim Cummins
Professor
The University of Toronto
Toronto, Canada

Revisores

Katina Arnold
Teacher
Liberty Public School District
Kansas City, Missouri

Christy Bennett
Elementary Math and Science
Specialist
DeSoto County Schools
Hernando, Mississippi

Shauna Bostick
Elementary Math Specialist
Lee County School District
Tupelo, Mississippi

Samantha Brant
Teacher
Platte County School District
Platte City, Missouri

Jamie Clark
Elementary Math Coach
Allegany County Public Schools
Cumberland, Maryland

Shauna Gardner
Math and Science Instructional Coach
DeSoto County Schools
Hernando, Mississippi

Kathy Graham
Educational Consultant
Twin Falls, Idaho

Andrea Hamilton
K-5 Math Specialist
Lake Forest School District
Felton, Delaware

Susan Hankins
Instructional Coach
Tupelo Public School District
Tupelo, Mississippi

Barb Jamison
Teacher
Excelsior Springs School District
Excelsior Springs, Missouri

Pam Jones
Elementary Math Coach
Lake Region School District
Bridgton, Maine

Sherri Kane
Secondary Mathematics
Curriculum Specialist
Lee's Summit R7 School District
Lee's Summit, Missouri

Jessica Leonard
ESOL Teacher
Volusia County Schools
DeLand, Florida

Jill K. Milton
Elementary Math Coordinator
Norwood Public Schools
Norwood, Massachusetts

Jamie Pickett
Teacher
Platte County School District
Kansas City, Missouri

Mandy Schall
Math Coach
Allegany County Public Schools
Cumberland, Maryland

Marjorie Stevens
Math Consultant
Utica Community Schools
Shelby Township, Michigan

Shyree Stevenson
ELL Teacher
Penns Grove-Carneys Point
Regional School District
Penns Grove, New Jersey

Kayla Stone
Teacher
Excelsior Springs School District
Excelsior Springs, Missouri

Sara Sultan
PD Academic Trainer, Math
Tucson Unified School District
Tucson, Arizona

Angela Waltrup
Elementary Math Content Specialist
Washington County Public Schools
Hagerstown, Maryland

SAVVAS
LEARNING COMPANY

ISBN-13: 978-0-13-496286-3
ISBN-10: 0-13-496286-9

Recursos digitales

¡Usarás estos recursos digitales a lo largo del año escolar!

Visita SavvasRealize.com

 Libro del estudiante
Tienes acceso en línea y fuera de línea.

 Aprendizaje visual
Interactúa con el aprendizaje visual animado.

 Cuaderno de práctica adicional
Tienes acceso en línea y fuera de línea.

 Amigo de práctica
Haz prácticas interactivas en línea.

 Herramientas matemáticas
Explora las matemáticas con herramientas digitales.

Evaluación
Muestra lo que aprendiste.

 Glosario
Lee y escucha en inglés y en español.

SAVVAS realize.™ Todo lo que necesitas para las matemáticas a toda hora y en cualquier lugar.

Contenido

Recursos digitales en SavvasRealize.com

¡Recuerda que tu Libro del estudiante está disponible en SavvasRealize.com!

TEMA 5 en volumen 1

Usar modelos y estrategias para dividir números enteros

TEMA 6 en volumen 1

Usar modelos y estrategias para dividir números decimales

TEMA 7 en volumen 1
Usar fracciones equivalentes para sumar y restar fracciones

Aquí se muestra cómo multiplicar dos fracciones.

TEMA 8 Usar la multiplicación para multiplicar fracciones

Aquí se muestra cómo usar un modelo para dividir un número entero por una fracción unitaria.

$$3 \div \frac{1}{4} = 3 \times \frac{4}{1} = 12$$

TEMA 9 Usar la división para dividir fracciones

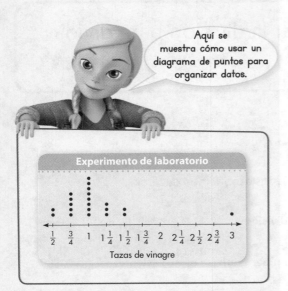

Aquí se muestra cómo usar un diagrama de puntos para organizar datos.

Experimento de laboratorio

Tazas de vinagre

TEMA 10 Representar e interpretar datos

Aquí se muestra una manera de hallar el volumen de un prisma rectangular.

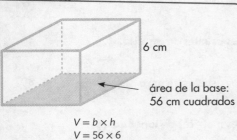

6 cm

área de la base: 56 cm cuadrados

$V = b \times h$
$V = 56 \times 6$
$V = 336$ cm cúbicos

TEMA 11 Conceptos de volumen

Aquí se muestra cómo se relacionan las unidades usuales de longitud.

1 pie = 12 pulgadas (pulgs.)
1 yarda (yd) = 3 pies = 36 pulgs.
1 milla (mi) = 1,760 yd = 5,280 pies

TEMA 12 Convertir medidas

Aquí se muestra cómo usar el orden de las operaciones para evaluar una expresión.

$$12 \div 4 + (9 - 2) \times (3 + 5)$$

$$12 \div 4 + \quad 7 \quad \times \quad 8$$

$$3 \quad + \quad 56$$

$$59$$

TEMA 13 Escribir e interpretar expresiones numéricas

Esta gráfica muestra pares ordenados en una gráfica de coordenadas.

TEMA 14 Hacer gráficas de puntos en un plano de coordenadas

Aquí se muestra cómo los pares ordenados forman un patrón en la gráfica de coordenadas.

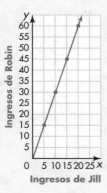

Ingresos de Jill (x)	Ingresos de Robin (y)
0	0
5	15
10	30
15	45
20	60

TEMA 15 Álgebra: Analizar patrones y relaciones

Estos son diferentes tipos de cuadriláteros.

TEMA 16 Medición geométrica: Clasificar figuras bidimensionales

Manual de Prácticas matemáticas y resolución de problemas

📶 El **Manual de Prácticas matemáticas y resolución de problemas** está disponible en SavvasRealize.com

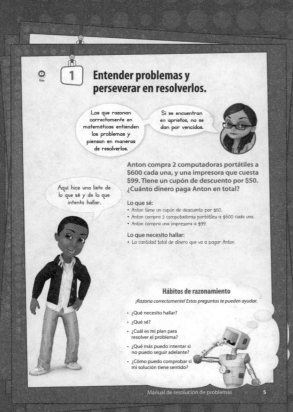

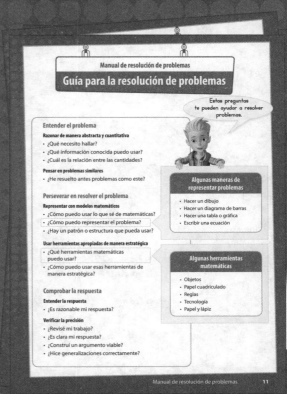

Prácticas matemáticas

Guía para la resolución de problemas

Resolución de problemas: Hoja de anotaciones

Diagrama de barras

Usar la multiplicación para multiplicar fracciones

Preguntas esenciales: ¿Qué significa multiplicar los números enteros y las fracciones? ¿Cómo se pueden usar los modelos y los símbolos para mostrar la multiplicación con los números enteros y las fracciones?

Recursos digitales

Libro del estudiante   Aprendizaje visual   Práctica

Evaluación   Herramientas   Glosario

Los cambios físicos son reversibles.

Puedes cambiar una sustancia de modo que se vea y se sienta diferente, pero siga siendo la misma sustancia. Las moléculas no han cambiado.

Una sustancia puede actuar diferente debido a un cambio físico. Este es un proyecto sobre las ciencias en la cocina.

Proyecto de ënVision° STEM: Química en la cocina

Investigar Usa Internet u otros recursos para aprender acerca de los cambios físicos en las sustancias. Busca ejemplos de cambios físicos que ocurren mientras cocinas. Cuando condensas, congelas, derrites, vaporizas o bates para incorporar aire en una sustancia, realizas un cambio físico en esa sustancia.

Diario: Escribir un informe Incluye lo que averiguaste. En tu informe, también:

- da ejemplos de alimentos que normalmente se condensan, congelan, derriten, vaporizan o baten.

- escribe tu receta favorita que requiera hacer cambios físicos en los alimentos.

- inventa y resuelve problemas de multiplicación con fracciones y números mixtos.

⭐Repasa lo que sabes

🅰️ Vocabulario

Escoge el mejor término del recuadro.
Escríbelo en el espacio en blanco.

- factor
- fracciones de referencia
- fracciones equivalentes
- múltiplo
- número mixto

1. Para estimar la suma de dos o más fracciones, reemplaza los sumandos por _____.

2. Puedes hallar _____ multiplicando el numerador y el denominador de una fracción por el mismo número distinto de cero.

3. Un _____ de un número es un producto del número y cualquier número entero distinto de cero.

Multiplicar y dividir

Halla los productos o cocientes.

4. 108×2

5. $270 \div 30$

6. 243×20

7. $288 \div 24$

8. 456×11

9. $432 \div 24$

Sumas y diferencias de fracciones

Halla las respuestas.

10. $\frac{5}{9} + \frac{8}{9}$

11. $2\frac{2}{3} + 5\frac{1}{2}$

12. $\frac{11}{12} - \frac{2}{3}$

13. $6\frac{7}{10} - 2\frac{3}{5}$

14. En la biblioteca, Herb pasó $\frac{1}{6}$ de hora buscando un libro, $\frac{1}{4}$ de hora leyendo y $\frac{1}{2}$ hora investigando en la computadora. ¿Cuántas horas pasó Herb en la biblioteca?

Denominadores comunes

15. Explica cómo puedes hallar un común denominador para $\frac{3}{5}$ y $\frac{5}{8}$.

Nombre

PROYECTO
8A

¿Qué historia cuenta tu colcha de retazos?

Proyecto: Diseña una colcha de retazos

PROYECTO
8B

¿Puedes hacer arte solo con notas adhesivas?

Proyecto: Crea un mural de notas adhesivas

¿Cuánto calcio necesita tu cuerpo?

Proyecto: Analiza menús de comidas ricas en calcio

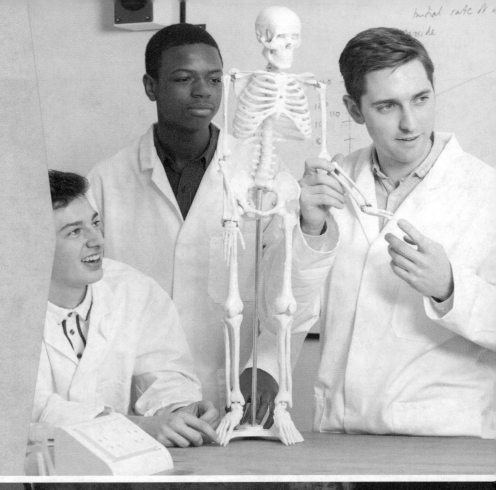

¿Alguna vez estuviste en una caverna?

Proyecto: Crea un modelo a escala de una caverna

Nombre _____

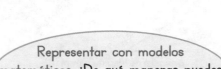

Sasha caminó $\frac{1}{2}$ milla cada día durante 5 días. ¿Cuánto caminó en total? Haz un dibujo o usa un modelo que te ayude a resolver el problema.

Representar con modelos matemáticos ¿De qué maneras puedes representar problemas de multiplicación?

Puedo...
multiplicar una fracción por un número mixto.

También puedo representar con modelos matemáticos para resolver problemas.

¡Vuelve atrás! ¿Cómo te ayuda usar un modelo a multiplicar una fracción por un número entero?

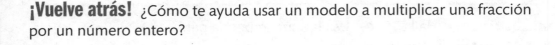

Pregunta esencial **¿Cómo se puede multiplicar una fracción por un número entero?**

A

Joann quiere preparar 6 recetas de ponche de fruta. ¿Cuántas tazas de jugo de naranja necesita?

Necesito hallar $6 \times \frac{2}{3}$.

$\frac{2}{3}$ de taza de jugo de naranja por cada receta

B

Una manera de representar $6 \times \frac{2}{3}$ es usar la suma repetida.

$6 \times \frac{2}{3} = \frac{2}{3} + \frac{2}{3} + \frac{2}{3} + \frac{2}{3} + \frac{2}{3} + \frac{2}{3}$

$= \frac{6 \times 2}{3}$

$= \frac{12}{3}$

Por tanto, $6 \times \frac{2}{3} = \frac{12}{3} = 4$.

C

Puedes pensar en $\frac{2}{3}$ como 2 veces $\frac{1}{3}$.

$\frac{2}{3} = 2 \times \frac{1}{3}$

Por tanto, $6 \times \frac{2}{3} = 6 \times \left(2 \times \frac{1}{3}\right)$.

Usa la propiedad asociativa.

$6 \times \left(2 \times \frac{1}{3}\right) = (6 \times 2) \times \frac{1}{3}$

$= 12 \times \frac{1}{3}$

$= \frac{12}{3} = 4$

Joann necesita 4 tazas de jugo de naranja para preparar 6 recetas de ponche.

¡Convénceme! **Usar la estructura** Halla $10 \times \frac{3}{5}$. Usa la suma repetida para comprobar tu respuesta. Muestra todo tu trabajo.

Nombre _____

☆ Práctica guiada

¿Lo entiendes?

1. Explica por qué $8 \times \frac{3}{4}$ es lo mismo que sumar $\frac{3}{4} + \frac{3}{4} + \frac{3}{4} + \frac{3}{4} + \frac{3}{4} + \frac{3}{4} + \frac{3}{4} + \frac{3}{4}$.

2. Halla $2 \times \frac{3}{5}$. Sombrea el modelo como ayuda para resolver.

¿Cómo hacerlo?

3. Halla $3 \times \frac{2}{3}$ usando la suma repetida.

4. Halla $6 \times \frac{3}{4}$ usando la propiedad asociativa.

☆ Práctica independiente

Práctica al nivel Para **5** a **7**, completa las ecuaciones para hallar los productos.

5. $6 \times \frac{3}{4} = \frac{\square}{\square} + \frac{\square}{\square} + \frac{\square}{\square} + \frac{\square}{\square} + \frac{\square}{\square} + \frac{\square}{\square} = \frac{\square \times \square}{\square} = \frac{18}{4} = \boxed{}$

6. $16 \times \frac{3}{8} = 16 \times \square \times \frac{1}{8} = \frac{\square \times 1}{8} = \frac{\square}{\square} = \square$

7. $500 \times \frac{2}{5} = \boxed{} \times 2 \times \frac{\square}{5} = \frac{\boxed{} \times 1}{5} = \frac{1{,}000}{\square} = \boxed{}$

Para **8** a **15**, halla los productos. Usa modelos como ayuda, si lo necesitas.

8. $35 \times \frac{2}{5}$

9. $7 \times \frac{5}{12}$

10. $9 \times \frac{2}{3}$

11. $300 \times \frac{1}{2}$

12. $64 \times \frac{3}{8}$

13. $900 \times \frac{2}{3}$

14. $84 \times \frac{1}{4}$

15. $42 \times \frac{2}{7}$

Resolución de problemas

16. Razonamiento de orden superior Explica cómo hallarías $36 \times \frac{3}{4}$ mentalmente.

17. Cada vuelta en una pista tiene $\frac{5}{6}$ de kilómetro. Samantha recorrió la pista 24 veces. ¿Cuántos kilómetros manejó Samantha?

18. Drake está haciendo capas. Usa $\frac{1}{3}$ de yarda de tela para cada capa que hace. ¿Cuál es la cantidad total de tela que necesita Drake para hacer 96 capas?

19. Bradley prepara ensalada de frutas. Para cada tazón de ensalada de frutas, necesita $\frac{3}{4}$ de taza de uvas. ¿Cuántas tazas de uvas usará si prepara 24 tazones de ensalada de frutas?

20. Construir argumentos ¿Piensas que la diferencia 1.4 − 0.95 es menor que 1 o mayor que 1? Explícalo.

21. Escribe una expresión de multiplicación que represente 10^6.

22. La tabla muestra la cantidad de millas que corrió cada persona esta semana. ¿Quién corrió más millas al terminar la semana? ¿Cuántas más?

DATOS	Lunes	Miércoles	Sábado
Pat	2.75 mi	3 mi	2.5 mi
Toby	2 mi	2.25 mi	3.5 mi

Práctica para la evaluación

23. Selecciona todas las ecuaciones que se harán verdaderas con la fracción $\frac{3}{8}$.

- ☐ $96 \times \boxed{} = 36$
- ☐ $38 \times \boxed{} = 14$
- ☐ $16 \times \boxed{} = 6$
- ☐ $56 \times \boxed{} = 21$

24. Selecciona todas las ecuaciones que se harán verdaderas con el número 56.

- ☐ $\boxed{} \times \frac{1}{2} = 28$
- ☐ $\boxed{} \times \frac{2}{7} = 16$
- ☐ $\boxed{} \times \frac{8}{9} = 49$
- ☐ $\boxed{} \times \frac{1}{4} = 14$

Nombre _____

Resuélvelo y coméntalo

Brandon tiene 6 huevos. Necesita $\frac{2}{3}$ de los huevos para hacer una tortilla de huevos. ¿Cuántos huevos necesita?

Representar con modelos matemáticos
¿Te ayudaría un dibujo a representar la situación?

Puedo...
multiplicar un número entero por una fracción.

También puedo representar con modelos matemáticos para resolver problemas.

¡Vuelve atrás! ¿Tu respuesta debe ser menor o mayor que 6? ¿Cómo lo sabes?

Aprendizaje visual   A-Z Glosario

 Pregunta esencial **¿Cómo puedes multiplicar un número entero por una fracción?**

Puente de aprendizaje visual

A

Claudia tiene 8 yardas de tela. Necesita $\frac{3}{4}$ de la tela para hacer un banderín. ¿Cuántas yardas de tela necesita?

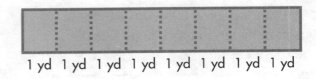

1 yd 1 yd 1 yd 1 yd 1 yd 1 yd 1 yd 1 yd

Puedes usar modelos para representar el problema.

Necesitas hallar $\frac{3}{4}$ de 8.

B ## Paso 1

Dado que debes hallar $\frac{3}{4}$ de 8, divide el modelo en 4 partes iguales.

$\frac{1}{4}$ de 8 $\frac{1}{4}$ de 8 $\frac{1}{4}$ de 8 $\frac{1}{4}$ de 8

$\frac{1}{4}$ de $8 = \frac{1}{4} \times 8 = 2$

C ## Paso 2

Dado que debes hallar $\frac{3}{4}$ de 8, quita 3 de esas partes para formar 6.

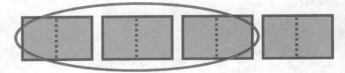

$$\frac{3}{4} \times 8 = \left(3 \times \frac{1}{4}\right) \times 8 = 3 \times \left(\frac{1}{4} \times 8\right)$$
$$= 3 \times 2 = 6$$

Por tanto, $\frac{3}{4} \times 8 = 6$.

Claudia necesita 6 yardas de tela para hacer un banderín.

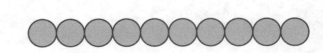

¡Convénceme! **Representar con modelos matemáticos**

Lydia halló así el producto $\frac{4}{5} \times 10$.

$$\frac{4}{5} \times 10 = 4 \times \frac{1}{5} \times 10$$
$$= 4 \times \frac{10}{5}$$
$$= 4 \times 2 = 8$$

Usa el modelo de la derecha para demostrar que la respuesta de Lydia es correcta.

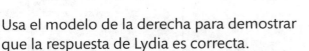

338   **Tema 8** | Lección 8-2

Copyright © Savvas Learning Company LLC. All Rights Reserved.

Otro ejemplo

Halla $\frac{3}{4} \times 2$.

Divide 2 en 4 partes iguales.

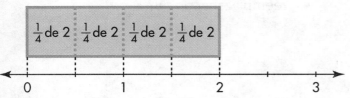

| $\frac{1}{4}$ de 2 | $\frac{1}{4}$ de 2 | $\frac{1}{4}$ de 2 | $\frac{1}{4}$ de 2 |

0   1   2   3

Cada parte es $\frac{1}{2}$. Por tanto, 3 partes hacen $\frac{3}{2}$.

Por tanto, $\frac{3}{4} \times 2 = \frac{3}{2}$.

Piensa en tres cuartos de 2 enteros.

☆ Práctica guiada

¿Lo entiendes?

1. Explica por qué el producto de $4 \times \frac{2}{3}$ es igual al producto de $\frac{2}{3} \times 4$.

2. En el problema de la parte superior de la página 338, ¿qué ecuación de multiplicación se podría usar para hallar cuántas yardas de tela no usó Claudia?

¿Cómo hacerlo?

Para **3** y **4**, usa el modelo para hallar los productos.

3. $\frac{2}{3} \times 6$

4. $\frac{3}{8} \times 4$

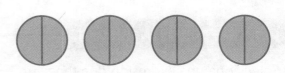

☆ Práctica independiente

Para **5** a **7**, halla los productos. Dibuja modelos como ayuda.

5. $\frac{2}{3} \times 15$

6. $\frac{11}{12} \times 6$

7. $\frac{5}{8} \times 16$

Resolución de problemas

8. Construir argumentos Janice dijo que cuando multiplicas una fracción menor que 1 por un número entero distinto de cero, el producto siempre es menor que el número entero. ¿Estás de acuerdo? Explícalo.

9. enVision® STEM Un científico quiere investigar cómo cambian las propiedades del agua cuando se le agrega sal. Por cada taza de agua que tiene, reemplaza $\frac{1}{8}$ con sal. Si tiene 24 tazas de agua, ¿cuántas tazas reemplazará con sal?

10. Shanna va a la escuela 1 semana más que $\frac{3}{4}$ del año. ¿Cuántas semanas al año va a la escuela?

Un año tiene 52 semanas.

11. Razonamiento de orden superior Gina tiene 48 calcomanías. $\frac{3}{8}$ de las calcomanías tienen dibujos de flores. $\frac{1}{8}$ tienen dibujos de plantas. El resto de las calcomanías tiene dibujos de personas. ¿Cuántas calcomanías tienen dibujos de personas? Explica cómo hallaste tu respuesta.

12. Dos libros de pasta blanda cuestan $10 en total. ¿Cuánto cambio recibirá Stacy si compra dos libros de pasta dura y dos libros de pasta blanda y le da al cajero tres billetes de $20?

Oferta: Libros de pasta dura a $18.25 cada uno

Práctica para la evaluación

13. Selecciona una expresión que tenga un producto de 12.

☐ $\frac{3}{4} \times 16$

☐ $\frac{5}{12} \times 12$

☐ $\frac{2}{5} \times 30$

☐ $\frac{2}{3} \times 15$

14. Selecciona la ecuación que se hará verdadera con el número 4.

☐ $\frac{2}{3} \times \square = \frac{8}{3}$

☐ $\frac{5}{6} \times \square = 10$

☐ $\frac{1}{12} \times \square = \frac{1}{3}$

☐ $\frac{3}{8} \times \square = \frac{3}{2}$

Nombre _____

Resuélvelo y coméntalo

Julia tiene 10 yardas de cinta. Divide la cinta en 3 pedazos iguales y usa 2 pedazos para regalos. ¿Cuánta cinta usa? *Resuelve este problema de la manera que prefieras.*

10 yd

Puedo...
multiplicar fracciones y números enteros.

También puedo representar con modelos matemáticos para resolver problemas.

Representar con modelos matemáticos Puedes usar palabras, dibujos y ecuaciones para resolver el problema. ¡Muestra tu trabajo en el espacio de arriba!

¡Vuelve atrás! ¿Tu respuesta debe ser menor o mayor que 5? ¿Cómo lo sabes?

Pregunta esencial

¿Cómo se pueden multiplicar fracciones y números enteros?

A

Hal pasó $\frac{3}{4}$ de hora leyendo todos los días durante 7 días. ¿Cuánto tiempo pasó leyendo en total?

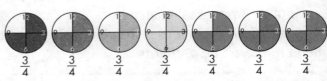

$\frac{3}{4}$ de horas que pasó leyendo todos los días durante 7 días

Necesito hallar $7 \times \frac{3}{4}$.

B Multiplica para hallar la cantidad de cuartos.

$$7 \times \frac{3}{4} = 7 \times 3 \times \frac{1}{4}$$
$$= 21 \times \frac{1}{4}$$
$$= \frac{21}{4}$$

Vuelve a escribir la fracción como un número mixto.

$$\frac{21}{4} = 5\frac{1}{4}$$

Hal pasó $5\frac{1}{4}$ horas leyendo.

Para expresar $\frac{21}{4}$, de otra manera, divide el numerador por el denominador.

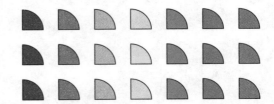

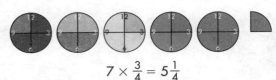

$$7 \times \frac{3}{4} = 5\frac{1}{4}$$

¡Convénceme! **Hacerlo con precisión** ¿Cuáles son los productos de $\frac{4}{9} \times 6$ y $6 \times \frac{4}{9}$?

☆ Práctica guiada

¿Lo entiendes?

1. ¿Cuánto es $\frac{3}{4}$ de una cinta de 7 pies de longitud?

2. Explica cómo $\frac{3}{4} \times 7$, $7 \times \frac{3}{4}$, y $3 \times \frac{7}{4}$ están relacionadas.

¿Cómo hacerlo?

Para **3** a **5**, halla los productos. Escribe el producto como un número mixto.

3. $\frac{3}{8} \times 4 = \dfrac{\square \times \square}{\square} = \dfrac{\square}{\square} = \square\dfrac{\square}{\square} = \square\dfrac{\square}{\square}$

4. $8 \times \frac{5}{6} = \dfrac{\square \times \square}{\square} = \dfrac{\square}{\square} = \square\dfrac{\square}{\square} = \square\dfrac{\square}{\square}$

5. $5 \times \frac{4}{7} = \dfrac{\square \times \square}{\square} = \dfrac{\square}{\square} = \square\dfrac{\square}{\square}$

☆ Práctica independiente

Práctica al nivel Para **6** a **16**, halla los productos. Escribe el producto como un número mixto.

Recuerda que puedes usar la división para expresar una fracción como un número mixto.

6. $\frac{3}{4} \times 14 = \dfrac{\square \times \square}{\square} = \dfrac{\square}{\square} = \square\dfrac{\square}{\square} = \square\dfrac{\square}{\square}$

7. $600 \times \frac{2}{3} = \dfrac{\square \times \square}{\square} = \dfrac{\square}{\square} = \boxed{}$

8. $\frac{5}{9} \times 37 = \dfrac{\square \times \square}{\square} = \dfrac{\square}{\square} = \square\dfrac{\square}{\square}$

9. $\frac{4}{5} \times 500$

10. $5 \times \frac{2}{3}$

11. $17 \times \frac{6}{8}$

12. $\frac{9}{10} \times 25$

13. $\frac{7}{8} \times 320$

14. $28 \times \frac{7}{12}$

15. $\frac{2}{3} \times 1,287$

16. $900 \times \frac{2}{9}$

Resolución de problemas

17. Alrededor del 0.6 del cuerpo humano está compuesto de agua. Si una persona tiene una masa de 75 kilogramos, ¿qué masa de agua tiene su cuerpo?

18. Sentido numérico ¿Cómo puedes calcular mentalmente para hallar $25 \times \frac{3}{10}$?

19. Durante una caminata de observación de la naturaleza, Jill identificó 20 especies de animales y plantas.

   a **Construir argumentos** Jill dijo que $\frac{1}{3}$ de las especies que identificó eran animales. ¿Puede ser correcto esto? Explícalo.

   b Si $\frac{3}{5}$ de las especies que identificó Jill fueron animales, ¿cuántas plantas identificó?

20. Una pintura rectangular mide 2 pies de longitud y $\frac{5}{6}$ de pie de ancho. ¿Cuál es el área de la pintura?

21. Razonamiento de orden superior Una maestra de arte prepara una tanda de pintura morada mezclando $\frac{3}{4}$ de taza de pintura roja con $\frac{3}{4}$ de taza de pintura azul. Si prepara 13 tandas, ¿cuántas tazas de pintura morada obtendrá?

22. enVision® STEM Una molécula de agua está formada por 3 átomos. Un tercio de los átomos son de oxígeno y el resto son de hidrógeno. Si hay 114 moléculas de agua, ¿cuántos átomos de hidrógeno hay? Muestra tu trabajo.

Práctica para la evaluación

23. Selecciona las que son verdaderas.

- $4 \times \frac{3}{5} = 2\frac{2}{5}$
- $\frac{2}{9} \times 18 = \frac{1}{81}$
- $14 \times \frac{3}{7} = 6$
- $\frac{2}{3} \times 6 = \frac{1}{9}$

24. Selecciona las que son verdaderas.

- $\frac{3}{4} \times 2 = \frac{3}{8}$
- $\frac{11}{2} \times 4 = 22$
- $5 \times \frac{2}{3} = 3\frac{1}{3}$
- $8 \times \frac{3}{4} = \frac{3}{32}$

Nombre_____

Resuélvelo y coméntalo

La maestra de arte entregó a cada estudiante la mitad de una hoja de papel. Luego, les pidió que colorearan un cuarto de sus pedazos de papel. ¿Qué parte de la hoja original colorearon los estudiantes? *Resuelve este problema de la manera que prefieras.*

Puedes hacer un dibujo para representar el problema.

¡Vuelve atrás! Razonar ¿Tu respuesta debe ser menor o mayor que 1? ¿Cómo lo sabes?

¿Cómo se puede usar un modelo para multiplicar fracciones?

A

Sobró $\frac{1}{4}$ de una bandeja de lasaña. Tom comió $\frac{1}{3}$ de esa cantidad. ¿Qué fracción de toda la bandeja de lasaña comió?

Halla $\frac{1}{3}$ de $\frac{1}{4}$ para resolver el problema.

B Una manera

Divide un entero en cuartos.

Divide $\frac{1}{4}$ en 3 partes iguales.

Divide los otros $\frac{1}{4}$ en 3 partes iguales.

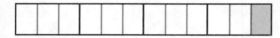

12 partes forman un entero; por tanto, una parte es $\frac{1}{12}$.

$$\frac{1}{3} \times \frac{1}{4} = \frac{1}{12}$$

C Otra manera

Sombrea de amarillo 1 de las 3 filas para representar $\frac{1}{3}$.

Sombrea de rojo 1 de las 4 columnas para representar $\frac{1}{4}$.

La parte anaranjada muestra el producto.

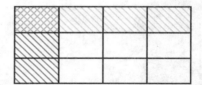

1 de las 12 partes está sombreada de anaranjado.

$$\frac{1}{3} \times \frac{1}{4} = \frac{1 \times 1}{3 \times 4} = \frac{1}{12}$$

Tom comió $\frac{1}{12}$ de la fuente de lasaña.

¡Convénceme! Razonar Halla $\frac{1}{4} \times \frac{1}{5}$ usando el modelo de área. Explica tu trabajo.

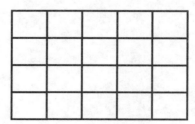

Otro ejemplo

Halla $\frac{2}{3} \times \frac{3}{4}$ usando una recta numérica.

$\frac{1}{3}$ significa 1 de 3 partes iguales; por tanto, $\frac{1}{3}$ de $\frac{3}{4}$ es $\frac{1}{4}$.

$\frac{2}{3}$ significa 2 de 3 partes iguales; por tanto, $\frac{2}{3}$ de $\frac{3}{4}$ es 2 veces $\frac{1}{4}$.

$\frac{2}{3} \times \frac{3}{4} = \frac{2}{4}$ o $\frac{1}{2}$

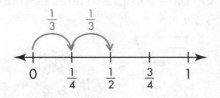

Práctica guiada

¿Lo entiendes?

1. Usa el modelo del recuadro C de la página 346 para hallar $\frac{2}{3} \times \frac{2}{4}$.

2. Crea un problema-cuento para $\frac{2}{3} \times \frac{2}{4}$.

¿Cómo hacerlo?

3. Halla $\frac{5}{6} \times \frac{1}{2}$. Sombrea el modelo como ayuda para resolver el problema.

4. Halla $\frac{3}{4}$ de $\frac{4}{9}$.

Práctica independiente

Para **5** y **6**, halla los productos. Sombrea el modelo como ayuda para resolverlo.

5. $\frac{1}{3} \times \frac{5}{6}$

6. $\frac{2}{3} \times \frac{1}{12}$

Para **7** a **14**, halla los productos. Usa modelos como ayuda.

7. $\frac{7}{8} \times \frac{1}{2}$

8. $\frac{2}{5} \times \frac{1}{12}$

9. $\frac{5}{7}$ de $\frac{7}{9}$

10. $\frac{1}{2} \times \frac{3}{4}$

11. $\frac{1}{4} \times \frac{7}{8}$

12. $\frac{5}{6}$ de $\frac{9}{10}$

13. $\frac{1}{4} \times \frac{1}{8}$

14. $\frac{1}{3}$ de $\frac{3}{7}$

Resolución de problemas

15. Entender y perseverar ¿Serán suficientes $50 para comprar 6 latas de pintura? Explícalo.

$8.95

16. Una científica tenía $\frac{3}{4}$ de una botella de una solución. Usó $\frac{1}{6}$ de la solución en un experimento. ¿Qué parte de la botella usó?

17. Álgebra ¿Qué valor de n hace verdadera la ecuación $\frac{2}{3} \times n = \frac{4}{9}$?

18. Escribe una expresión que represente 10^4.

19. Un plomero cobra $45 por la primera hora de trabajo y $30 por cada hora adicional. ¿Cuánto cobra si tarda 4 horas en hacer una reparación?

20. Razonamiento de orden superior Si $\frac{7}{8}$ se multiplica por $\frac{4}{5}$, ¿el producto será mayor que alguno de los dos factores? Explícalo.

21. En la votación para el concejo municipal del distrito 5, solo $\frac{1}{2}$ de todos los votantes habilitados emitieron su voto. ¿Qué fracción de los votantes habilitados votaron por Shelley? ¿Y por Morgan? ¿Quién recibió más votos?

DATOS	Candidato	Fracción de votos recibidos
	Shelley	$\frac{3}{10}$
	Morgan	$\frac{5}{8}$

✓ Práctica para la evaluación

22. Majid creó este modelo para representar la multiplicación de una fracción por otra fracción. ¿Qué ecuación de multiplicación representa el modelo?

Ⓐ $\frac{3}{4} \times \frac{8}{9} = \frac{2}{3}$

Ⓑ $\frac{1}{3} \times \frac{1}{8} = \frac{1}{24}$

Ⓒ $\frac{3}{4} \times \frac{3}{9} = \frac{1}{4}$

Ⓓ $\frac{3}{9} \times \frac{8}{9} = \frac{8}{27}$

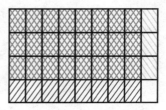

Nombre_____

Resuélvelo y coméntalo

En el lector de libros electrónicos de Daniel, $\frac{2}{3}$ de los libros son de ficción. De estos, $\frac{4}{5}$ son novelas de misterio. ¿Qué fracción de los libros electrónicos de Daniel son novelas de misterio? **Resuelve este problema de la manera que prefieras.**

Puedo...
multiplicar dos fracciones.

También puedo representar con modelos matemáticos para resolver problemas.

Puedes representar con modelos matemáticos escribiendo una oración de multiplicación para representar el problema.

¡Vuelve atrás! ¿Qué fracción de los libros no son novelas de misterio? Explícalo.

Pregunta esencial ¿Cómo se puede hallar el producto de dos fracciones?

A

Amelia toma fotos con su teléfono celular. De las fotos, $\frac{5}{6}$ son de animales. ¿Qué fracción de todas sus fotos son de perros?

$\frac{3}{4}$ de las fotos de animales son de perros.

Necesitas hallar $\frac{3}{4}$ de $\frac{5}{6}$ para responder la pregunta.

B Paso 1

Estima $\frac{3}{4} \times \frac{5}{6}$.

Dado que las dos fracciones son menores que 1, el producto será menor que 1.

C Paso 2

Multiplica los numeradores. Luego, multiplica los denominadores.

$$\frac{3}{4} \times \frac{5}{6} = \frac{3 \times 5}{4 \times 6}$$
$$= \frac{15}{24}$$

Dado que $\frac{15}{24} < 1$, la respuesta es razonable.

Por tanto, $\frac{15}{24}$ o $\frac{5}{8}$ de todas las fotos de Amelia son de perros.

$\frac{15}{24}$ y $\frac{5}{8}$ son fracciones equivalentes.

¡Convénceme! **Representar con modelos matemáticos** 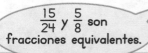 $\frac{1}{10}$ de las fotos de animales del teléfono celular de Amelia son de gatos. Escribe y resuelve una ecuación para hallar qué fracción de todas sus fotos son de gatos.

Práctica guiada

¿Lo entiendes?

1. ¿El producto de $\frac{3}{6} \times \frac{5}{4}$ es igual al producto de $\frac{3}{4} \times \frac{5}{6}$? Explica cómo lo sabes.

2. ¿Por qué es distinto sumar $\frac{3}{9}$ y $\frac{6}{9}$ de multiplicar las dos fracciones? Explícalo.

¿Cómo hacerlo?

Para **3** a **10**, halla los productos.

3. $\frac{2}{3} \times \frac{1}{2}$

4. $\frac{5}{9}$ de $\frac{1}{9}$

5. $\frac{7}{10} \times \frac{3}{4}$

6. $\frac{1}{3} \times \frac{1}{4}$

7. $\frac{5}{6}$ de $\frac{3}{7}$

8. $\frac{3}{5} \times \frac{11}{12}$

9. $\frac{4}{10} \times \frac{2}{5}$

10. $\frac{3}{4} \times \frac{2}{9}$

Práctica independiente

Para **11** a **30**, halla los productos.

11. $\frac{9}{10} \times \frac{1}{2}$

12. $\frac{5}{6} \times \frac{1}{3}$

13. $\frac{4}{7}$ de $\frac{7}{9}$

14. $\frac{3}{4} \times \frac{4}{5}$

15. $\frac{2}{3} \times \frac{7}{8}$

16. $\frac{5}{6}$ de $\frac{11}{12}$

17. $\frac{1}{3}$ de $\frac{3}{4}$

18. $\frac{6}{7} \times \frac{3}{8}$

19. $\frac{2}{5}$ de $\frac{5}{12}$

20. $\frac{2}{3} \times \frac{4}{5}$

21. $\frac{1}{2} \times \frac{1}{2}$

22. $\frac{1}{2}$ de $\frac{8}{9}$

23. $\left(\frac{1}{6} + \frac{1}{6}\right) \times \frac{3}{4}$

24. $\left(\frac{3}{7} + \frac{2}{7}\right) \times \frac{2}{3}$

25. $\frac{1}{2} \times \left(\frac{1}{3} + \frac{1}{3}\right)$

26. $\left(\frac{9}{10} - \frac{3}{10}\right) \times \frac{1}{4}$

27. $\frac{2}{3} \times \left(\frac{3}{5} + \frac{1}{5}\right)$

28. $\left(\frac{8}{9} - \frac{1}{3}\right) \times \frac{3}{4}$

29. $\left(\frac{5}{12} + \frac{1}{6}\right) \times \frac{5}{6}$

30. $\frac{11}{12} \times \left(\frac{3}{4} - \frac{1}{2}\right)$

Resolución de problemas

31. Eduardo corre 6 vueltas alrededor de la pista de la Escuela Lincoln Park. Luego, corre $3\frac{1}{2}$ millas para ir a su casa. ¿Cuánto correrá en total? Muestra tu trabajo.

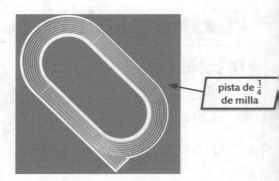

pista de $\frac{1}{4}$ de milla

32. Hacerlo con precisión Para enmendar la Constitución de los EE.UU., $\frac{3}{4}$ de los 50 estados deben aprobar la enmienda. Si 35 estados aprueban una enmienda, ¿se enmendará la Constitución?

33. Razonamiento de orden superior En la clase de la Sra. Barclay, $\frac{2}{5}$ de los estudiantes juegan ajedrez. De esos estudiantes que juegan ajedrez, $\frac{5}{6}$ también juegan sudoku. Si hay 30 estudiantes en su clase, ¿cuántos juegan ajedrez y sudoku?

34. A la derecha se muestra un bloque de estampillas. Emma necesita comprar 50 estampillas para enviar invitaciones a su fiesta de graduación. ¿Serán suficientes 2 bloques de estampillas? ¿Cómo lo sabes?

✓ Práctica para la evaluación

35. Marca todas las expresiones que tienen $\frac{3}{4}$ como producto.

- ☐ $\frac{1}{2} \times \frac{1}{2}$
- ☐ $\frac{9}{10} \times \frac{5}{6}$
- ☐ $\frac{7}{8} \times \frac{6}{7}$
- ☐ $\frac{3}{4} \times \frac{3}{4}$
- ☐ $\frac{1}{4} \times \frac{1}{2}$

36. Marca todas las oraciones de multiplicación en las que $\frac{1}{3}$ es la parte que falta.

- ☐ $\frac{4}{5} \times \frac{5}{12} = \square$
- ☐ $\frac{1}{4} \times \square = \frac{1}{6}$
- ☐ $\frac{7}{8} \times \square = \frac{7}{24}$
- ☐ $\frac{5}{6} \times \frac{2}{5} = \square$
- ☐ $\frac{1}{6} \times \frac{2}{3} = \square$

Nombre _____

Resuélvelo y coméntalo

Un cartel rectangular mide $\frac{1}{4}$ de yarda de ancho y $\frac{3}{4}$ de yarda de altura. ¿Cuál es su área? **Resuelve este problema de la manera que prefieras.**

Puedo...
hallar el área de un rectángulo.

También puedo escoger y usar una herramienta matemática para resolver problemas.

Puedes usar herramientas apropiadas, como papel cuadriculado, para resolver el problema.

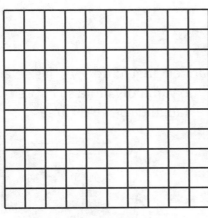

¡Vuelve atrás! ¿El área de un cartel que mide $\frac{3}{4}$ de yarda de ancho y $\frac{1}{4}$ de yarda de altura es igual al área del cartel del anterior problema? Explícalo.

Pregunta esencial ¿Cómo se puede hallar el área de un rectángulo con longitudes de los lados fraccionarias?

A

Jenny tiene un jardín rectangular. ¿Cuál es el área de su jardín?

$\frac{5}{4}$ yardas

$\frac{2}{3}$ de yarda

El área de un rectángulo se halla multiplicando su longitud por su ancho.

B

Paso 1

$\frac{1}{4} \times \frac{1}{3} = \frac{1}{12}$ porque 12 rectángulos que miden cada uno $\frac{1}{4}$ de ancho y $\frac{1}{3}$ de altura caben en una unidad cuadrada.

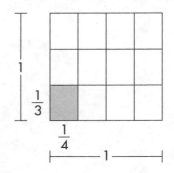

C

Paso 2

Un rectángulo de $\frac{5}{4}$ yardas de ancho y $\frac{2}{3}$ de yarda de altura se cubre con 5×2 rectángulos de $\frac{1}{12}$ de área.

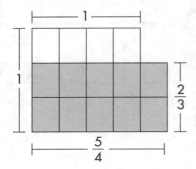

Por tanto, $\frac{5}{4} \times \frac{2}{3} = \frac{5 \times 2}{4 \times 3} = \frac{10}{12}$.

El área del jardín de Jenny mide $\frac{10}{12}$ de yarda cuadrada.

¡Convénceme! **Razonar** Mario tiene un jardín rectangular que mide $\frac{2}{3}$ de yarda de ancho y $\frac{7}{4}$ yardas de longitud. ¿Cuál es el área de su jardín? Haz un dibujo para mostrar tu trabajo.

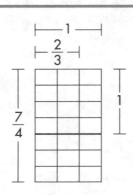

Nombre _____

☆Práctica guiada

¿Lo entiendes?

1. Si no recuerdas la fórmula para hallar el área de un rectángulo, ¿cómo puedes hallarla?

2. ¿Cómo puedes definir el área?

¿Cómo hacerlo?

3. Halla el área de un rectángulo con longitudes de lado de $\frac{2}{3}$ de pie y $\frac{1}{2}$ pie.

4. Halla el área de un cuadrado con longitud de lado de $\frac{5}{4}$ pulgadas.

☆Práctica independiente

Para **5** a **10**, halla las áreas sombreadas.

5.

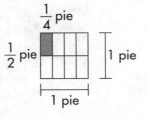

6.

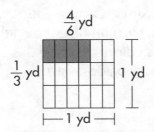

7.

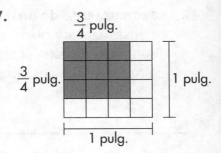

8.

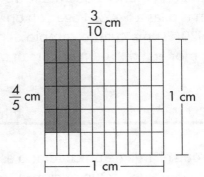

9.

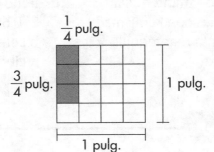

10.

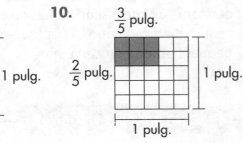

11. Halla el área de un rectángulo con longitudes de lado de $\frac{5}{3}$ pies y $\frac{3}{4}$ de pie.

12. Halla el área de un cuadrado con longitud de lado de $\frac{3}{8}$ de pulgada.

13. Halla el área de un rectángulo con longitudes de lado de $\frac{7}{2}$ centímetros y $\frac{5}{4}$ centímetros.

Resolución de problemas

14. Construir argumentos

Roy y Tom resuelven un problema de multiplicación. Roy dice que $\frac{7}{4} \times \frac{3}{8} = \frac{21}{32}$. Tom dice que la respuesta correcta es $\frac{21}{8}$. ¿Quién tiene razón? Explica tu respuesta.

15. Emilio necesita saber qué área preparar para hacer un arenero cuadrado para su hijo. Cada lado del arenero mide $\frac{3}{4}$ de yarda. Halla el área que cubrirá el arenero.

16. Margaret compró una alfombra que mide $\frac{1}{2}$ yarda por $\frac{2}{3}$ de yarda para el umbral de su puerta trasera. Si el umbral mide $\frac{1}{4}$ de yarda cuadrada, ¿cabrá la alfombra? Explícalo.

17. Cada persona en una rueda de Chicago paga $6.50 por su boleto. Hay 72 pasajeros. ¿Cuánto dinero se recaudó de todos los pasajeros?

18. Razonamiento de orden superior Kim está colocando baldosas azules y blancas en su baño. Hizo un diagrama del diseño que muestra el área de los dos colores. Escribe dos expresiones que describan el área de las baldosas azules.

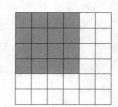

19. Wilhelmina tiene 8.3 onzas de mantequilla de maní. Si hace 5 sándwiches con la misma cantidad en cada uno, ¿cuánta mantequilla de maní pondrá en cada uno?

20. Irene compra una muñeca que habla a $10.66 y unas pilas a $4.22. Paga con un billete de $20. Estima cuánto cambio debe recibir, a la moneda de 10¢ más cercana.

Práctica para la evaluación

21. Juno calculó que el área de un cuadrado es $\frac{4}{9}$ de yarda cuadrada. ¿Qué opción muestra la longitud del lado del cuadrado?

- Ⓐ $\frac{2}{9}$ de yarda
- Ⓑ $\frac{4}{9}$ de yarda
- Ⓒ $\frac{2}{3}$ de yarda
- Ⓓ $\frac{8}{9}$ de yarda

22. Bo calculó que el área de un cuadrado es $\frac{25}{4}$ pulgadas cuadradas. ¿Qué opción muestra la longitud del lado del cuadrado?

- Ⓐ $\frac{25}{2}$ pulgadas
- Ⓑ $\frac{25}{8}$ pulgadas
- Ⓒ $\frac{5}{2}$ pulgadas
- Ⓓ $\frac{5}{4}$ pulgadas

Resuélvelo y coméntalo

Mira los ingredientes que se necesitan para preparar la receta especial de panqueques de Josie. ¿Cuánta mezcla para panqueques y cuánta leche necesitas si quieres duplicar la receta? ¿Y para triplicarla? **Resuelve este problema de la manera que prefieras.**

Puedo...
multiplicar números mixtos.

También puedo hacer generalizaciones a partir de ejemplos.

Generalizar
¿Cómo puedes aplicar lo que sabes sobre multiplicar fracciones como ayuda para multiplicar números mixtos?

Receta de panqueques de Josie

$2\frac{1}{4}$ tazas de mezcla para panqueques

1 huevo

$1\frac{2}{3}$ tazas de leche

$\frac{3}{4}$ de cucharadita de vainilla

¡Vuelve atrás! ¿Qué oración numérica puedes escribir usando la suma repetida para mostrar cuánta mezcla para panqueques se necesita si se triplica la receta?

Pregunta esencial ¿Cómo se puede hallar el producto de números mixtos?

A

Una fábrica de ropa tiene máquinas que hacen chaquetas. Las máquinas funcionan $7\frac{1}{2}$ horas cada día. ¿Cuántas chaquetas puede hacer la máquina A en un día?

DATOS

Chaquetas por hora	
Máquina A	**Máquina B**
$2\frac{3}{4}$	$3\frac{1}{3}$

$7\frac{1}{2}$ veces $4\frac{3}{4}$ es aproximadamente 8 veces 3. Por tanto, la respuesta debe ser aproximadamente 24.

B Una manera

Puedes usar un modelo de área para hallar los productos parciales. Luego, suma para hallar el producto final.

	7	$\frac{1}{2}$
2	$2 \times 7 = 14$	$2 \times \frac{1}{2} = 1$
$\frac{3}{4}$	$\frac{3}{4} \times 7 = \frac{21}{4} = 5\frac{1}{4}$	$\frac{3}{4} \times \frac{1}{2} = \frac{3}{8}$

$$14 + 1 + 5\frac{1}{4} + \frac{3}{8} =$$

$$14 + 1 + 5\frac{2}{8} + \frac{3}{8} = 20\frac{5}{8}$$

C Otra manera

También puedes usar una ecuación para hallar el producto. Expresa de otra manera los números mixtos y luego multiplica.

$$7\frac{1}{2} \times 2\frac{3}{4} = \frac{15}{2} \times \frac{11}{4}$$

$$= \frac{165}{8}$$

$$= 20\frac{5}{8}$$

La máquina A hace 20 chaquetas por día.

Dado que 20 está cerca de la estimación de 24, la respuesta es razonable.

¡Convénceme! Representar con modelos matemáticos ¿Cuántas chaquetas puede hacer la máquina B en un día? Escribe una ecuación para representar tu trabajo.

Nombre_____

⭐Práctica guiada

¿Lo entiendes?

1. Explica cómo multiplicarías $5 \times 2\frac{1}{2}$.

¿Cómo hacerlo?

En **2** y **3**, estima el producto. Luego, completa la multiplicación.

2. $2\frac{3}{4} \times 8 = \dfrac{\square}{4} \times \dfrac{8}{1} = \square$

3. $4\frac{1}{2} \times 1\frac{1}{4} = \dfrac{\square}{2} \times \dfrac{\square}{4} = \square$

⭐Práctica independiente

Para **4** a **9**, estima los productos. Luego, completa la multiplicación.

Compara tu producto con tu estimación para comprobar que sea razonable.

4. $3\frac{4}{5} \times 5 = \dfrac{\square}{5} \times \dfrac{5}{1} = \square$

5. $1\frac{3}{5} \times 2\frac{1}{4} = \dfrac{\square}{5} \times \dfrac{\square}{4} = \square$

6. $1\frac{1}{2} \times 3\frac{5}{6} = \dfrac{\square}{2} \times \dfrac{\square}{6} = \square$

7. $4\frac{2}{3} \times 4 = \dfrac{\square}{3} \times \dfrac{4}{1} = \square$

8. $3\frac{1}{7} \times 1\frac{1}{4} = \dfrac{\square}{7} \times \dfrac{\square}{4} = \square$

9. $1\frac{1}{3} \times 2\frac{1}{6} = \dfrac{\square}{3} \times \dfrac{\square}{6} = \square$

Para **10** a **20**, estima los productos. Luego, halla cada uno.

10. $2\frac{1}{6} \times 4\frac{1}{2}$

11. $\frac{3}{4} \times 8\frac{1}{2}$

12. $1\frac{1}{8} \times 3\frac{1}{3}$

13. $3\frac{1}{5} \times \frac{2}{3}$

14. $3\frac{1}{4} \times 6$

15. $5\frac{1}{3} \times 3$

16. $2\frac{3}{8} \times 4$

17. $4\frac{1}{8} \times 5\frac{1}{2}$

18. $\left(\frac{1}{6} + 2\frac{2}{3}\right) \times \left(1\frac{1}{4} - \frac{1}{2}\right)$

19. $\left(2\frac{4}{9} + \frac{1}{3}\right) \times \left(1\frac{1}{4} - \frac{1}{8}\right)$

20. $\left(1\frac{7}{8} + 2\frac{1}{2}\right) \times \left(1\frac{1}{5} - \frac{1}{10}\right)$

Resolución de problemas

Para **21** a **23**, usa el diagrama de la derecha.

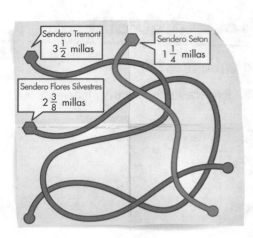

21. Entender y perseverar Bernie y Chloe recorrieron el sendero Tremont hasta el final y volvieron. Luego, recorrieron el sendero Flores Silvestres hasta el final antes de detenerse a almorzar. ¿Cuánto caminaron antes de almorzar?

22. Razonamiento de orden superior En un día, Ricardo recorrió $2\frac{2}{3}$ veces la distancia que recorrieron Bernie y Chloe antes de almorzar. ¿Qué distancia caminó?

23. La ciudad planea ampliar el sendero Flores Silvestres $2\frac{1}{2}$ veces su longitud actual en los próximos 5 años. ¿Cuánto medirá el sendero al cabo de 5 años?

24. ¿Cómo puedes usar la multiplicación para hallar $3\frac{3}{5} + 3\frac{3}{5} + 3\frac{3}{5}$?

25. El geco más pequeño del mundo mide $\frac{3}{4}$ de pulgada de longitud. Un geco bandeado occidental macho adulto mide $7\frac{1}{3}$ veces esa longitud. ¿Cuánto mide un geco bandeado occidental?

26. El puente Akashi Kaikyo mide aproximadamente $1\frac{4}{9}$ veces la longitud del puente Golden Gate de San Francisco. El puente Golden Gate mide unos 9,000 pies de longitud. ¿Aproximadamente cuánto mide el puente Akashi Kaikyo?

27. Patty gastó 3.5 veces el dinero que gastó Sandy en su paseo de compras. Si Sandy gastó $20.50, ¿cuánto gastó Patty?

✓ Práctica para la evaluación

28. Marca todas las opciones que sean verdaderas.

☐ $4\frac{1}{12} \times 2\frac{3}{4} = 11\frac{11}{48}$

☐ $5\frac{1}{2} \times 5 = 25\frac{1}{2}$

☐ $1\frac{1}{2} \times 3\frac{1}{5} = 4\frac{1}{2}$

☐ $\frac{3}{4} \times 8\frac{1}{5} = 6\frac{3}{20}$

☐ $2\frac{1}{5} \times 6\frac{1}{4} = 13\frac{3}{4}$

29. Marca todas las opciones que sean verdaderas.

☐ $15\frac{1}{4} = 5 \times 3\frac{1}{4}$

☐ $4\frac{1}{3} = 4\frac{1}{3} \times 1$

☐ $9\frac{3}{4} = 4\frac{1}{2} \times 2\frac{1}{6}$

☐ $3\frac{1}{3} = 6\frac{2}{3} \times \frac{1}{2}$

☐ $13\frac{3}{5} = 7\frac{1}{3} \times 2\frac{2}{5}$

360 **Tema 8** | Lección 8-7

Nombre _____

Resuélvelo y coméntalo

Sin multiplicar, encierra en un círculo el problema de cada grupo que tenga el mayor producto y subraya el problema que tenga el menor producto. *Resuelve este problema de la manera que prefieras.*

Puedo...
usar la multiplicación para poner a escala o cambiar el tamaño de algo.

También puedo construir argumentos matemáticos.

Grupo 1

a. $\frac{1}{2} \times 2$

b. $\frac{3}{3} \times 2$

c. $\frac{5}{4} \times 2$

Grupo 2

a. $3\frac{3}{4} \times 2\frac{1}{2}$

b. $\frac{3}{4} \times 2\frac{1}{2}$

c. $\frac{4}{4} \times 2\frac{1}{2}$

Grupo 3

a. $\frac{3}{4} \times \frac{6}{6}$

b. $\frac{3}{4} \times 1\frac{5}{6}$

c. $\frac{3}{4} \times \frac{5}{6}$

¿Cómo puedes usar lo que sabes sobre multiplicar fracciones para hallar el problema que tiene el mayor producto?

¡Vuelve atrás! **Construir argumentos** ¿En qué se parece $\frac{3}{3} \times 2$ a 1×2?

Pregunta esencial ¿Cómo se puede usar el sentido numérico para evaluar el tamaño de un producto?

A

Sue tejió bufandas que miden 4 pies de longitud para ella y para sus amigos Joe y Alan. Después de un mes, compararon las longitudes de sus bufandas. Algunas se habían encogido y otras se habían estirado. La tabla muestra los resultados. ¿Cómo cambiaron las longitudes de las bufandas de Joe y Alan?

Piensa la multiplicación como poner en escala o cambiar de tamaño.

DATOS		
Sue		4
Joe		$1\frac{1}{2} \times 4$
Alan		$\frac{3}{4} \times 4$

B Bufanda de Alan

La bufanda de Alan se encogió.

$$\frac{3}{4} \times 4 < 4$$

Multiplicar un número por una fracción menor que 1 da como resultado un producto menor que el número dado.

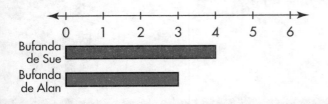

C Bufanda de Joe

La bufanda de Joe se estiró.

$$1\frac{1}{2} \times 4 > 4$$

Multiplicar un número por una fracción mayor que 1 da como resultado un producto mayor que el número inicial.

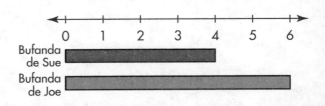

¡Convénceme! Usar la estructura Sue tejió una bufanda que también medía 4 pies de longitud para su amiga June. Después de un mes, la longitud de la bufanda de June se puede representar con la expresión $\frac{3}{3} \times 4$. ¿Cómo varió la longitud de la bufanda de June? Explícalo.

Nombre_____

¿Lo entiendes?

1. ¿Por qué multiplicar un número por $3\frac{1}{2}$ aumenta su valor?

2. ¿Cuáles de las siguientes son menores que 8?

$8 \times \frac{9}{10}$

$8 \times \frac{7}{6}$

$\frac{3}{5} \times 8$

¿Cómo hacerlo?

Para **3** a **5**, sin multiplicar, decide qué símbolo corresponde colocar en el recuadro: <, > o =.

3. $3\frac{1}{2} \times 2\frac{2}{3} \,\square\, 2\frac{2}{3}$

4. $\frac{4}{5} \times 2\frac{2}{3} \,\square\, 2\frac{2}{3}$

5. $4\frac{3}{5} \,\square\, 4\frac{3}{5} \times \frac{4}{4}$

☆ Práctica independiente

Para **6** a **17**, sin multiplicar, decide qué símbolo corresponde colocar en el recuadro: <, >, or =.

6. $2\frac{1}{2} \times 1\frac{2}{3} \,\square\, 1\frac{2}{3}$

7. $\frac{3}{5} \times 4\frac{4}{5} \,\square\, 4\frac{4}{5}$

8. $1\frac{2}{7} \,\square\, 1\frac{2}{7} \times \frac{5}{5}$

9. $\frac{1}{3} \times 2\frac{2}{5} \,\square\, 2\frac{2}{5}$

10. $3\frac{3}{5} \,\square\, 3\frac{3}{5} \times \frac{2}{2}$

11. $4\frac{1}{3} \times 2\frac{2}{7} \,\square\, 2\frac{2}{7}$

12. $2\frac{1}{5} \times \frac{1}{10} \,\square\, 2\frac{1}{5}$

13. $\frac{1}{2} \times 1\frac{2}{5} \,\square\, 1\frac{2}{5}$

14. $4\frac{3}{4} \times 3\frac{1}{4} \,\square\, 4\frac{3}{4}$

15. $1\frac{3}{4} \,\square\, 1\frac{1}{12} \times 1\frac{3}{4}$

16. $5\frac{1}{3} \times \frac{5}{6} \,\square\, 5\frac{1}{3}$

17. $\frac{5}{5} \times 4\frac{2}{3} \,\square\, 4\frac{2}{3}$

Para **18** y **19**, sin multiplicar, ordena los siguientes productos de menor a mayor.

18. $2 \times \frac{3}{5}$ $2\frac{1}{4} \times \frac{3}{5}$ $\frac{3}{4} \times \frac{3}{5}$ $\frac{5}{5} \times \frac{3}{5}$

19. $\frac{1}{5} \times \frac{2}{3}$ $4\frac{1}{2} \times \frac{2}{3}$ $\frac{1}{3} \times \frac{2}{3}$ $4 \times \frac{2}{3}$

Para **20** y **21**, sin multiplicar, ordena los siguientes productos de mayor a menor.

20. $3 \times \frac{3}{4}$ $\frac{2}{3} \times \frac{3}{4}$ $1\frac{1}{4} \times \frac{3}{4}$ $\frac{4}{4} \times \frac{3}{4}$

21. $\frac{3}{3} \times \frac{1}{3}$ $4 \times \frac{1}{3}$ $2\frac{2}{3} \times \frac{1}{3}$ $2\frac{1}{3} \times \frac{1}{3}$

Resolución de problemas

22. ¿Quién corrió más al terminar la semana? ¿Cuánto más? Usa la siguiente tabla que muestra las distancias en millas.

DATOS		Lunes	Martes	Miércoles	Jueves	Viernes
	Holly	$1\frac{1}{2}$	$\frac{1}{2}$	$2\frac{1}{4}$	$\frac{3}{4}$	$1\frac{1}{2}$
	Yu	$1\frac{3}{4}$	$1\frac{1}{2}$	$2\frac{3}{4}$	$1\frac{1}{4}$	$\frac{1}{2}$

23. Hacerlo con precisión Ethan hizo una prueba con 15 preguntas. Si respondió $\frac{3}{5}$ de las preguntas correctamente, ¿cuántas respondió mal?

24. En un juego de estirar caramelo, George estiró el caramelo hasta 3 pies. José lo estiró $1\frac{1}{3}$ veces esa distancia. María lo estiró $\frac{2}{3}$ veces la distancia que lo estiró George. Sally lo estiró $\frac{6}{6}$ veces esa distancia. ¿Quién estiró más el caramelo? ¿Quién lo estiró menos?

25. Razonamiento de orden superior Sin multiplicar, decide qué símbolo corresponde colocar en el recuadro: $<$, $>$ o $=$. Explica cómo lo decidiste.

$$4\frac{3}{4} \times 3\frac{1}{4} \, \square \, 4\frac{1}{2}$$

26. Escribe dos números decimales cuyo producto esté cerca de 6.3.

$$\underline{}.\underline{} \times \underline{}.\underline{} \approx 6.3$$

≈ es un símbolo que significa *es aproximadamente igual a.*

Práctica para la evaluación

27. Escribe las expresiones en el espacio correcto para mostrar qué productos son menores que $4\frac{1}{2}$ y cuáles son mayores que $4\frac{1}{2}$.

Menor que $4\frac{1}{2}$	Mayor que $4\frac{1}{2}$

$4 \times 4\frac{1}{2}$ $1\frac{1}{12} \times 4\frac{1}{2}$ $4\frac{1}{2} \times \frac{3}{4}$ $\frac{4}{5} \times 4\frac{1}{2}$

28. Escribe las expresiones en el espacio correcto para mostrar qué productos son menores que $1\frac{3}{4}$ y cuáles son mayores que $1\frac{3}{4}$.

Menor que $1\frac{3}{4}$.	Mayor que $1\frac{3}{4}$.

$1\frac{3}{4} \times 1\frac{3}{4}$ $\frac{9}{10} \times 1\frac{3}{4}$ $1\frac{3}{4} \times \frac{1}{2}$ $5\frac{1}{6} \times 1\frac{3}{4}$

Nombre _____

Resuélvelo y coméntalo Se construyó un parque rectangular para perros con las dimensiones que se muestran. El vallado que rodea completamente el parque cuesta $12 la yarda. Cada yarda cuadrada de pasto, que cubre la totalidad del parque, cuesta $8. ¿Cuál fue el costo total del vallado y el pasto? *Resuelve este problema de la manera que prefieras.*

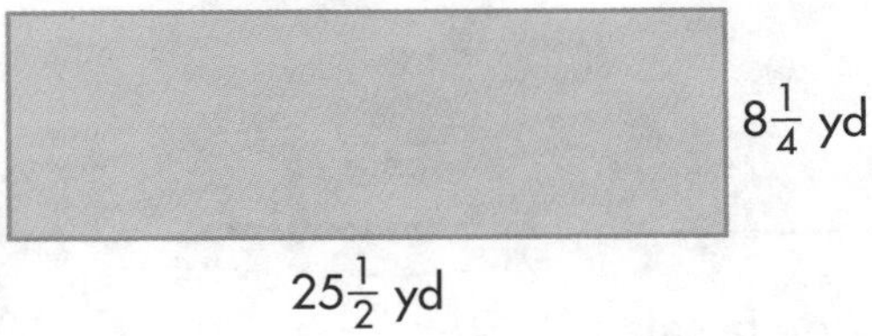

$8\frac{1}{4}$ yd

$25\frac{1}{2}$ yd

Puedo...

entender los problemas y continuar trabajando si no puedo seguir adelante.

También puedo multiplicar fracciones y números enteros.

Hábitos de razonamiento

¡Razona correctamente!
Estas preguntas te pueden ayudar.

- ¿Qué necesito hallar?

- ¿Qué sé?

- ¿Cuál es mi plan para resolver el problema?

- ¿Qué más puedo intentar si no puedo seguir adelante?

- ¿Cómo puedo comprobar si mi solución tiene sentido?

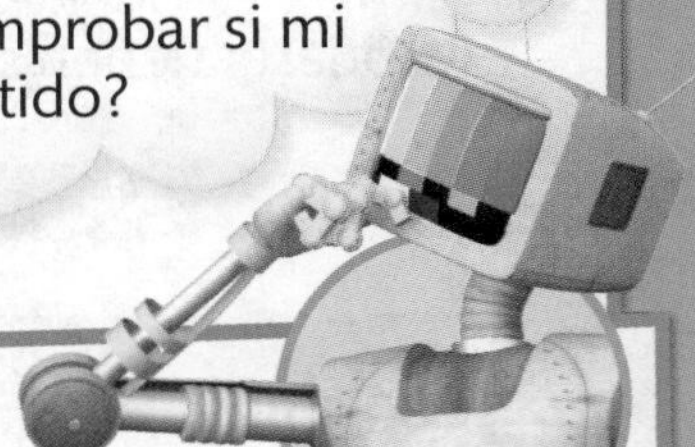

¡Vuelve atrás! **Entender y perseverar** Antes de resolver el problema, ¿cómo sabes que el área del parque para perros debe ser mayor que 200 yardas cuadradas?

Pregunta esencial ¿Cómo se pueden entender los problemas y perseverar para resolverlos?

A

Gwen planea colocar baldosas en todo el piso de la sala y la cocina. Las baldosas cuestan $12 el pie cuadrado. ¿Cuál es el costo total de colocar baldosas en la sala y la cocina?

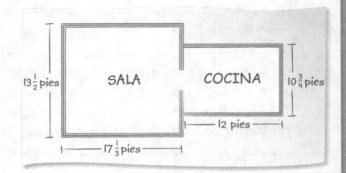

$13\frac{1}{2}$ pies · SALA · COCINA · $10\frac{3}{4}$ pies · 12 pies · $17\frac{1}{3}$ pies

Puedes entender el problema respondiendo estas preguntas. ¿Qué sabes? ¿Qué tienes que hallar?

Este es mi razonamiento...

B

¿Cómo puedo entender y resolver el problema?

Puedo

- identificar las cantidades dadas.

- entender cómo se relacionan las cantidades.

- escoger e implementar una estrategia adecuada.

- comprobar para estar seguro de que mi trabajo y mi respuesta tienen sentido.

C

Halla el área de la sala.

$$A = 17\frac{1}{3} \times 13\frac{1}{2} = \frac{52 \times 27}{3 \times 2} = \frac{1,404}{6} = 234$$

El área de la sala es 234 pies cuadrados.
Halla el área de la cocina.

$$A = 12 \times 10\frac{3}{4} = \frac{12 \times 43}{1 \times 4} = \frac{516}{4} = 129$$

El área de la cocina es 129 pies cuadrados.

Suma para calcular el área total. $234 + 129 = 363$
Calcula el costo total. $363 \times 12 = 4,356$

El costo total es $4,356.

¡Convénceme! **Entender y perseverar** ¿Cuánto más cuesta colocar baldosas en el piso de la sala que en el de la cocina? Muestra tu trabajo.

Nombre _____

✫ Práctica guiada

Entender y perseverar

Un sitio Web tiene una competencia diaria sobre cultura general. Los lunes, miércoles y viernes, tienes $1\frac{1}{2}$ horas para responder. Los martes y jueves, tienes $1\frac{1}{4}$ horas. Los sábados y domingos, tienes solo $\frac{3}{4}$ de hora. ¿Cuántas horas por semana tienes para responder?

Recuerda que debes comparar tu respuesta con tu estimación.

1. Estima el total de horas por semana que tienes para responder. Escribe una ecuación para mostrar tu trabajo.

2. Escribe una ecuación en la que uses la multiplicación y una variable para representar el problema. Luego, resuelve la ecuación y responde la pregunta.

✫ Práctica independiente

Entender y perseverar

Isabel compra un marco para colocar alrededor del perímetro de una de sus pinturas. Cada pulgada de marco cuesta $0.40. ¿Cuál es el costo total del marco para la pintura?

$6\frac{1}{4}$ pulgs.

$10\frac{1}{4}$ pulgs.

3. ¿Cuál es el primer paso que debes resolver? ¿Cuál es la respuesta al primer paso? Escribe una ecuación para mostrar tu trabajo.

4. ¿Cuál es el paso que sigue para resolver el problema? ¿Cuál es la respuesta al problema? Escribe una ecuación para mostrar tu trabajo.

5. ¿Cómo puedes comprobar que tu respuesta tiene sentido?

Resolución de problemas

Senderos para caminatas

La familia Fariña pasó una semana en el parque estatal. Christine recorrió el sendero Siempre Verde dos veces y el sendero Río Amarillo una vez. Brian recorrió los tres senderos más largos una vez. ¿Cuántas millas más que Christine caminó Brian?

Nombre del sendero	Longitud (millas)
Siempre Verde	$4\frac{3}{4}$
Cima de la Montaña	6
Río de las Truchas	$2\frac{1}{2}$
Río Amarillo	$5\frac{1}{4}$

6. **Entender y perseverar** ¿Qué sabes? ¿Qué tienes que hallar? ¿Qué información no necesitas?

7. **Entender y perseverar** ¿Qué información necesitas hallar antes de poder responder la pregunta final?

8. **Representar con modelos matemáticos** Escribe ecuaciones para representar la información en 7.

> Lee el problema con atención para poder identificar lo que sabes y lo que tienes que hallar.

9. **Entender y perseverar** Resuelve el problema.

10. **Construir argumentos** Explica por qué tu respuesta tiene sentido.

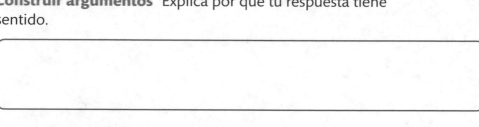

Trabaja con un compañero. Necesitan papel y lápiz. Cada uno escoge un color diferente: celeste o azul.

El compañero 1 y el compañero 2 apuntan a uno de los números negros al mismo tiempo. Ambos hallan el producto de los dos números.

El compañero que escogió el color donde está ese producto, anota una marca de conteo. Sigan la actividad hasta que uno de los compañeros tenga siete marcas de conteo.

Puedo...
multiplicar números enteros de varios dígitos.

También puedo construir argumentos matemáticos.

Compañero 1

| 11 |
| 93 |
| 26 |
| 82 |
| 200 |

16,016	2,600	16,275	2,343
42,600	1,925	8,200	4,550
50,512	42,036	9,300	17,466
37,064	5,538	14,350	19,809
35,000	90,400	11,752	20,000
4,972	123,200	57,288	6,776

Compañero 2

| 100 |
| 175 |
| 213 |
| 452 |
| 616 |

Marcas de conteo del compañero 1

Marcas de conteo del compañero 2

Repaso del vocabulario

Glosario

Lista de palabras

- fracciones de referencia
- modelo de área
- número mixto
- propiedad asociativa de la multiplicación
- propiedad conmutativa de la multiplicación
- redondear

Comprender el vocabulario

Escoge el mejor término del recuadro. Escríbelo en el espacio en blanco.

1. Para estimar el producto de dos números mixtos se deben _____ los factores al número entero más cercano.

2. Usar _____ puede ayudar a estimar cálculos de manera más fácil.

3. El producto de dos fracciones se puede representar con un/una _____.

4. Otra manera de escribir la fracción $\frac{19}{5}$ es como un/una _____, $3\frac{4}{5}$.

Verdadero o falso

Estima los productos para decidir si la comparación es verdadera o falsa. Escribe V si es verdadera o F si es falsa.

_____ 5. $6\frac{3}{5} \times 5\frac{7}{8} < 42$

_____ 6. $8\frac{2}{9} \times 9\frac{1}{4} > 90$

_____ 7. $\frac{2}{7} \times \frac{5}{8} < 1$

_____ 8. $5\frac{1}{10} \times 3 > 15$

Usar el vocabulario al escribir

9. Supón que sabes la respuesta de $\frac{4}{5} \times \left(20 \times 1\frac{7}{8} \right)$. Explica de qué manera las propiedades conmutativa y asociativa de la multiplicación pueden hacer que los cálculos sean más fáciles. Luego, halla la respuesta.

Grupo A páginas 333 a 336 _____

Halla $4 \times \frac{2}{3}$ usando la recta numérica.

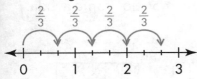

$\frac{2}{3}$ $\frac{2}{3}$ $\frac{2}{3}$ $\frac{2}{3}$

0   1   2   3

Cada salto es de $\frac{2}{3}$.

$1 \times \frac{2}{3} = \frac{2}{3}$

$2 \times \frac{2}{3} = \frac{4}{3} = 1\frac{1}{3}$

$3 \times \frac{2}{3} = \frac{6}{3} = 2$

$4 \times \frac{2}{3} = \frac{8}{3} = 2\frac{2}{3}$

Por tanto, $4 \times \frac{2}{3} = 2\frac{2}{3}$.

Esto tiene sentido porque $\frac{2}{3}$ es menos que 1; por tanto, $4 \times \frac{2}{3}$ debe ser menos que 4.

Recuerda que debes multiplicar el numerador de la fracción por el número entero.

Refuerzo

Halla los productos. Usa rectas numéricas, tiras de fracciones o dibujos como ayuda.

1. $4 \times \frac{3}{4}$ **2.** $7 \times \frac{1}{4}$

3. $8 \times \frac{5}{6}$ **4.** $10 \times \frac{1}{2}$

5. $9 \times \frac{1}{3}$ **6.** $9 \times \frac{2}{3}$

7. $3 \times \frac{7}{8}$ **8.** $7 \times \frac{3}{8}$

9. $5 \times \frac{5}{6}$ **10.** $12 \times \frac{2}{3}$

11. $15 \times \frac{4}{5}$ **12.** $2 \times \frac{9}{10}$

Grupo B páginas 337 a 340, 341 a 344 _____

El reloj de Mary lleva $\frac{3}{4}$ de las pilas del paquete. ¿Cuántas pilas necesita el reloj?

Pilas

8 pilas en cada paquete

Halla $\frac{3}{4}$ de 8.

$\frac{1}{4}$ de 8 es 2.

$\frac{3}{4}$ es tres veces $\frac{1}{4}$.

Por tanto, $\frac{3}{4}$ de 8 es tres veces 2.

$\frac{3}{4}$ de 8 es 6.

El reloj de Mary necesita 6 pilas.

Recuerda que la palabra *de* suele significar que debes multiplicar.

Halla los productos.

1. $4 \times \frac{1}{2}$ **2.** $\frac{3}{4}$ de 16

3. $24 \times \frac{1}{8}$ **4.** $\frac{4}{7}$ de 28

5. $\frac{4}{5} \times 37$ **6.** $\frac{7}{8} \times 219$

7. Marcos pesa 80 libras. Sus huesos representan aproximadamente $\frac{1}{5}$ de su peso. ¿Cuánto pesan sus huesos?

8. Mónica compró 12 galones de pintura. Usó $\frac{2}{3}$ de la pintura para pintar su casa. ¿Cuántos galones usó?

9. Un entrenador de fútbol da a cada jugador $\frac{1}{2}$ litro de agua en el medio tiempo. Si hay 11 jugadores, ¿cuántos litros necesita?

Halla $\frac{2}{3} \times \frac{5}{6}$.

Un dibujo puede representar la multiplicación de fracciones. Comienza con un rectángulo que tenga 3 filas y 6 columnas. Hay 18 secciones en total.

Para $\frac{2}{3}$, sombrea 2 filas.

Para $\frac{5}{6}$, sombrea 5 columnas.

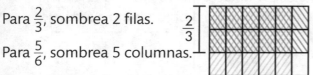

Cuenta las secciones de la parte superpuesta.

10 de los 18 cuadrados están en el área superpuesta. Por tanto, $\frac{5}{6} \times \frac{2}{3} = \frac{10}{18}$ o $\frac{5}{9}$.

Recuerda que debes usar los denominadores para hacer la cuadrícula.

Halla los productos. Usa modelos como ayuda.

1. $\frac{2}{3} \times \frac{3}{8}$ 2. $\frac{1}{4} \times \frac{3}{5}$

3. $\frac{1}{6} \times \frac{1}{8}$ 4. $\frac{4}{7} \times \frac{4}{7}$

Halla $\frac{4}{5} \times \frac{3}{4}$.

Multiplica los numeradores para hallar el numerador del producto. Multiplica los denominadores para hallar el denominador del producto.

$\frac{4}{5} \times \frac{3}{4} = \frac{4 \times 3}{5 \times 4} = \frac{12}{20}$ o $\frac{3}{5}$

Recuerda que debes multiplicar los numeradores entre sí y los denominadores entre sí.

1. $\frac{6}{7} \times \frac{1}{2}$ 2. $\frac{3}{8} \times \frac{8}{3}$

3. $\frac{2}{3} \times \frac{1}{3}$ 4. $\frac{7}{8} \times \frac{3}{2}$

Halla el área de un rectángulo de $\frac{3}{2}$ de longitud y $\frac{1}{3}$ de ancho.

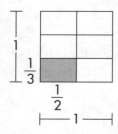
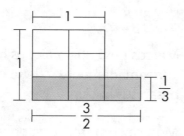

El rectángulo de longitud $\frac{3}{2}$ y ancho $\frac{1}{3}$ se cubre con 3 rectángulos de área $\frac{1}{2 \times 3}$.

Por tanto, el área del rectángulo es $\frac{3}{6}$ o $\frac{1}{2}$ unidad cuadrada.

Recuerda que una unidad cuadrada se puede usar para hallar áreas de rectángulos.

Halla el área de un rectángulo con las dimensiones dadas.

1. Longitud: $\frac{8}{5}$ unidades

   Ancho: $\frac{3}{4}$ unidades

2. Longitud: $\frac{4}{3}$ unidades

   Ancho: $\frac{7}{10}$ unidades

3. Gabriel tiene una lona cuadrada que mide $\frac{5}{4}$ pies de cada lado. ¿Cuál es el área de la lona de Gabriel?

Nombre _____

Grupo F | páginas 357 a 360 _____

Halla $3\frac{1}{2} \times 2\frac{7}{8}$.

Haz una estimación: $3\frac{1}{2} \times 2\frac{7}{8}$ es aproximadamente $4 \times 3 = 12$.

Expresa las fracciones de otra manera, luego multiplica.

$$\frac{7}{2} \times \frac{23}{8} = \frac{161}{16} = 10\frac{1}{16}$$

El producto $10\frac{1}{16}$ está cerca de la estimación, 12.

Un modelo de área también puede representar el producto de números mixtos.

Un campo de cultivo rectangular mide $4\frac{2}{3}$ millas por $2\frac{3}{4}$. Calcula $4\frac{2}{3} \times 2\frac{3}{4}$ para hallar el área.

Haz una estimación: $4\frac{2}{3} \times 2\frac{3}{4}$ es aproximadamente $5 \times 3 = 15$.

Usa un modelo de área para hallar los productos parciales.

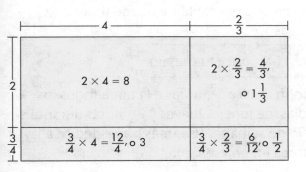

Suma los productos parciales.

$8 + 1\frac{1}{3} + 3 + \frac{1}{2} =$

$8 + 1\frac{2}{6} + 3 + \frac{3}{6} =$

$8 + 3 + 1\frac{2}{6} + \frac{3}{6} = 12\frac{5}{6}$

Por tanto, $4\frac{2}{3} \times 2\frac{3}{4} = 12\frac{5}{6}$.

El área del campo es $12\frac{5}{6}$ millas cuadradas. El producto está cerca de la estimación de 15; por tanto, la respuesta es razonable.

Recuerda que debes comparar tu respuesta con tu estimación.

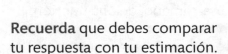

Haz una estimación y luego halla el producto.

1. $2\frac{1}{3} \times 4\frac{1}{5}$

2. $4\frac{1}{2} \times 6\frac{2}{3}$

3. $3\frac{3}{5} \times 2\frac{5}{7}$

4. $14\frac{2}{7} \times 4\frac{3}{10}$

Usa la cuadrícula. Escribe los rótulos que faltan y halla el producto.

5. $6\frac{2}{3} \times 3\frac{3}{5}$

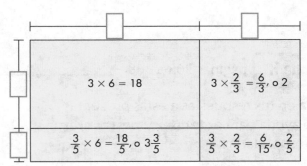

6. $2\frac{5}{12} \times 3\frac{1}{3}$

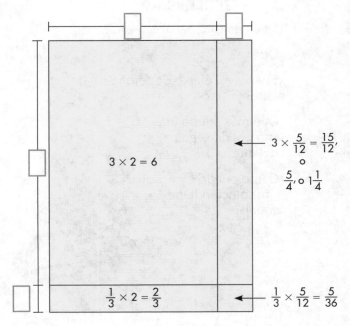

La multiplicación se puede pensar como poner a escala, o cambiar el tamaño, de una fracción.

¿El producto de $4\frac{1}{2} \times \frac{3}{4}$ será mayor o menor que $4\frac{1}{2}$? ¿Cómo lo sabes sin multiplicar?

Dado que $\frac{3}{4} < 1$, $4\frac{1}{2} \times \frac{3}{4} < 4\frac{1}{2} \times 1$.

Por tanto, $4\frac{1}{2} \times \frac{3}{4}$ será menor que $4\frac{1}{2}$.

¿El producto de $4\frac{1}{2} \times 2\frac{1}{3}$ será mayor o menor que $4\frac{1}{2}$? ¿Cómo lo sabes sin multiplicar?

Dado que $2\frac{1}{3} > 1$, $4\frac{1}{2} \times 2\frac{1}{3} > 4\frac{1}{2} \times 1$.

Por tanto, $4\frac{1}{2} \times 2\frac{1}{3}$ será mayor que $4\frac{1}{2}$.

Recuerda que una fracción es igual a 1 si el numerador y el denominador son iguales.

Sin multiplicar, decide qué símbolo corresponde colocar en el recuadro: $<, >$ o $=$.

1. $2\frac{1}{10} \times \frac{3}{5} \ \square \ 2\frac{1}{10}$ 2. $\frac{3}{4} \times \frac{5}{5} \ \square \ \frac{3}{4}$

3. $7\frac{1}{2} \times 1\frac{1}{6} \ \square \ 7\frac{1}{2}$ 4. $\frac{8}{3} \times \frac{9}{10} \ \square \ \frac{8}{3}$

Ordena los grupos de números de menor a mayor.

5. $3\frac{1}{5}$, $3\frac{1}{5} \times \frac{9}{10}$, $3\frac{1}{5} \times 1\frac{1}{2}$

6. $\frac{2}{3} \times \frac{3}{4}$, $\frac{2}{3} \times \frac{5}{4}$, $\frac{2}{3}$

7. $2\frac{1}{3} \times \frac{5}{5}$, $2\frac{1}{3} \times \frac{6}{5}$, $2\frac{1}{3} \times \frac{1}{5}$

Piensa en tus respuestas a estas preguntas como ayuda para **entender y perseverar** para responderlas.

Hábitos de razonamiento

- ¿Qué necesito hallar?

- ¿Qué sé?

- ¿Cuál es mi plan para resolver el problema?

- ¿Qué más puedo intentar si no puedo seguir adelante?

- ¿Cómo puedo comprobar si mi solución tiene sentido?

Recuerda que el problema puede tener más de un paso.

Resuelve. Muestra tu trabajo.

1. John dedica $1\frac{1}{2}$ horas a la tarea todos los días, de lunes a jueves y $2\frac{3}{4}$ horas durante el fin de semana. ¿Cuántas horas dedica a la tarea en una semana?

2. Elsa está comprando pisos nuevos para su cocina y su lavadero. Sabe que el área de la cocina es 132 pies cuadrados. El lavadero mide $8\frac{1}{3}$ pies por $6\frac{3}{4}$. ¿Cual es el área total de los dos cuartos?

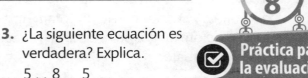

Práctica para la evaluación

1. ¿Qué rectángulo tiene el área más grande, un rectángulo de $\frac{1}{12}$ de pie de longitud y $\frac{3}{4}$ de pie de ancho, o un rectángulo de $\frac{1}{16}$ de pie de longitud y $\frac{4}{5}$ de pie de ancho?

2. Alberto corre $3\frac{1}{4}$ millas cada día durante 7 días.

_n_ millas totales

$3\frac{1}{4}$	$3\frac{1}{4}$	$3\frac{1}{4}$	$3\frac{1}{4}$	$3\frac{1}{4}$	$3\frac{1}{4}$	$3\frac{1}{4}$

A. Escribe una ecuación con la variable _n_ para representar cuánto corre en 7 días.

B. ¿Cuántas millas corre en 7 días?

C. Explica cómo estimar cuánto correrá en 11 días.

3. ¿La siguiente ecuación es verdadera? Explica.

$$\frac{5}{6} \times \frac{8}{4} = \frac{5}{3}$$

4. Completa la ecuación. Muestra tu trabajo.

$$16 \times \frac{5}{8} = ?$$

5. Marca todas las expresiones que sean iguales a $\frac{4}{7} \times 6$.

- ☐ $4 \div 6 \times 7 = \frac{14}{3}$
- ☐ $\frac{6}{7} \times 4 = \frac{24}{7}$
- ☐ $6 \div 4 \times 7 = 10\frac{1}{2}$
- ☐ $4 \times 6 \div 7 = 3\frac{3}{7}$
- ☐ $7 \div 4 \times 6 = \frac{21}{2}$

6. Tracy hizo una prueba que tenía 24 preguntas. Respondió $\frac{5}{6}$ de las preguntas correctamente. ¿Cuántas preguntas respondió correctamente? Escribe una ecuación para representar tu trabajo.

7. Jenna corrió $2\frac{7}{8}$ de km cada día durante una semana. ¿Cuánto corrió en total? Haz una estimación, luego, halla el número real. Muestra tu trabajo.

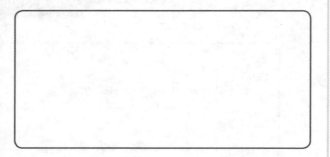

8. Eduardo tiene una receta que lleva $\frac{2}{3}$ de taza de harina. Si prepara 4 recetas, ¿cuántas tazas de harina necesita? ¿Cuántas tazas de harina necesitará en total si prepara 3 recetas más? Escribe tus respuestas como un número mixto. Usa la recta numérica como ayuda.

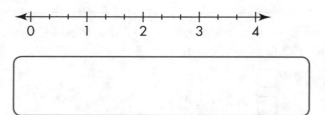

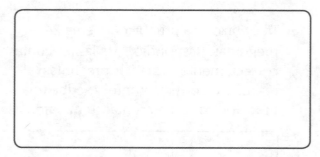

9. Completa la ecuación. Explica como obtuviste tu respuesta.

$$\frac{6}{7} \times \frac{2}{5} = ?$$

10. Ted y sus amigos estiran rollos de plastilina para la clase de artes. Ted estiró su rollo hasta 2 pies de longitud. Noah estiró el suyo $\frac{3}{5}$ la longitud del de Ted. Jeannine estiró su rollo $1\frac{1}{2}$ veces la longitud del de Ted. Miguel estiró su rollo $\frac{5}{5}$ la longitud del rollo de Ted.

A. Sin hacer la multiplicación, ¿qué rollo de plastilina es más largo que el de Ted? ¿Cómo lo sabes?

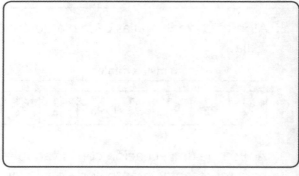

B. Sin hacer la multiplicación, ¿qué rollo de plastilina es más corto que el de Ted? ¿Cómo lo sabes?

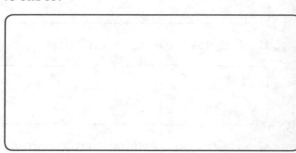

C. ¿Qué rollo de plastilina tiene la misma longitud que el de Ted? ¿Cómo lo sabes?

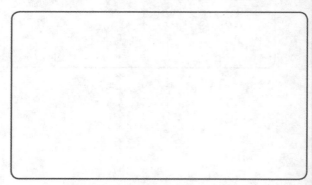

Nombre _____

11. Halla el producto de $\frac{7}{8} \times \frac{9}{10}$. Luego, escribe otro producto con la misma respuesta.

13. Los miembros de una compañía de jardinería están construyendo un muro de contención. Usaron ladrillos para los $\frac{2}{3}$ superiores del muro.

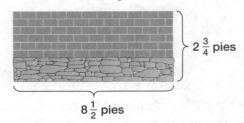
Práctica para la evaluación
(continuación)

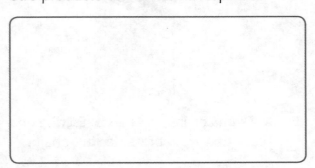

$2\frac{3}{4}$ pies

$8\frac{1}{2}$ pies

12. ¿Qué opción es igual a $\frac{4}{7} \times \frac{11}{15}$?

Ⓐ $\frac{4 \times 7}{11 \times 15} = \frac{28}{165}$

Ⓑ $\frac{4 \times 15}{7 \times 11} = \frac{60}{77}$

Ⓒ $\frac{4 \times 11}{7 \times 15} = \frac{44}{105}$

Ⓓ $\frac{7 \times 15}{4 \times 11} = \frac{105}{44}$

A. ¿Cuál es la altura de la parte de ladrillos del muro? Escribe una ecuación para representar tu trabajo.

B. Estima el área de todo el muro de contención.

C. ¿Cuál es el área de todo el muro de contención? Escribe una ecuación para mostrar tu trabajo. Compara tu respuesta con tu estimación para ver si tu respuesta es razonable.

14. La familia de Tyler alquiló 15 DVD el mes pasado.

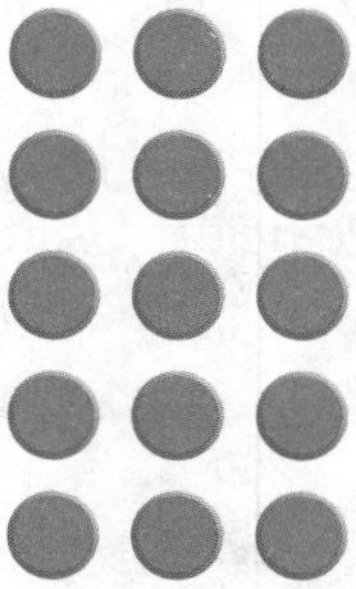

A. De los 15 DVD, $\frac{1}{5}$ eran documentales. ¿Cuántas películas eran documentales? Usa el modelo como ayuda.

B. De los 15 DVD, $\frac{3}{5}$ eran comedias. ¿Cuántas películas eran comedias? Usa el modelo como ayuda.

C. ¿Qué relación observas entre la cantidad de comedias y la cantidad de documentales?

15. Kristen y Niko compran un lienzo para su estudio de arte.

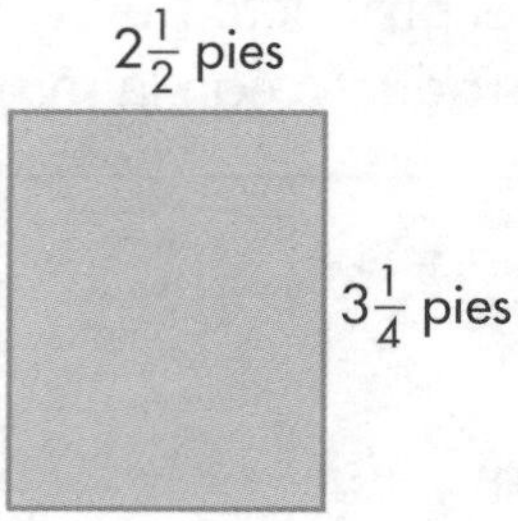

$2\frac{1}{2}$ pies

$3\frac{1}{4}$ pies

A. Estima el área del lienzo. Escribe una ecuación para representar tu trabajo.

B. Halla el área real del lienzo. Escribe tu respuesta como un número mixto.

C. Compara tu respuesta con tu estimación para ver si tu respuesta es razonable.

¿Qué hay para cenar?

Branden y Ashley prepararán la receta de **Guiso de atún.**

1. Branden intenta decidir cuánto guiso de atún preparar.

Parte A

¿Cuántas tazas de atún necesita Branden para hacer 3 veces la receta? Dibuja un modelo para mostrar cómo hallar la respuesta.

Receta de guiso de atún

$2\frac{3}{4}$ tazas de macarrones cocidos

$\frac{3}{4}$ de taza de atún en lata

$1\frac{1}{3}$ tazas de crema de champiñones

2 tazas de queso cheddar rallado

$1\frac{1}{2}$ tazas de aros de cebolla fritos

Precalentar el

Parte B

¿Cuántas tazas de queso cheddar rallado necesita Branden para hacer $\frac{2}{3}$ de la receta? Dibuja un modelo para mostrar tu trabajo.

Parte C

¿Cuántas tazas de aros de cebolla fritos necesita Branden para preparar $2\frac{1}{2}$ veces la receta? Muestra cómo usar un modelo y productos parciales para multiplicar.

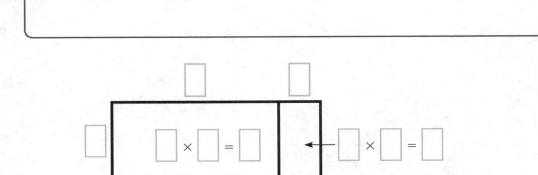

Parte D

¿Cuántas tazas de macarrones cocidos necesita Branden para hacer $2\frac{1}{2}$ veces la receta? Muestra cómo expresar fracciones de otra manera, luego multiplica.

2. El dibujo muestra la **fuente de Ashley** para el guiso.

Fuente de Ashley

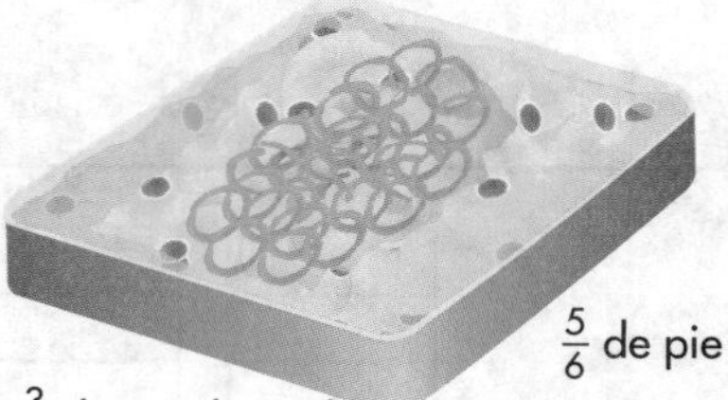

$\frac{5}{6}$ de pie de longitud

$\frac{3}{4}$ de pie de ancho

Parte A

¿Cuál es el área del fondo de la fuente de Ashley? Completa el modelo para mostrar tu trabajo.

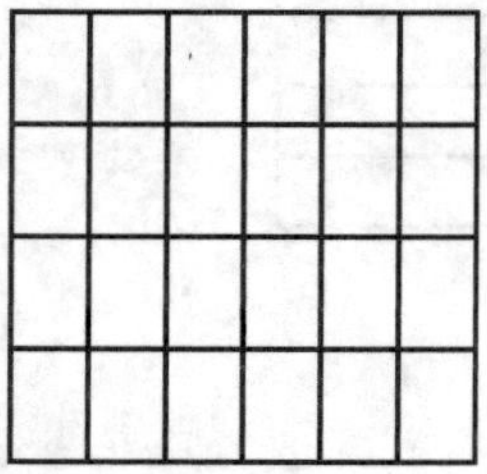

Parte B

La fuente para guiso de Branden tiene $1\frac{1}{2}$ veces el ancho y $1\frac{4}{5}$ veces la longitud de la fuente de Ashley. ¿La fuente de Branden es más larga o más corta que la fuente de Ashley? Explica tu razonamiento.

Parte C

¿Cuál es el área del fondo de la fuente de Branden? Muestra tu trabajo.

Usar la división para dividir fracciones

Pregunta esencial: ¿Cómo se relacionan las fracciones y la división?
¿Cómo se puede dividir con números enteros y fracciones unitarias?

Recursos digitales

Libro del estudiante

Aprendizaje visual

Práctica

Evaluación

Herramientas

Glosario

La energía térmica de un objeto depende de su temperatura y de cuántas partículas contiene.

Una taza de chocolate caliente tiene más energía térmica que una taza de leche fría.

¡Bien! ¡Y cinco malvaviscos asándose al fuego tienen más energía térmica que uno solo! Este es un proyecto sobre la energía térmica.

Proyecto de enVision STEM: Energía térmica

Investigar Usa la Internet u otros recursos para aprender sobre la energía térmica. Haz una lista de 3 maneras en que usas energía térmica en casa y en la escuela. ¿Qué uso es el más importante para ti? ¿Por qué?

Diario: Escribir un informe Incluye lo que averiguaste. En tu informe, también:

• pide a todas las personas en tu casa que te digan 3 maneras en que usan la energía térmica. Organiza tus datos en una tabla.

• saca conclusiones de tus datos. ¿Cómo se usa la energía térmica en tu casa?

• inventa problemas con división de fracciones y resuélvelos.

Repasa lo que sabes

A-Z Vocabulario

Escoge el mejor término de la lista de la derecha.
Escríbelo en el espacio en blanco.

- cociente
- estimación
- factor común
- fracciones equivalentes
- mismo denominador
- número mixto

1. Hallar una respuesta o solución aproximada
es hacer un/una _____.

2. Las fracciones $\frac{3}{4}$ y $\frac{17}{4}$ son fracciones con el/la
_____.

3. Las fracciones que representan la misma
cantidad son _____.

4. La respuesta de un problema de división es el/la _____.

5. Un número que tiene una parte que es un número entero y una parte
fraccionaria se llama _____.

Significado de las fracciones

Cada rectángulo representa un entero. Escribe la parte sombreada
de cada rectángulo como una fracción.

6.

7.

Cálculo con fracciones

Halla las sumas, diferencias o productos.

8. $\frac{2}{5} + \frac{1}{4}$

9. $\frac{5}{6} - \frac{1}{4}$

10. $2\frac{5}{8} + 7\frac{1}{4}$

11. $14 - 3\frac{5}{8}$

12. $3\frac{2}{3} + 4\frac{1}{2}$

13. $\frac{3}{8} \times 2$

14. $\frac{1}{4} \times \frac{3}{5}$

15. $8 \times \frac{9}{10}$

16. $3\frac{1}{2} \times 2\frac{3}{5}$

Nombre _____

PROYECTO 9A

¿Tu prototipo te hará rico y famoso?

Proyecto: Haz un prototipo de división de fracciones

PROYECTO 9B

¿Por qué se usa la pizza en tantos problemas de matemáticas?

Proyecto: Escribe un sketch sobre la pizza

PROYECTO 9C

¿Te gustaría mejorar tu memoria?

Proyecto: Crea un dispositivo nemotécnico

MERCURIO · VENUS · TIERRA · MARTE · JÚPITER · SATURNO · URANO · NEPTUNO

Representación matemática

Tiempo de *slime*

Video

Antes de ver el video, piensa:

El *slime* es tan divertido que me hace reír. Y la mejor parte es que puedes hacerlo tú mismo con ingredientes simples, como pegamento.

Puedo...

representar con modelos matemáticos para resolver problemas que incluyen calcular número enteros y relacionar ese trabajo a las fracciones.

Lección 9-1
Fracciones y división

Resuélvelo y coméntalo

Cuatro personas quieren waffles para el desayuno. Quedan 6 waffles. ¿Cómo se pueden compartir 6 waffles en partes iguales entre 4 personas? ¿Cuánto recibe cada persona? Haz un dibujo y escribe una expresión de división para representar el problema.

Puedo...
comprender cómo se relacionan las fracciones con la división.

También puedo construir argumentos matemáticos

Puedes representar cada waffle con un círculo.

¡Vuelve atrás! **Construir argumentos** Uno de los waffles se quemó. Explica cómo se pueden compartir 5 waffles en partes iguales.

¿Cómo se pueden relacionar las fracciones con la división?

A

Tom, Joe y Sam hicieron vasijas de arcilla y usaron dos rollos de arcilla en total. Si compartieron la arcilla en partes iguales, ¿cuánta arcilla usó cada amigo?

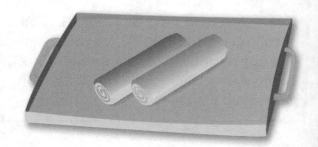

Divide 2 por 3 para hallar qué fracción de la arcilla usó cada persona.

B ## Una manera

Piensa en cómo compartir 2 rollos de arcilla en partes iguales entre 3 personas. Divide cada rollo en 3 partes iguales. Cada parte es $\frac{1}{3}$ de un rollo.

Tom | Joe | Sam

Cada persona coloreó una parte de cada rollo de arcilla, o sea, un total de 2 partes.

Por tanto, $2 \div 3 = 2 \times \frac{1}{3} = \frac{2}{3}$. Cada amigo usó $\frac{2}{3}$ de un rollo de arcilla.

C ## Otra manera

Coloca los rollos juntando los extremos y divídelos entre 3 personas. Cada persona recibe $\frac{1}{3}$ de 2 enteros. Puedes sombrear una recta numérica para verlo.

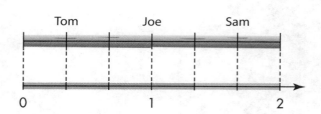

Tom   Joe   Sam

0   1   2

Por tanto, $2 \div 3 = \frac{2}{3}$. Cada amigo usó $\frac{2}{3}$ de un rollo de arcilla.

¡Convénceme! **Razonar** Amelia comparte 4 rebanadas de queso con 5 amigos. ¿Cuánto queso recibirá cada persona? Explica cómo lo decidiste.

Práctica Herramientas Evaluación

☆Práctica guiada

¿Lo entiendes?

1. Explica cómo se escribe $\frac{3}{10}$ como una expresión de división.

2. Explica cómo se escribe $2 \div 5$ como una fracción.

3. Usa la recta numérica para mostrar $3 \div 4$.

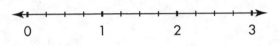

0   1   2   3

¿Cómo hacerlo?

Para **4** y **5**, escribe una expresión de división para cada fracción.

4. $\frac{1}{9}$

5. $\frac{7}{8}$

Para **6** y **7**, indica qué fracción recibe cada persona cuando comparten en partes iguales.

6. Cinco amigos comparten 8 manzanas.

7. Dos amigos comparten 1 rosca.

☆Práctica independiente

Para **8** a **12**, escribe una expresión de división para cada fracción.

8. $\frac{6}{7}$

9. $\frac{1}{4}$

10. $\frac{6}{11}$

11. $\frac{4}{9}$

12. $\frac{8}{15}$

Para **13** a **17**, escribe cada expresión de división como una fracción.

13. $9 \div 11$

14. $1 \div 10$

15. $7 \div 13$

16. $11 \div 17$

17. $25 \div 75$

Para **18** a **21**, indica qué fracción recibe cada persona cuando comparten en partes iguales.

18. 8 estudiantes comparten 6 barras de desayuno.

19. 6 jugadores de fútbol comparten 5 naranjas.

20. 10 amigos comparten 7 dólares.

21. 8 amigos comparten 8 pastelitos.

Resolución de problemas

22. Cuatro amigos hornean pan. Comparten 3 barras de mantequilla en partes iguales. Escribe una ecuación para hallar la fracción de barra de mantequilla que usa cada amigo.

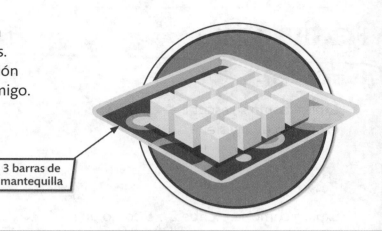

3 barras de mantequilla

---

23. Un grupo de amigos fue al cine. Compartieron 2 bolsas de palomitas de maíz en partes iguales. Si cada persona recibió $\frac{2}{3}$ de bolsa de palomitas, ¿cuántas personas había en el grupo?

24. Razonamiento de orden superior Missy dice que $\frac{5}{6}$ es igual a $6 \div 5$. ¿Tiene razón? ¿Por qué?

---

25. Entender y perseverar

La tabla muestra la comida y la bebida que compró Tabitha para su fiesta, para ella y 4 amigos. ¿Cuánto gastó Tabitha por persona? Muestra tu trabajo.

DATOS	Artículo	Cantidad comprada	Costo por unidad
	Sándwiches	5	$2.89
	Papas fritas	5	$1.99
	Jarra de jugo	2	$4.95

✓ Práctica para la evaluación

26. ¿Qué ecuación será verdadera con el número 5?

- Ⓐ $2 \div \boxed{} = \frac{2}{5}$
- Ⓑ $4 \div 20 = \boxed{}$
- Ⓒ $\boxed{} \div 5 = \frac{3}{5}$
- Ⓓ $\boxed{} \div 6 = \frac{6}{5}$

27. ¿Qué ecuación será verdadera con el número 3?

- Ⓐ $\boxed{} \div 3 = \frac{1}{3}$
- Ⓑ $2 \div \boxed{} = \frac{3}{2}$
- Ⓒ $\boxed{} \div 8 = \frac{3}{8}$
- Ⓓ $3 \div 9 = \boxed{}$

Nombre_____

Resuélvelo y coméntalo

Jonah tiene una bolsa de 8 libras de tierra para macetas. Divide la bolsa en partes iguales entre 5 macetas. ¿Cuánta tierra hay en cada maceta? Muestra tu respuesta como una fracción o un número mixto. *Resuelve este problema de la manera que prefieras.*

Puedo...

mostrar cocientes como fracciones y números mixtos.

También puedo hacer mi trabajo con precisión.

Puedes escribir una ecuación o hacer un dibujo para ayudarte a hallar la respuesta.

¡Vuelve atrás! **Hacerlo con precisión** Supón que se rompe una de las macetas, entonces Jonah tiene que dividir la tierra en partes iguales entre 4 macetas. ¿Cuánta tierra hay en cada maceta ahora?

Pregunta esencial **¿Cómo se puede mostrar un cociente con una fracción o un número mixto?**

A

Tres amigos irán de excursión. Los amigos compraron un pote de mezcla de nueces y frutas secas para compartir en partes iguales. ¿Cuánto recibirá cada amigo?

Puedes dividir para compartir 4 libras entre 3 personas: $4 \div 3$.

Mezcla de nueces y frutas secas
4 libras

B

Divide cada libra en 3 partes iguales.
Cada parte es $1 \div 3$ o $\frac{1}{3}$.

Cada amigo recibe 1 libra más $\frac{1}{3}$ de libra,
o $1 + \frac{1}{3} = 1\frac{1}{3}$ libras de mezcla en total.

Por tanto, $4 \div 3 = \frac{4}{3} = 1\frac{1}{3}$.

1 libra

1 libra

1 libra

1 libra

¡Convénceme! **Construir argumentos** Kate comparte una botella de jugo de manzana de 64 onzas con 5 amigos. La porción de cada persona tendrá la misma cantidad de onzas. ¿Entre qué dos números enteros de onzas estará cada porción? Explícalo usando la división.

Nombre _____

☆Práctica guiada

¿Lo entiendes?

1. ¿Cómo puedes escribir $\frac{10}{3}$ como una expresión de división y como un número mixto?

2. Supón que 3 amigos quieren compartir 16 carteles en cantidades iguales. En esta situación, ¿tendría más sentido el cociente 5 R1 o el cociente $5\frac{1}{3}$?

¿Cómo hacerlo?

3. Halla 11 ÷ 10 y 10 ÷ 11. Escribe cada cociente como una fracción o un número mixto.

Para **4** y **5**, di cuánto recibe cada persona cuando comparten en partes iguales.

4. 2 amigos comparten 3 manzanas.

5. 3 estudiantes comparten 5 barras de desayuno.

☆Práctica independiente

Para **6** a **13**, halla los cocientes. Escribe cada respuesta como fracción o número mixto.

6. 11 ÷ 6

7. 1 ÷ 5

8. 18 ÷ 4

9. 5 ÷ 9

10. 9 ÷ 8

11. 23 ÷ 10

12. 12 ÷ 17

13. 28 ÷ 20

Para **14** a **17**, di cuánto recibe cada persona cuando comparten en partes iguales.

14. 2 niñas comparten 7 yardas de cinta.

15. 4 amigos comparten 7 roscas.

16. 4 primos comparten 3 pasteles.

17. 8 jugadores de fútbol comparten 12 naranjas.

Resolución de problemas

18. Daniela hizo moños para regalo con 8 yardas de cinta. Todos los moños tienen el mismo tamaño. Si Daniela hizo 16 moños, ¿cuánta cinta usó para cada uno? Escribe la respuesta como una fracción o un número mixto.

19. Hacerlo con precisión Tammi tiene 4 libras de manzanas galas y $3\frac{1}{2}$ libras de manzanas deliciosas rojas. Si Tammi usa $1\frac{3}{4}$ libras de manzanas galas en una receta, ¿cuántas libras de manzanas le quedarán?

20. Casey compró una bolsa de 100 libras de alimento para perros. Casey le da a sus perros la misma cantidad de alimento por semana. El alimento para perros duró 8 semanas. ¿Cuánto alimento le dio Casey a sus perros cada semana? Escribe la respuesta como una fracción o un número mixto.

21. Razonamiento de orden superior Escribe un problema verbal que se pueda resolver dividiendo 6 por 5.

22. La cantidad de tela necesaria para un disfraz de espantapájaros para adultos y uno para bebés se muestran a la derecha. ¿Cuántas veces la cantidad de tela para un disfraz para bebés es la cantidad de tela para un disfraz para adultos? Escribe la respuesta como una fracción o un número mixto.

ESPANTAPÁJAROS
PATRONES DEL TRAJE

Bebé: 2 yardas   Adulto: 7 yardas

✓ Práctica para la evaluación

23. Jamal tenía 37 pies de cinta para decorar para compartir con 5 amigos y él. ¿Cuánta cinta recibe cada persona?

Ⓐ $\frac{6}{37}$ de pie

Ⓑ $6\frac{1}{6}$ pies

Ⓒ $6\frac{5}{6}$ pies

Ⓓ $6\frac{1}{37}$ pies

24. Lindsay divide 40 por 9. ¿Entre qué dos números enteros está la respuesta?

Ⓐ 2 y 3

Ⓑ 3 y 4

Ⓒ 4 y 5

Ⓓ 5 y 6

Nombre _____

Resuélvelo y coméntalo

Una sandwichería prepara *wraps* grandes que se dividen en cuartos. Cada cuarto es una porción. William compra 5 *wraps* enteros para una fiesta. ¿Cuántas porciones compra en total? *Resuelve este problema de la manera que prefieras.*

Puedo...
relacionar la división por una fracción con la multiplicación.

También puedo representar con modelos matemáticos para resolver problemas.

¿Cómo te pueden ayudar a visualizar el problema las tiras de fracciones, los diagramas de barras u otros modelos?

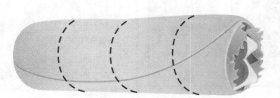

¡Vuelve atrás! **Representar con modelos matemáticos** Escribe una ecuación que represente el problema sobre los *wraps*.

¿Cómo se puede relacionar dividir por una fracción con la multiplicación?

A

Si una botella de abono líquido para plantas contiene 3 tazas, ¿cuántas plantas podrás abonar? Explica por qué tu respuesta tiene sentido.

Necesitas hallar cuántos octavos hay en 3 tazas.

$3 \div \frac{1}{8} = ?$

Use $\frac{1}{8}$ de taza por planta.

B

¿Cuántas partes de $\frac{1}{8}$s hay en 3?

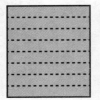 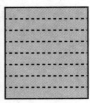 

Usa un modelo y la multiplicación para resolver.

Dado que hay 8 octavos en cada entero, hay $3 \times 8 = 24$ octavos en 3 enteros.

Por tanto, $3 \times 8 = 24$.

El abono para plantas alcanza para 24 plantas.

C

¿La respuesta tiene sentido? ¿24 octavos es igual a 3?

Usa la multiplicación para comprobar.

$24 \times \frac{1}{8} = \frac{24}{8} = 3$

Sí, 24 octavos es igual a 3; por tanto, la respuesta tiene sentido.

¡La relación inversa entre la multiplicación y la división también se aplica a los cálculos con fracciones!

La ecuación de división $3 \div \frac{1}{8} = 24$ es verdadera porque la ecuación de multiplicación $24 \times \frac{1}{8} = 3$ es verdadera.

¡Convénceme! **Usar la estructura** Usa los mismos números en la ecuación de multiplicación $15 \times \frac{1}{3} = 5$ para escribir una ecuación de división. Dibuja un diagrama para mostrar que tu ecuación de división tiene sentido.

Nombre _____

☆ Práctica guiada

¿Lo entiendes?

1. Explica cómo usar la multiplicación para hallar $4 \div \frac{1}{5}$.

2. Muestra cómo usar la multiplicación para comprobar tu respuesta al Ejercicio 1.

¿Cómo hacerlo?

3. Halla $3 \div \frac{1}{10}$.

4. Dibuja un modelo para hallar $2 \div \frac{1}{6}$.

5. Usa una ecuación de multiplicación para comprobar tu respuesta al Ejercicio 4.

☆ Práctica independiente

Para **6** a **9**, usa el modelo para hallar los cocientes. Usa la multiplicación para comprobar tu respuesta.

6. $3 \div \frac{1}{4}$

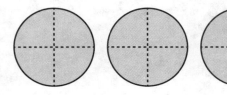

7. $2 \div \frac{1}{12}$

8. $4 \div \frac{1}{9}$

9. $3 \div \frac{1}{6}$

Para **10** a **12**, dibuja un modelo para hallar los cocientes. Usa la multiplicación para comprobar tu respuesta.

10. $5 \div \frac{1}{6}$

11. $4 \div \frac{1}{8}$

12. $3 \div \frac{1}{3}$

Resolución de problemas

13. Representar con modelos matemáticos
Escribe y resuelve una ecuación de división para hallar la cantidad de hamburguesas de $\frac{1}{3}$-de libra que se pueden hacer con 4 libras de carne molida.

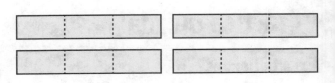

14. Escribe y resuelve un problema verbal para la expresión $8 \div \frac{1}{2}$.

15. Usa los números de la ecuación de multiplicación $28 \times \frac{1}{7} = 4$ para escribir una ecuación de división que requiera dividir por una fracción.

16. Sentido numérico Sally y Timothy tienen dos respuestas diferentes para $1{,}785 \div 35$. Sin hacer la división, ¿cómo puedes saber cuál respuesta es incorrecta?

Sally: $1{,}785 \div 35 = 51$
Timothy: $1{,}785 \div 35 = 501$

17. Razonamiento de orden superior Un restaurante cobra $3.50 por una porción de pastel que es un sexto de pastel y $3.00 por una porción que es un octavo de pastel. Un día, hornean 5 pasteles del mismo tamaño. Si venden todas las porciones, ¿ganarán más dinero dividiendo cada pastel en sextos o en octavos? ¿Cuánto más? Explícalo.

✓ Práctica para la evaluación

18. Javier dibujó un modelo para determinar cuántos quintos hay en 6 enteros.

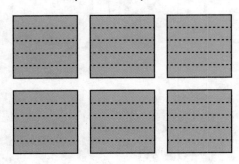

Parte A

Describe el trabajo de Javier con una ecuación de división que incluya una fracción.

Parte B

Comprueba tu respuesta usando los números de tu ecuación de división para escribir una ecuación de multiplicación.

Nombre _____

Resuélvelo y coméntalo

Un bollo de masa se puede estirar en un círculo para hacer una pizza. Cuando la pizza está cocida, se corta en 8 porciones iguales. ¿Cuántas porciones de pizza puedes hacer con 3 bollos de masa? *Resuelve este problema de la manera que prefieras.*

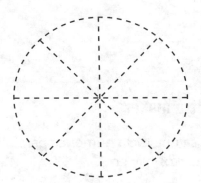

Puedo...
dividir un número entero por una fracción unitaria.

También puedo escoger y usar una herramienta matemática para resolver problemas.

Puedes usar herramientas apropiadas para hallar la respuesta. ¡Muestra tu trabajo!

¡Vuelve atrás! ¿En cuántas porciones de pizza se puede dividir cada bollo? ¿Qué fracción de una pizza entera representa una porción?

Pregunta esencial **¿Cómo se puede dividir por una fracción unitaria?**

A

Joyce hace arrollados de sushi. Para cada arrollado, necesita $\frac{1}{4}$ de taza de arroz. ¿Cuántos arrollados de sushi puede hacer Joyce si tiene 3 tazas de arroz?

1 taza   1 taza   1 taza

$\frac{1}{4}$ es una fracción unitaria. Una fracción unitaria es una fracción que describe una parte del entero. Por tanto, el numerador es 1.

B Una manera

Usa un modelo de área para hallar cuántos cuartos hay en 3.

Hay cuatro partes de $\frac{1}{4}$ en una taza entera. Por tanto, hay doce cuartos en tres tazas enteras. Por tanto, Joyce puede hacer 12 arrollados de sushi.

Puedes usar la multiplicación para comprobar tu respuesta. $3 \times 4 = 12$

C Otra manera

Usa una recta numérica para hallar cuántos cuartos hay en 3.

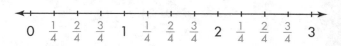
$$0 \quad \frac{1}{4} \quad \frac{2}{4} \quad \frac{3}{4} \quad 1 \quad \frac{1}{4} \quad \frac{2}{4} \quad \frac{3}{4} \quad 2 \quad \frac{1}{4} \quad \frac{2}{4} \quad \frac{3}{4} \quad 3$$

Puedes ver que hay cuatro cuartos entre cada número entero.

Hay cuatro cuartos en 1 entero, ocho cuartos en 2 enteros y doce cuartos en 3 enteros.

Por tanto, $3 \div \frac{1}{4} = 12$.

Joyce puede hacer 12 arrollados de sushi.

¡Convénceme! Usar la estructura Usa el siguiente diagrama para hallar $4 \div \frac{1}{3}$.

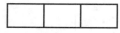 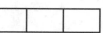 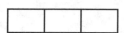

$4 \div \frac{1}{3} =$ _____

⭐ Práctica guiada

¿Lo entiendes?

1. En el ejemplo del comienzo de la página 398, si Joyce tuviera 4 tazas de arroz, ¿cuántos arrollados podría hacer?

2. En el ejemplo del comienzo de la página 398, ¿cómo te ayuda la recta numérica a mostrar que $3 \div \frac{1}{4}$ es igual a 3×4?

¿Cómo hacerlo?

Para **3** y **4**, usa el siguiente dibujo para hallar los cocientes.

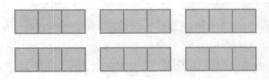

3. ¿Cuántos tercios hay en 3?

$$3 \div \frac{1}{3} = \_\_\_\_$$

4. ¿Cuántos tercios hay en 6?

$$6 \div \frac{1}{3} = \_\_\_\_$$

⭐ Práctica independiente

Práctica al nivel Para **5** y **6**, usa el dibujo para hallar los cocientes.

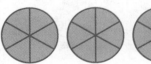

5. ¿Cuántos sextos hay en 1?

$$1 \div \frac{1}{6} = \_\_\_\_$$

6. ¿Cuántos sextos hay en 5?

$$5 \div \frac{1}{6} = \_\_\_\_$$

Para **7** a **14**, haz un dibujo o usa una recta numérica para hallar los cocientes. Luego, usa la multiplicación para comprobar tu respuesta.

7. $4 \div \frac{1}{2}$

8. $2 \div \frac{1}{8}$

9. $2 \div \frac{1}{3}$

10. $6 \div \frac{1}{4}$

11. $8 \div \frac{1}{3}$

12. $3 \div \frac{1}{10}$

13. $9 \div \frac{1}{8}$

14. $15 \div \frac{1}{5}$

Resolución de problemas

15. Dan tiene 4 envases de jugo. Dan sirve $\frac{1}{8}$ de envase para cada persona en una excursión. ¿A cuántas personas puede servir jugo? Haz un dibujo para ayudarte a hallar la respuesta.

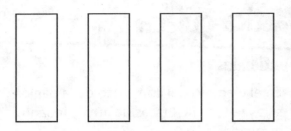

16. Razonamiento de orden superior Escribe un problema verbal que se pueda resolver dividiendo 10 por $\frac{1}{3}$. Luego, resuelve el problema.

17. Sentido numérico El río Nilo es el río más largo del mundo. Mide 4,160 millas de longitud. Tú quieres pasar tres semanas recorriendo la longitud entera del río, y quieres viajar la misma cantidad de millas por día. Estima la cantidad de millas que deberías viajar por día.

18. Entender y perseverar

María usó una bolsa de harina para hornear dos panes. Luego, usó la harina restante para hacer 48 pastelitos. ¿Cuánta harina había en la bolsa cuando María comenzó?

DATOS	Receta	Cantidad de harina necesaria
	Pan	$2\frac{1}{4}$ tazas por pan
	Pastelitos	$3\frac{1}{4}$ tazas por cada 24 pastelitos
	Pizza	$1\frac{1}{2}$ tazas por pizza

Práctica para la evaluación

19. Deron fabrica tapas de interruptores con trozos de madera. Comienza con una tabla que mide 18 pies de longitud. ¿Cuántas tapas de interruptores puede hacer?

Ⓐ 9 tapas de interruptores

Ⓑ 24 tapas de interruptores

Ⓒ 27 tapas de interruptores

Ⓓ 54 tapas de interruptores

DATOS	Proyectos de carpintería	
	Artículo	Cantidad necesaria por unidad
	Estante	$\frac{3}{4}$ de pie
	Tapa de interruptor	$\frac{1}{3}$ de pie
	Teja	$\frac{2}{3}$ de pie

Nombre _____

Resuélvelo y coméntalo

Ayer, el club de cocina hizo una bandeja de lasaña. Dejaron la mitad de la lasaña para que 4 miembros del club de fotografía la compartieran en partes iguales. ¿Qué fracción de la bandeja de lasaña recibió cada miembro del club de fotografía? *Resuelve este problema de la manera que prefieras.*

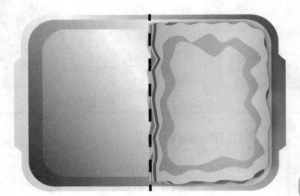

Puedo...
dividir una fracción unitaria por un número entero distinto de cero.

También puedo escoger y usar una herramienta matemática para resolver problemas.

Puedes usar herramientas apropiadas para mostrar cómo se divide lo que queda. ¡Muestra tu trabajo!

¡Vuelve atrás! ¿Qué ecuación puedes escribir para representar el problema?

¿Cómo se puede representar la división de una fracción unitaria por un número entero?

A

Hay media bandeja de pan de maíz sobrante. Ann, Beth y Chuck compartirán lo que sobra en partes iguales. ¿Qué fracción del pan de maíz original recibe cada persona?

Puedes hacer un dibujo para representar $\frac{1}{2}$ pan de maíz.

B **Una manera**

En un modelo de área, divide $\frac{1}{2}$ en 3 partes iguales.

$$\frac{1}{2} \div 3$$

Cada parte contiene $\frac{1}{6}$ del entero.

$$\frac{1}{2} \div 3 = \frac{1}{6}$$

Cada persona recibe $\frac{1}{6}$ del pan de maíz.

C **Otra manera**

Usa una recta numérica. Sombrea $\frac{1}{2}$ en la recta numérica. Divide $\frac{1}{2}$ en 3 partes iguales.

$$\frac{1}{2} \div 3$$

```
←──┼───┼───┼───┼───┼───┼──→
   0   1/6  2/6  1/2  4/6  5/6  1
```

Cada parte es $\frac{1}{6}$.

$$\frac{1}{2} \div 3 = \frac{1}{6}$$

Cada persona recibe $\frac{1}{6}$ del pan de maíz.

¡Convénceme! **Razonar** En el ejemplo anterior ¿en qué se parece dividir por 3 a multiplicar por $\frac{1}{3}$?

Nombre _____

 Práctica guiada

¿Lo entiendes?

1. En el ejemplo del comienzo de la página 402, supón que 4 personas compartirán la mitad del pan de maíz en partes iguales. ¿Qué fracción del pan de maíz original recibirá cada persona? Haz un dibujo o usa objetos para ayudarte.

2. Cuando se divide una fracción unitaria por un número entero distinto de cero y mayor que 1, ¿el cociente será mayor o menor que la fracción unitaria?

¿Cómo hacerlo?

Para **3** a **6**, halla los cocientes. Usa dibujos u objetos para ayudarte.

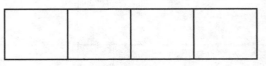

3. $\frac{1}{4} \div 2$ **4.** $\frac{1}{4} \div 4$

5. $\frac{1}{2} \div 2$ **6.** $\frac{1}{2} \div 4$

Práctica independiente

Práctica al nivel Para **7** y **8**, halla los cocientes. Usa dibujos u objetos para ayudarte.

7. $\frac{1}{2} \div 5$

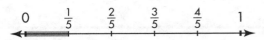

8. $\frac{1}{5} \div 2$

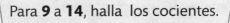

Dividir dibujos u objetos puede servir para dividir fracciones por un número entero.

Para **9** a **14**, halla los cocientes.

9. $\frac{1}{2} \div 7$ **10.** $\frac{1}{4} \div 3$ **11.** $\frac{1}{6} \div 2$

12. $\frac{1}{3} \div 4$ **13.** $\frac{1}{4} \div 5$ **14.** $\frac{1}{5} \div 3$

Resolución de problemas

15. Vin, Corrie, Alexa y Joe compartieron en partes iguales un cuarto de un sándwich. ¿Qué fracción del sándwich original recibió cada amigo? Usa la recta numérica para ayudarte a hallar la respuesta.

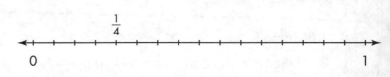

16. Sue tiene $\frac{1}{2}$ galón de leche para compartir en partes iguales entre cuatro personas. ¿Cuánta leche, en galones, debe darle a cada persona?

17. Construir argumentos Taryn dice que $\frac{1}{4}$ de una barra de cereal es más grande que $\frac{1}{3}$ de la barra de cereal. ¿Tiene razón? Explícalo.

18. Álgebra El sábado, Amir corrió $1\frac{3}{4}$ millas y Janie corrió $2\frac{1}{2}$ millas. ¿Quién corrió más? ¿Cuánto más? Escribe una ecuación para hallar d, la diferencia de las dos distancias.

19. Razonamiento de orden superior Cinco amigos compartieron en partes iguales la mitad de una pizza grande y $\frac{1}{4}$ de otra pizza grande. ¿Qué fracción de cada pizza recibió cada amigo? ¿Cómo son las dos cantidades comparadas entre sí?

Práctica para la evaluación

20. Jamie cortó una cuerda en tercios. Usó dos de los trozos para hacer un columpio. Usó longitudes iguales de la cuerda sobrante para hacer cuatro marcos de fotos. ¿Qué fracción de la cuerda original usó para cada marco de foto?

Ⓐ $\frac{1}{4}$

Ⓑ $\frac{1}{12}$

Ⓒ $\frac{1}{16}$

Ⓓ $\frac{3}{4}$

21. Hay medio pastel de manzana para que 5 miembros de una familia compartan en partes iguales. ¿Qué fracción del pastel original recibirá cada miembro de la familia?

Ⓐ $\frac{1}{10}$

Ⓑ $\frac{1}{7}$

Ⓒ $\frac{1}{3}$

Ⓓ $\frac{2}{5}$

Nombre _____

Resuélvelo y coméntalo

La familia Brown plantará flores en $\frac{1}{3}$ de su jardín, bayas en $\frac{1}{3}$ de su jardín y verduras en $\frac{1}{3}$ de su jardín. La sección de las verduras tiene partes iguales de zanahorias, cebollas, pimientos y tomates. ¿En qué fracción del jardín hay zanahorias plantadas? *Resuelve este problema de la manera que prefieras.*

Puedo...
dividir con fracciones unitarias.

También puedo razonar sobre las matemáticas.

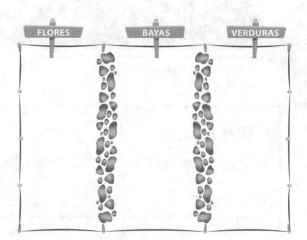

FLORES   BAYAS   VERDURAS

¿Cómo puedes mostrar partes iguales de cada verdura?

¡Vuelve atrás! **Representar con modelos matemáticos** Escribe una ecuación que represente el problema. Explica tu razonamiento.

Pregunta esencial

¿Cómo se puede dividir con fracciones unitarias y números enteros

A

Una compañía de electricidad planea instalar turbinas eólicas en 4 millas cuadradas de tierra. Cada turbina requiere $\frac{1}{6}$ de milla cuadrada de tierra. ¿Cuántas turbinas se pueden instalar?

Representa el problema con un dibujo o una ecuación para ayudarte.

B

Una manera

Usa un modelo de área para mostrar 4 millas cuadradas. Divide cada milla cuadrada en 6 partes iguales para representar $\frac{1}{6}$ de milla cuadrada.

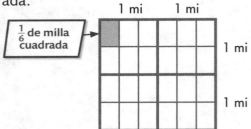

1 mi   1 mi

$\frac{1}{6}$ de milla cuadrada

1 mi

1 mi

Hay 24 partes. Por tanto, cabrán 24 turbinas eólicas en el terreno.

C

Otra manera

Usa una recta numérica para mostrar 4 enteros.

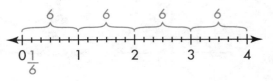

0 $\frac{1}{6}$ 1   2   3   4

Hay 6 sextos en cada entero.

Por tanto, hay 24 sextos en 4 enteros.

$4 \div \frac{1}{6} = 24$

Cabrán 24 turbinas eólicas en el terreno.

¡Convénceme! **Razonar** Usa un modelo de área para hallar $2 \div \frac{1}{4}$.
Luego, usa la multiplicación para comprobar tu respuesta.

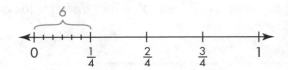
Otro ejemplo

Usa una recta numérica para hallar $\frac{1}{4} \div 6$.

Si divides $\frac{1}{4}$ en 6 segmentos iguales, ¿cuánto medirá cada segmento?

$\frac{1}{4} \div 6 = \frac{1}{24}$

Comprueba tu respuesta usando la multiplicación: $\frac{1}{24} \times 6 = \frac{1}{4}$.

Práctica guiada

¿Lo entiendes?

1. Cuando divides un número entero por una fracción menor que 1, ¿el cociente será mayor o menor que el número entero?

2. Se dividen 4 millas cuadradas de tierra en secciones de $\frac{1}{2}$ milla cuadrada de área cada una. ¿Cuántas secciones hay?

$4 \div \frac{1}{2}$

¿Cómo hacerlo?

Para **3** a **6**, halla los cocientes.

3. $2 \div \frac{1}{4}$

4. $3 \div \frac{1}{4}$

5. $\frac{1}{6} \div 2$

6. $2 \div \frac{1}{3}$

Dibuja una recta numérica o usa un modelo para ayudarte a hallar la respuesta.

Práctica independiente

Práctica al nivel Para **7** a **10**, halla los cocientes. Usa un modelo o una recta numérica para ayudarte.

7. $5 \div \frac{1}{2}$

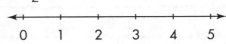
0   1   2   3   4   5

8. $\frac{1}{2} \div 5$

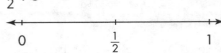
0              $\frac{1}{2}$ 1

9. $6 \div \frac{1}{3}$

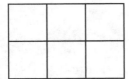

10. $\frac{1}{3} \div 6$

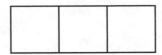

Resolución de problemas

11. Keiko dividió 5 tazas de leche en porciones de $\frac{1}{4}$-de taza. ¿Cuántas porciones de $\frac{1}{4}$-de taza tiene Keiko? Completa el dibujo para mostrar tu solución.

12. Álgebra La Srta. Allen tiene $\frac{1}{8}$ de bandeja de *brownies* para dividir entre 2 niños. Haz un dibujo para hallar la fracción, *f*, de la bandeja original de *brownies* que recibe cada niño. Escribe una ecuación para hallar *f* que represente la solución.

13. Entender y perseverar Un polígono regular tiene un perímetro de 2 pies. Si cada lado mide $\frac{1}{3}$ de pie, ¿cuál es el nombre del polígono?

Un polígono regular tiene lados de igual longitud y ángulos de igual medida.

14. Razonamiento de orden superior El Sr. Brent usa $\frac{1}{4}$ de taza de pintura azul y $\frac{1}{4}$ de taza de pintura amarilla para hacer una tanda de pintura verde. ¿Cuántas tandas de pintura verde puede hacer con la cantidad de pintura que le queda? Explica cómo hallaste la respuesta.

DATOS	Color de pintura	Cantidad restante
	Azul	3 tazas
	Rojo	2 tazas
	Amarillo	4 tazas

15. Jordan dice que $6 \div \frac{1}{2} = 3$. ¿Tiene razón? Si no, justifica tu razonamiento y da el cociente correcto.

Nombre _____

Resuélvelo y coméntalo Los organizadores de un recorrido turístico arquitectónico deben instalar mesas de informes cada $\frac{1}{8}$ de milla a lo largo del recorrido de 6 millas, con la primera ubicada a $\frac{1}{8}$ de milla del comienzo del recorrido. Cada mesa debe tener 2 carteles. ¿Cuántos carteles necesitan los organizadores? *Resuelve este problema de la manera que prefieras.*

Puedo...
resolver problemas de división que tienen fracciones unitarias.

También puedo entender bien los problemas.

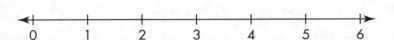

Entender y perseverar
¿Qué pasos necesitas hacer para resolver este problema?
¡Muestra tu trabajo!

¡Vuelve atrás! ¿Cómo te ayudó la recta numérica a resolver el problema?

Pregunta esencial ¿Cómo se pueden resolver problemas de división con fracciones unitarias?

A

John quiere comprar láminas de madera prensada como las que se muestran para hacer cajas con tapas. Cada caja es un cubo que tiene aristas de $\frac{1}{3}$ de pie. ¿Cuántas láminas de madera prensada necesita John para hacer 5 cajas con tapas?

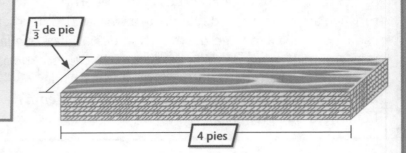

$\frac{1}{3}$ de pie

4 pies

Recuerda que un cubo tiene 6 caras idénticas.

B ¿Qué sabes?

Se necesitan seis piezas de madera prensada para cada una de las 5 cajas.

Las cajas son cubos de $\frac{1}{3}$ de pie.

Cada lámina de madera prensada mide $\frac{1}{3}$ de pie de ancho y 4 pies de largo.

¿Qué se te pide que halles?

La cantidad de láminas de madera prensada que John necesita comprar.

C Escribe una ecuación para ayudarte a responder cada pregunta.

1. ¿Cuántas piezas de madera prensada se necesitan para hacer 5 cajas con tapas?

5	×	6	=	30
cajas		piezas por caja		piezas en total

2. ¿Cuántas piezas se pueden cortar de 1 lámina de madera prensada?

$4 \div \frac{1}{3} = 12$

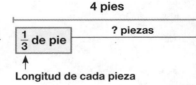

4 pies

? piezas

$\frac{1}{3}$ de pie

Longitud de cada pieza

3. ¿Cuántas láminas de madera prensada necesita John para hacer 5 cajas con tapas?

$30 \div 12 = 2$ R6

John necesita 3 láminas de madera prensada.

¡Convénceme! **Razonar** Escribe un problema de la vida diaria que se pueda resolver primero sumando 24 y 36 y luego, dividiendo por $\frac{1}{4}$. Halla la solución de tu problema y explica tu respuesta.

Nombre _____

☆ Práctica guiada

¿Lo entiendes?

1. En el ejemplo al comienzo de la página 410, ¿por qué se respondieron preguntas adicionales para resolver el problema?

2. ¿Qué ecuaciones se usaron para resolver el ejemplo al comienzo de la página 410?

¿Cómo hacerlo?

3. Tamara necesita baldosas para hacer un borde en la pared de su baño. El borde tendrá 9 pies de largo y $\frac{1}{3}$ de pie de ancho. Cada baldosa mide $\frac{1}{3}$ de pie por $\frac{1}{3}$ de pie. Cada caja de baldosas contiene 6 baldosas. ¿Cuántas cajas de baldosas necesita Tamara? Escribe dos ecuaciones que se puedan usar para resolver el problema.

☆ Práctica independiente

Escribe las ecuaciones necesarias para resolver cada problema. Luego, resuelve los problemas.

4. Robert quiere usar todos los ingredientes que se listan en la tabla para hacer una mezcla de nueces y frutas secas. ¿cuántos paquetes de $\frac{1}{2}$ libra puede hacer?

Ecuaciones: _____

Respuestas: _____

DATOS	Ingrediente	Peso (en libras)
	Manzanas secas	$2\frac{1}{2}$
	Nueces	4
	Pasas	$1\frac{1}{2}$

5. Rachel usó $\frac{2}{3}$ de un paquete de harina de maíz. Usará partes iguales de la mezcla sobrante para hacer 2 tandas de pan de maíz. ¿Qué fracción del paquete original usará Rachel para cada tanda?

Ecuaciones: _____

Respuestas: _____

Resolución de problemas

6. Entender y perseverar Sandra hará sopa de verduras. Si hace 12 tazas de sopa, ¿cuántas tazas de cebolla necesita? Usa la tabla de la derecha. Escribe las ecuaciones necesarias para resolver el problema. Luego, resuelve el problema.

Verdura	Cantidad necesaria para 3 tazas de sopa
Zanahorias	$\frac{1}{3}$ de taza
Cebollas	$\frac{1}{8}$ de taza
Arvejas	$\frac{1}{4}$ de taza

7. Emily debe comprar tela para hacer paños de cortina para las ventanas. Cada paño medirá 4 pies de largo y $\frac{1}{2}$ pie de ancho. Cada corte de tela que se puede comprar mide 4 pies de largo y 2 pies de ancho. ¿Cuántos paños puede hacer Emily con 1 corte de tela?

8. Álgebra Barry compra un paquete de fideos por $2.39 y un frasco de salsa de tomate por $3.09. Barry usa un cupón de $0.75 y un cupón de $0.50 ¿Cuál es el costo total de la compra de Barry? Escribe una expresión para mostrar tu trabajo.

9. Razonamiento de orden superior El Sr. Moss tenía 4 galones de pintura. Pintó 8 puertas. ¿Cuántos bancos puede pintar con la pintura que sobra? Muestra tu trabajo.

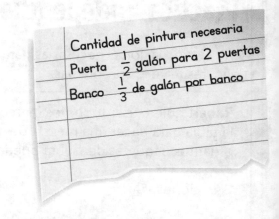

Cantidad de pintura necesaria

Puerta $\frac{1}{2}$ galón para 2 puertas

Banco $\frac{1}{3}$ de galón por banco

10. Sophia usa $\frac{1}{2}$ libra de harina blanca para hacer un pan y $\frac{1}{4}$ de harina repostera para hacer un pastel. ¿Qué opción muestra cuántos pasteles y panes puede hacer Sophia con la cantidad de harina que tiene?

Ⓐ 12 pasteles, 4 panes

Ⓑ 6 pasteles, 8 panes

Ⓒ 8 pasteles, 6 panes

Ⓓ 4 pasteles, 12 panes

Harina disponible	
Tipo de harina	**Cantidad**
Repostera	3 libras
Blanca	2 libras
Trigo integral	4 libras

Nombre _____

Resuélvelo y coméntalo ¿Qué observas con respecto a los cálculos siguientes? Haz una generalización sobre lo que observas. Completa los ejemplos restantes.

Ecuaciones de Sue	Ecuaciones de Randy
$4 \div \frac{1}{3} = 12$	$\frac{1}{3} \div 4 = \frac{1}{12}$
$8 \div \frac{1}{10} = 80$	$\frac{1}{10} \div 8 = \frac{1}{80}$
$5 \div \frac{1}{4} = 20$	$\frac{1}{4} \div 5 = \frac{1}{20}$
$12 \div \frac{1}{2} = $ ___	$\frac{1}{2} \div 12 = $ ___
$6 \div \frac{1}{100} = $ ___	$\frac{1}{100} \div 6 = $ ___

Puedo...

observar la repetición en los cálculos y describir un método general para dividir números enteros y fracciones unitarias.

También puedo dividir número enteros por fracciones unitarias y dividir fracciones unitarias por números enteros.

Hábitos de razonamiento

¡Razona correctamente! Estas preguntas te pueden ayudar.

- ¿Se repiten algunos cálculos?
- ¿Puedo hacer generalizaciones a partir de los ejemplos?
- ¿Qué métodos cortos puedo ver en el problema?

¡Vuelve atrás! **Generalizar** Prueba tu método general escribiendo otro par de ecuaciones como las de Sue y Randy.

Pregunta esencial

¿Cómo se pueden usar los razonamientos repetidos para dividir números enteros y fracciones unitarias?

A

Ali cortó una tabla de 4 pies en trozos de $\frac{1}{2}$-pie. Contó 8 trozos.

Luego, cortó una tabla de $\frac{1}{2}$-pie en 4 trozos iguales. Cada trozo medía $\frac{1}{8}$ de pie.

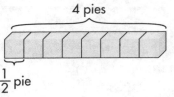

Estudia las ecuaciones siguientes. ¿Qué generalizaciones puedes hacer? Explícalo.

$$4 \div \frac{1}{2} = 8 \qquad \frac{1}{2} \div 4 = \frac{1}{8}$$
$$4 \times 2 = 8 \qquad \frac{1}{2} \times \frac{1}{4} = \frac{1}{8}$$

¿Qué necesito hacer?

Necesito entender las ecuaciones y hacer generalizaciones sobre ellas.

B **¿Cómo puedo hacer una generalización partiendo de los razonamientos repetidos?**

Puedo

- buscar cosas que se repitan en el problema.

- probar si mi generalización funciona con otros números.

C Veo que

Este es mi razonamiento...

$$4 \div \frac{1}{2} = 4 \times 2 \text{ y } \frac{1}{2} \div 4 = \frac{1}{2} \times \frac{1}{4}.$$

Comprueba si la misma relación se aplica a otros números.

$$10 \div \frac{1}{3} = 30 \text{ y } 10 \times 3 = 30$$
$$\frac{1}{3} \div 10 = \frac{1}{30} \text{ y } \frac{1}{3} \times \frac{1}{10} = \frac{1}{30}$$

Dividir un número entero por una fracción unitaria es lo mismo que multiplicar un número entero por el denominador de la fracción unitaria.

Dividir una fracción unitaria por un número entero distinto de cero es lo mismo que multiplicar la fracción unitaria por una fracción unitaria con el número entero como denominador.

¡Convénceme! **Generalizar** Marcus hizo la siguiente generalización: $12 \div \frac{1}{5} = \frac{1}{12} \times \frac{1}{5}$. ¿Tiene razón? Explícalo.

Nombre _____

Práctica Herramientas Evaluación

Práctica guiada

Generalizar

Nathan tiene dos tablas de 8 pies. Nathan corta una tabla en trozos de $\frac{1}{4}$ de pie. Corta la otra tabla en trozos de $\frac{1}{2}$ pie.

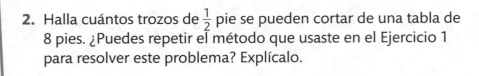

Los razonamientos repetidos te pueden ayudar a hallar un método general para resolver problemas del mismo tipo.

1. Escribe y resuelve una ecuación de división para hallar cuántos trozos de $\frac{1}{4}$ de pie se pueden cortar de una tabla de 8 pies. Explica tu razonamiento.

2. Halla cuántos trozos de $\frac{1}{2}$ pie se pueden cortar de una tabla de 8 pies. ¿Puedes repetir el método que usaste en el Ejercicio 1 para resolver este problema? Explícalo.

Práctica independiente

Generalizar

La camioneta de un paisajista está cargada con $\frac{1}{2}$ tonelada de grava. La grava se repartirá en partes iguales en 3 proyectos.

Recuerda que el método para dividir un número entero por una fracción unitaria es diferente del método para dividir una fracción unitaria por un número entero.

3. Escribe y resuelve una ecuación de división para hallar cuánta grava recibirá cada proyecto. Explica tu razonamiento.

4. Supón que otra camioneta está cargada con $\frac{1}{2}$ tonelada de grava. Halla cuánta grava recibirá cada proyecto si la $\frac{1}{2}$ tonelada de grava se reparte en partes iguales entre 8 proyectos. ¿Puedes repetir el método que usaste en el Ejercicio 3 para resolver este problema? Explícalo.

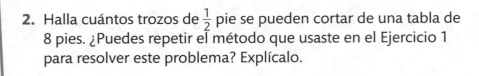

Resolución de problemas

Alimento para mascotas

Karl tiene un gato y un perro. Karl compra una bolsa de alimento para gatos y una bolsa de alimento para perros. ¿Cuántas porciones de $\frac{1}{4}$ de lb de alimento para gatos puede hacer con una bolsa? ¿Cuántas porciones de $\frac{1}{2}$ lb de alimento para perros puede hacer con una bolsa?

DATOS	Alimento para mascota	Tamaño de la bolsa
	Peces	5 lb
	Gatos	12 lb
	Perros	20 lb

5. **Razonar** Karl cree que podrá hacer más porciones de alimento para perros que de alimento para gatos porque la bolsa de alimento para perros pesa más que la bolsa de alimento para gatos. ¿Estás de acuerdo con el razonamiento? Explícalo.

6. **Representar con modelos matemáticos** Escribe una ecuación de división y una de multiplicación que Karl podría usar para hallar la cantidad de porciones de alimento para gatos que hay en una bolsa.

> Cuando usas los razonamientos repetidos, observas las repeticiones en los cálculos.

7. **Generalizar** ¿Qué generalización puedes hacer que relacione la ecuación de división con la ecuación de multiplicación que escribiste en el Ejercicio 6?

8. **Generalizar** Halla cuántas porciones de alimento para perros hay en una bolsa. ¿Puedes repetir el método que usaste en el Ejercicio 6 para resolver este problema? Explícalo.

Nombre_____

Resuelve cada problema. Sigue los problemas cuya respuesta sea 3,456 para sombrear una ruta que vaya desde la **SALIDA** hasta la **META**. Solo te puedes mover hacia arriba, hacia abajo, hacia la derecha o hacia la izquierda.

Puedo...
multiplicar números enteros de varios dígitos.

También puedo hacer mi trabajo con precisión.

Salida

576 × 6	101 × 34	350 × 16	436 × 16	127 × 28
96 × 36	462 × 13	64 × 54	48 × 72	144 × 24
108 × 32	192 × 18	288 × 12	82 × 42	216 × 16
303 × 12	317 × 48	456 × 11	2,586 × 12	128 × 27
66 × 51	286 × 40	360 × 36	230 × 56	384 × 9

Meta

Repaso del vocabulario

A-Z
Glosario

Lista de palabras

- cociente
- dividendo
- divisor
- factor
- fracción unitaria
- operaciones inversas
- producto

Comprender el vocabulario

Escribe *siempre, a veces* o *nunca*.

1. Un número entero dividido por una fracción menor que 1 es un número mixto. _____

2. La respuesta de un problema de división es mayor que el dividendo. _____

3. Una fracción menor que 1 dividida por un número entero es un número entero. _____

4. Dividir por $\frac{1}{2}$ significa que estás hallando cuántas mitades hay en el dividendo. _____

5. El dividendo es el número mayor en un problema de división. _____

6. Un número entero se puede escribir como una fracción con 1 como denominador. _____

Traza una línea desde cada operación de la columna A hasta la respuesta correcta en la columna B.

Columna A	Columna B
7. $\frac{1}{3} \div 6$	12
8. $3 \div \frac{1}{2}$	2
9. $2 \div \frac{1}{6}$	6
10. $\frac{1}{6} \div 2$	$\frac{1}{18}$
	$\frac{1}{12}$

Usar el vocabulario al escribir

11. Explica cómo usar lo que sabes sobre la división con números enteros para comprobar tu trabajo al dividir con fracciones. Usa al menos tres términos de la Lista de palabras en tu explicación.

Nombre _____

Refuerzo

Grupo A | páginas 385 a 388, 389 a 392 _____

Puedes representar la fracción $\frac{3}{4}$ como una división.

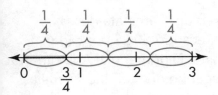

Piensa: $\frac{1}{4}$ de 3 enteros.

Por tanto, $\frac{3}{4} = 3 \div 4$.

Recuerda que cualquier fracción se puede representar como la división del numerador por el denominador.

Escribe una expresión de división para cada fracción.

1. $\frac{7}{9}$ **2.** $\frac{11}{17}$ **3.** $\frac{10}{3}$

Escribe las expresiones como una fracción o un número mixto.

4. $7 \div 12$ **5.** $13 \div 20$

6. $9 \div 5$ **7.** $17 \div 7$

Grupo B | páginas 393 a 396, 397 a 400 _____

Una tabla de 4 pies se corta en trozos que miden $\frac{1}{2}$ pie de longitud. ¿Cuántos trozos hay?

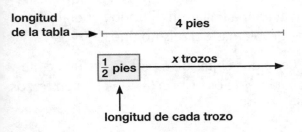

$4 \div \frac{1}{2} = 4 \times 2 = 8$

Hay 8 trozos.

Recuerda que puedes usar la multiplicación para comprobar tu respuesta.

1. Un área de juego de 12 pies de largo está marcada en secciones de $\frac{1}{5}$ de pie de largo para un juego. ¿Cuántas secciones hay?

2. Un paquete de maníes de 4 libras se divide en paquetes de $\frac{1}{4}$ de libra. ¿Cuántos paquetes de $\frac{1}{4}$ de libra hay?

Grupo C | páginas 401 a 404, 405 a 408 _____

Halla $\frac{1}{2} \div 4$.

Usa una recta numérica. Divide $\frac{1}{2}$ en 4 partes iguales.

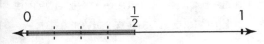

Cada parte es $\frac{1}{8}$.

Por tanto, $\frac{1}{2} \div 4 = \frac{1}{8}$.

Recuerda que puedes usar objetos o una recta numérica para ayudarte a dividir.

1. $\frac{1}{3} \div 2$ **2.** $\frac{1}{7} \div 7$

3. $\frac{1}{2} \div 8$ **4.** $\frac{1}{8} \div 2$

5. $7 \div \frac{1}{2}$ **6.** $25 \div \frac{1}{6}$

Helen tiene $97 en monedas de 25¢ y 50¢. Tiene $13 en monedas de 25¢. ¿Cuántas monedas de 50¢ tiene Helen?

¿Cuánto dinero tiene Helen en monedas de 50¢?

$97	
$13	?

$97 − $13 = $84

¿Cuántas monedas de 50¢ hay en $84?

$84

| $\frac{1}{2}$ | ? |

$84 \div \frac{1}{2} = 84 \times 2 = 168$

Helen tiene 168 monedas de 50¢.

Recuerda que debes leer el problema con atención y asegurarte de que respondes la pregunta correcta y que tu respuesta tiene sentido.

1. Ana participó en una caminata de beneficencia. Recaudó $0.25 por cada $\frac{1}{2}$ milla que caminó. El primer día, Ana caminó 11 millas. El segundo día, caminó 14 millas. ¿Cuánto dinero recaudó Ana?

2. El Sr. Holms usó $\frac{4}{5}$ de un envase de jugo de naranja. Usó cantidades iguales del jugo que le sobró para servir dos porciones. ¿Qué fracción del envase entero de jugo usó el Sr. Holms para cada porción?

Piensa en estas preguntas para ayudarte a usar los **razonamientos repetidos** cuando resuelves problemas de división.

Hábitos de razonamiento

- ¿Se repiten algunos cálculos?
- ¿Puedo hacer generalizaciones a partir de los ejemplos?
- ¿Qué métodos cortos puedo ver en el problema?

Recuerda que los razonamientos repetidos te pueden ayudar a hallar un método general para resolver problemas del mismo tipo.

Teresa tiene dos cintas de 6 pies. Corta una cinta en trozos de $\frac{1}{4}$ de pie. Corta la otra cinta en trozos de $\frac{1}{2}$ pie.

1. ¿Cuántos trozos de $\frac{1}{4}$ de pie puede hacer Teresa con una cinta? Explícalo.

2. ¿Cuántos trozos de $\frac{1}{2}$ pie puede hacer Teresa con la cinta de 6 pies? Repite el método que usaste en el Ejercicio 1 para resolver este problema.

Nombre_____

1. Si el diámetro del tronco de un árbol crece $\frac{1}{4}$ de pulgada por año, ¿cuántos años tardará el tronco en crecer 8 pulgadas? Explica cómo hallaste la respuesta.

2. Selecciona todas las ecuaciones que el número 4 hará verdaderas.

☐ $1 \div 4 = ?$

☐ $5 \div ? = \frac{4}{5}$

☐ $? \div 7 = \frac{4}{7}$

☐ $2 \div ? = \frac{1}{2}$

☐ $4 \div ? = 16$

3. La Sra. Webster quiere dividir 6 pintas de agua en porciones de $\frac{1}{3}$ de pinta. ¿Cuántas porciones se pueden hacer? Explica cómo hallaste la respuesta.

4. ¿Cuántos octavos hay en 25? ¿Qué ecuación de multiplicación puedes usar para comprobar tu respuesta?

5. Raven fabrica almohadas. Necesita $\frac{1}{5}$ de yarda de tela para cada almohada. Si Raven tiene 6 yardas de tela, ¿cuántas almohadas puede hacer? Usa la recta numérica. Escoge la ecuación que representa el problema.

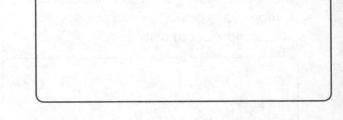

Ⓐ $\frac{1}{5} \div 6 = \frac{1}{30}$ Ⓒ $6 + 5 = 11$

Ⓑ $6 + \frac{1}{5} = \frac{7}{5}$ Ⓓ $6 \div \frac{1}{5} = 30$

6. Un granjero tiene 24 acres de tierra. Quiere usar 6 acres para hacer una entrada y dividir la tierra restante en terrenos de $\frac{1}{3}$ de acre. ¿Cuántos terrenos de $\frac{1}{3}$ de acre tendrá el granjero?

Ⓐ 6 terrenos   Ⓒ 54 terrenos

Ⓑ 18 terrenos   Ⓓ 72 terrenos

7. Se compartió medio melón en partes iguales entre 3 personas. ¿Qué fracción del melón entero recibió cada persona? Explica cómo hallaste la respuesta.

8. Cecil y 3 amigos corren una carrera de relevos de 15 millas. Cada amigo corre la misma distancia. Usa una ecuación para hallar la distancia que corrió cada amigo.

9. Empareja cada expresión con su cociente.

	$\frac{3}{4}$	12	$\frac{1}{12}$	$1\frac{1}{3}$
$4 \div 3$	❑	❑	❑	❑
$4 \div \frac{1}{3}$	❑	❑	❑	❑
$3 \div 4$	❑	❑	❑	❑
$\frac{1}{3} \div 4$	❑	❑	❑	❑

10. **A.** Selecciona todas las expresiones que son igual a $\frac{1}{6}$.

☐ $6 \div 1$ ☐ $1 \div 6$

☐ $3 \div 18$ ☐ $\frac{1}{3} \div 2$

☐ $2 \div \frac{1}{3}$

B. ¿Cómo puedes comprobar tu respuesta?

11. La alfombra de Josie tiene un área de 18 pies cuadrados que mide 6 pies de longitud por 3 pies de ancho. Josie pondrá la alfombra en un piso que está cubierto con baldosas de $\frac{1}{3}$ de pie cuadrado. ¿Cuántas baldosas cubrirá la alfombra? ¿Qué ecuación puedes usar para comprobar tu respuesta?

12. Ellen dice que $1\frac{2}{5}$ es igual a $5 \div 7$. ¿Tiene razón? Explícalo.

13. Corey tiene un pedazo de tela que tiene $\frac{1}{4}$ de yarda de longitud. Corey corta la tela en 2 partes iguales. Escribe una expresión para hallar la longitud, en yardas, de cada parte de la tela y resuelve.

14. Mira las ecuaciones siguientes.

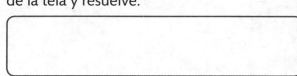

$8 \div \frac{1}{3} = \boxed{}$ $2 \div \frac{1}{9} = \boxed{}$

$8 \times 3 = \boxed{}$ $2 \times 9 = \boxed{}$

A. Escribe números en las casillas para que cada ecuación sea verdadera.

B. ¿Qué generalización puedes hacer sobre las ecuaciones? Explícalo.

Nombre _____

Hacer muñecas de trapo

Julie y Erin harán muñecas de trapo para la feria de manualidades. La siguiente ilustración muestra algunos de los materiales que necesitan para cada muñeca.

1. La tabla **Materiales de Julie y Erin** muestra las cantidades que tienen de algunos de los materiales que necesitan.

Lana café

2 botones café

1 yarda de tela café

$\frac{1}{2}$ yarda de tela blanca

$\frac{1}{4}$ de yarda de cinta

$1\frac{1}{2}$ yardas de tela a cuadros rojos

$\frac{1}{3}$ de yarda de terciopelo negro

Parte A

Si Julie y Erin usan la lana café que tienen para hacer 4 muñecas, ¿cuánta lana pueden usar en cada muñeca? Muestra tu trabajo.

Materiales de Julie y Erin	
Material	**Cantidad**
Botones	9
Lana café	10 yd
Terciopelo negro	4 yd
Tela blanca	5 yd

Parte B

¿Cuántas muñecas pueden hacer Julie y Erin con la cantidad de terciopelo negro que tienen? Completa el modelo para representar el problema.

Parte C

¿Cuántas muñecas pueden hacer Julie y Erin con la cantidad de tela blanca que tienen? Escribe una ecuación para representar el problema. Usa la multiplicación para comprobar tu respuesta.

Parte D

La cinta usada en cada muñeca se divide en 3 partes iguales. ¿Cuál es la longitud en yardas de cada parte? Completa la recta numérica para resolver el problema.

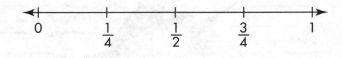

2. Julie y Erin tienen $6\frac{1}{3}$ yardas de tela a cuadros rojos. Después de hacer vestidos para 4 muñecas, usan la tela sobrante para hacer moños para el pelo de las muñecas. Las niñas necesitan 8 moños para 4 muñecas.

Parte A

¿Cuánta tela tienen Julie y Erin para cada moño? Explícalo.

Parte B

Julie escribió las ecuaciones de la derecha. ¿Cuál es el patrón de sus ecuaciones? Explica cómo se usa el patrón para hallar el cociente que hallaste en la parte A.

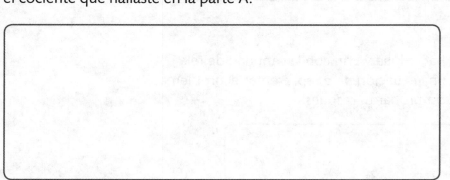

Ecuaciones de Julie

$$\frac{1}{2} \div 3 = \frac{1}{2} \times \frac{1}{3} = \frac{1}{6}$$

$$\frac{1}{3} \div 3 = \frac{1}{3} \times \frac{1}{3} = \frac{1}{9}$$

$$\frac{1}{2} \div 4 = \frac{1}{2} \times \frac{1}{4} = \frac{1}{8}$$

$$\frac{1}{3} \div 4 = \frac{1}{3} \times \frac{1}{4} = \frac{1}{12}$$

Representar e interpretar datos

Pregunta esencial: ¿Cómo se puede usar un diagrama de puntos para representar datos y responder a preguntas?

Recursos digitales

 Libro del estudiante

 Aprendizaje visual

 Práctica

 Evaluación

 Herramientas

 Glosario

Los incendios forestales ayudan a la naturaleza porque queman las plantas muertas.

Un rayo puede causar un incendio forestal. ¿Pero sabías que las actividades humanas causan 9 de cada 10 incendios de ese tipo?

¡Estoy sorprendido! ¡Es hora de hacer una investigación innovadora! Este es un proyecto sobre los incendios forestales.

Proyecto de enVision STEM: Incendios forestales

Investigar Usa la Internet u otras fuentes para aprender más sobre los incendios forestales. Investiga cómo afectan a los ecosistemas. Explora los costos y los beneficios de esos incendios. Haz una lista de cinco seres vivos de un ecosistema. Investiga cuánto tarda cada uno en recuperarse de un incendio forestal.

Diario: Escribir un informe Incluye lo que averiguaste. En tu informe, también:

- haz un folleto para mostrar cómo afectan los incendios forestales a los ecosistemas.

- sugiere maneras de prevenir esos incendios.

- haz un diagrama de puntos para mostrar tus datos.

- inventa y resuelve problemas usando diagramas de puntos.

Repasa lo que sabes

Vocabulario

Escoge el mejor término de la Lista de palabras. Escríbelo en el espacio en blanco.

- comparar
- estimación por defecto
- estimación por exceso
- gráfica de barras
- tabla de frecuencias

1. Una representación que muestra cuántas veces ocurre un evento es una _____.

2. Una representación que usa barras para mostrar datos es una _____.

3. Redondear cada factor de una multiplicación a un número más grande da una _____ del producto real.

4. Puedes usar la longitud de las barras de una gráfica de barras para _____ dos conjuntos de datos similares.

Cálculo de fracciones

Halla las respuestas.

5. $2\frac{1}{2} + 5\frac{1}{3}$

6. $13\frac{3}{10} - 8\frac{1}{5}$

7. $8\frac{1}{3} + 7\frac{11}{12}$

8. $15 - 5\frac{2}{9}$

9. $7\frac{5}{8} + 13\frac{11}{20}$

10. $15\frac{4}{5} + 1\frac{2}{3}$

11. $\frac{7}{8} \times 4$

12. $5 \times 1\frac{2}{3}$

13. $2\frac{1}{8} \times \frac{2}{3}$

Gráficas de barras

Usa la gráfica de barras para responder a las preguntas.

14. ¿Qué animal tiene aproximadamente 34 dientes?

15. ¿Aproximadamente cuántos dientes más que una hiena tiene un perro?

16. ¿Aproximadamente cuántos dientes más que una morsa tiene una hiena?

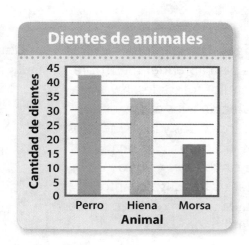

Dientes de animales

Nombre _____

PROYECTO
10A

¿Qué tan grandes son los macrodatos?

Proyecto: Haz diagramas de puntos para los datos

PROYECTO
10B

¿Cuál fue el primer centavo de EE. UU.?

Proyecto: Diseña una moneda

PROYECTO 10C

¿Por qué son tan grandes las secuoyas?

Proyecto: Mide árboles

PROYECTO 10D

¿En qué se diferencian las hojas de las plantas?

Proyecto: Haz un diagrama de puntos frondoso

Nombre _____

Resuélvelo y coméntalo

Se les preguntó a varios estudiantes cuántas cuadras caminan desde su casa hasta la escuela cada día. Los resultados se muestran en el siguiente diagrama de puntos. Miguel camina la distancia más corta. Julia camina la distancia más larga. ¿Cuánto más que Miguel camina Julia?

Distancia desde casa hasta la escuela

1   2   3   4

Cuadras

Entender y perseverar
¿Cómo puedes hallar la distancia más corta caminada?

¡Vuelve atrás! ¿Qué puedes decir sobre la distancia que la mayoría de los estudiantes del grupo camina hasta la escuela cada día?

¿Cómo se pueden analizar datos representados en un diagrama de puntos?

A

Un diagrama de puntos muestra datos a lo largo de una recta numérica. Cada punto o X representa un valor del conjunto de datos.

En la clase de Ciencias, Abby y sus compañeros hicieron un experimento en el que usaron diferentes cantidades de vinagre. La siguiente tabla muestra cuánto vinagre usó cada persona. ¿Qué cantidad se usó con mayor frecuencia en el experimento?

> Un diagrama de puntos muestra qué frecuencia tiene cada valor.

DATOS

Tazas de vinagre						
$\frac{1}{2}$	1	1	$1\frac{1}{2}$	$\frac{3}{4}$	1	$\frac{3}{4}$
$1\frac{1}{4}$	$\frac{3}{4}$	$\frac{1}{2}$	2	1	$\frac{3}{4}$	$1\frac{1}{2}$
1	1	$1\frac{1}{4}$	$\frac{3}{4}$	1	$1\frac{1}{4}$	1

B **Lee el diagrama de puntos.**

Un diagrama de puntos puede usarse para organizar la cantidad de vinagre que usó cada persona.

Experimento de laboratorio

$\frac{1}{2}$　$\frac{3}{4}$　1　$1\frac{1}{4}$　$1\frac{1}{2}$　$1\frac{3}{4}$　2

Tazas de vinagre

C **Analiza los datos.**

Usa los datos para responder a tu pregunta original. ¿Qué cantidad se usó con mayor frecuencia en el experimento?

La mayoría de los datos están en 1; por tanto, 1 taza de vinagre fue la cantidad que se usó con mayor frecuencia en el experimento.

¡Convénceme! **Razonar** ¿Cómo muestra el diagrama de puntos cuál fue la mayor cantidad de vinagre que se usó?

Nombre _____

☆ Práctica guiada

¿Lo entiendes?

1. ¿Por qué los datos deben ordenarse de menor a mayor antes de crear un diagrama de puntos?

2. En el diagrama de puntos de la página anterior, ¿hay valores que ocurran la misma cantidad de veces? Explícalo.

3. Describe cualquier patrón que haya en el diagrama de puntos de la página anterior.

¿Cómo hacerlo?

> Para **4** y **5**, usa el conjunto de datos para responder a las preguntas.

4. Unos estudiantes corrieron durante 10 minutos. Corrieron las siguientes distancias, en millas:

$\frac{3}{4}$, $\frac{1}{2}$, $1\frac{3}{4}$, $1\frac{1}{4}$, $\frac{3}{4}$, 1

$1\frac{1}{2}$, $1\frac{1}{4}$, 2, $1\frac{1}{2}$, 1, $1\frac{1}{4}$, $\frac{3}{4}$, 1

¿Cuántas distancias hay anotadas?

5. Usa el diagrama de puntos que muestra los datos.

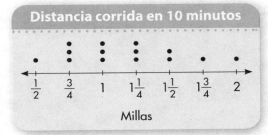

¿Qué distancias ocurrieron con mayor frecuencia?

☆ Práctica independiente

> Para **6** a **8**, usa el diagrama de puntos para responder a las preguntas.

6. ¿Cuántos pedidos de queso muestra el diagrama de puntos?

7. ¿Qué cantidad de queso se pidió con mayor frecuencia?

8. Cuántos pedidos de queso más fueron de $\frac{3}{4}$ de libra o menos que de 1 libra o más?

> Los datos en un diagrama de puntos se pueden representar con puntos o X.

Resolución de problemas

Para **9** a **11**, usa el conjunto de datos y el diagrama de puntos.

9. Jerome estudió la longitud de las plumas de algunos gorriones adultos. ¿Qué longitud tienen las plumas más largas del conjunto de datos?

10. ¿Cuántas plumas miden $2\frac{1}{4}$ pulgadas o más de longitud? Explícalo.

11. **Razonamiento de orden superior** Jerome encontró otra pluma que marcaba la diferencia entre la pluma más larga y la más corta en $1\frac{3}{4}$ pulgadas. ¿Cuál podría ser la longitud de la nueva pluma? Explícalo.

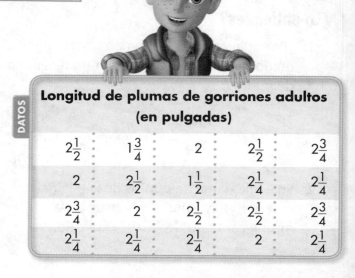

Longitud de plumas de gorriones adultos (en pulgadas)

$2\frac{1}{2}$	$1\frac{3}{4}$	2	$2\frac{1}{2}$	$2\frac{3}{4}$
2	$2\frac{1}{2}$	$1\frac{1}{2}$	$2\frac{1}{4}$	$2\frac{1}{4}$
$2\frac{3}{4}$	2	$2\frac{1}{2}$	$2\frac{1}{2}$	$2\frac{3}{4}$
$2\frac{1}{4}$	$2\frac{1}{4}$	$2\frac{1}{4}$	2	$2\frac{1}{4}$

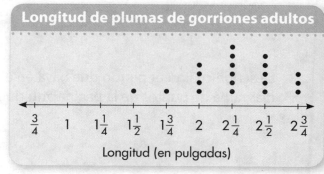

Longitud de plumas de gorriones adultos

Longitud (en pulgadas)

---

12. **Razonar** ¿Cómo puedes hallar el valor que ocurre con mayor frecuencia mirando un diagrama de puntos?

13. Dibuja y rotula un rectángulo con un perímetro de 24 pulgadas.

✓ Práctica para la evaluación

14. Usa la información que se muestra en el diagrama de puntos. ¿Cuánto pesan en total los 4 melones más pesados?

  Ⓐ 6 libras

  Ⓑ $11\frac{1}{2}$ libras

  Ⓒ $22\frac{1}{2}$ libras

  Ⓓ 24 libras

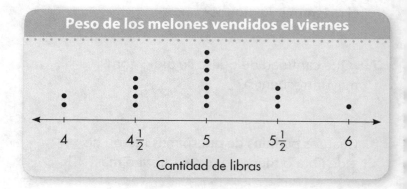

Peso de los melones vendidos el viernes

Cantidad de libras

Nombre _____

Lección 10-2
Hacer diagramas de puntos

Resuélvelo y coméntalo

Una clase de quinto grado anotó la estatura de cada estudiante. ¿Cómo puedes organizar los datos? Si todos los estudiantes de la clase se recostaran formando una línea larga, ¿hasta dónde llegaría la línea? *Haz un diagrama de puntos para resolver este problema.*

Puedo...
mostrar datos en un diagrama de puntos.

También puedo hacer generalizaciones a partir de ejemplos.

Estatura de estudiantes de 5.º grado
(a la $\frac{1}{2}$ pulgada más cercana)

$55, 52, 50\frac{1}{2}, 50\frac{1}{2}, 55, 50\frac{1}{2},$

$50, 55, 50\frac{1}{2}, 55, 58\frac{1}{2}, 60, 52,$

$50\frac{1}{2}, 50\frac{1}{2}, 50, 55, 55, 58\frac{1}{2}, 60$

Organizar los datos hace que sea más fácil entenderlos y analizarlos.

¡Vuelve atrás! **Generalizar** ¿Cómo te ayuda organizar los datos a ver la estatura que ocurre con mayor frecuencia? Explícalo.

Pregunta esencial ¿Cómo se puede usar un diagrama de puntos para organizar y representar datos sobre medidas?

A

La tabla de abajo muestra el peso de los perros de la tienda de mascotas de Paulina. Están expresados en libras.

¿Cómo puedes organizar esta información en un diagrama de puntos?

> Los datos sobre medidas organizados son más fáciles de usar.

DATOS

Peso de perros (en libras)					
$8\frac{1}{2}$	$12\frac{1}{4}$	6	$11\frac{1}{2}$	$7\frac{1}{4}$	$12\frac{1}{4}$
$8\frac{1}{2}$	$12\frac{1}{4}$	$8\frac{1}{2}$	$12\frac{1}{4}$	$12\frac{1}{4}$	6

B **Organiza los datos.**

Escribe los pesos de menor a mayor.

$6, 6, 7\frac{1}{4}, 8\frac{1}{2}, 8\frac{1}{2}, 8\frac{1}{2}, 11\frac{1}{2}, 12\frac{1}{4}, 12\frac{1}{4}, 12\frac{1}{4}, 12\frac{1}{4}, 12\frac{1}{4}$

También puedes organizar los datos en una tabla de frecuencias. La frecuencia indica cuántas veces ocurre una respuesta determinada.

DATOS

Peso de perros (libras)	Conteo	Frecuencia
6	||	2
$7\frac{1}{4}$	|	1
$8\frac{1}{2}$	|||	3
$11\frac{1}{2}$	|	1
$12\frac{1}{4}$	ⵏⵏⵏ	5

C **Haz un diagrama de puntos.**

Primero, dibuja la recta numérica usando un intervalo de $\frac{1}{4}$. Luego, marca un punto por cada valor del conjunto de datos. Escribe un título para el diagrama de puntos.

Peso de perros

Libras

 ¡Convénceme! **Razonar** ¿Qué peso ocurre con mayor frecuencia? ¿Qué peso ocurre con menor frecuencia? ¿Cómo lo sabes por el diagrama de puntos?

Nombre _____

☆ Práctica guiada

¿Lo entiendes?

1. En el diagrama de puntos sobre el peso de los perros de la página anterior, ¿qué representa cada punto?

2. En un diagrama de puntos, ¿cómo determinas los valores que hay que mostrar en la recta numérica?

¿Cómo hacerlo?

3. Dibuja un diagrama de puntos para representar los datos.

Peso de calabazas	Conteo	Frecuencia
$3\frac{1}{2}$ lb	| |	2
$5\frac{1}{4}$ lb	| | |	3
7 lb	| | | |	4
$8\frac{1}{2}$ lb	|	1

DATOS

☆ Práctica independiente ☆

Para **4** y **5**, completa los diagramas de puntos para cada conjunto de datos.

Revisa bien que tengas un punto por cada valor.

4. $11\frac{1}{4}$, $12\frac{1}{2}$, $11\frac{1}{4}$, $14\frac{3}{4}$, $10\frac{1}{2}$, $11\frac{1}{4}$, 12

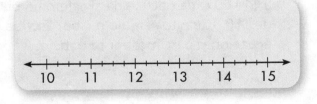

5. $1\frac{1}{8}$, 2, $1\frac{1}{2}$, $1\frac{1}{4}$, $1\frac{1}{8}$, 1, 2, $1\frac{1}{2}$, $1\frac{1}{4}$

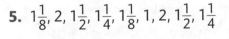

$1 \quad 1\frac{1}{8} \quad 1\frac{1}{4} \quad 1\frac{3}{8} \quad 1\frac{1}{2} \quad 1\frac{5}{8} \quad 1\frac{3}{4} \quad 1\frac{7}{8} \quad 2$

Para **6** y **7**, construye diagramas de puntos para cada conjunto de datos.

6. $\frac{1}{2}$, $\frac{3}{4}$, $\frac{3}{4}$, 1,1, 0, $\frac{1}{2}$, $\frac{1}{2}$, $\frac{3}{4}$

7. $5\frac{1}{2}$, 5, 5, $5\frac{1}{8}$, $5\frac{3}{4}$, $5\frac{1}{4}$, $5\frac{1}{2}$, $5\frac{1}{8}$, $5\frac{1}{2}$, $5\frac{3}{8}$

Resolución de problemas

Para **8** a **10**, usa el conjunto de datos.

8. **Entender y perseverar** El servicio de cuidado de árboles de Martín compró varios árboles jóvenes. Dibuja un diagrama de puntos con los datos para mostrar la altura de los árboles jóvenes.

Altura de los árboles (pulgs.)

$26\frac{1}{2}$	27	$26\frac{3}{4}$	$27\frac{1}{2}$	$26\frac{3}{4}$
$27\frac{1}{2}$	$27\frac{3}{4}$	$27\frac{1}{4}$	$27\frac{1}{2}$	$27\frac{1}{4}$
$27\frac{3}{4}$	$27\frac{1}{2}$	$26\frac{1}{2}$	$26\frac{1}{2}$	$27\frac{1}{2}$
$27\frac{1}{4}$	$27\frac{1}{4}$	$27\frac{1}{2}$	27	$26\frac{3}{4}$

9. ¿Cuántos más árboles jóvenes de $27\frac{1}{4}$ pulgadas o menos hay que árboles jóvenes de más de $27\frac{1}{4}$ pulgadas?

10. **Razonamiento de orden superior** Supón que el servicio de cuidado de árboles de Martín compró dos árboles más de $27\frac{1}{4}$ pulgadas de altura cada uno. ¿Cambiaría el valor que ocurre con más frecuencia? Explica tu respuesta.

11. ¿Por qué es útil organizar los datos?

12. Randall compra 3 boletos para un concierto a $14.50 cada uno. Le da al cajero un billete de $50. ¿Cuánto cambio recibe? Escribe ecuaciones para mostrar tu trabajo.

✓ Práctica para la evaluación

13. Amy midió cuántos centímetros crecieron las hojas de sus plantas en julio. Usa los siguientes datos sobre el crecimiento de las hojas para completar el diagrama de puntos de la derecha.

$2\frac{1}{2}$, $4\frac{1}{2}$, 4, 4, 3, 1, 3, $3\frac{1}{2}$, $3\frac{1}{2}$, $3\frac{1}{2}$, $2\frac{1}{2}$, 3, $3\frac{1}{2}$, $3\frac{1}{2}$, $5\frac{1}{2}$

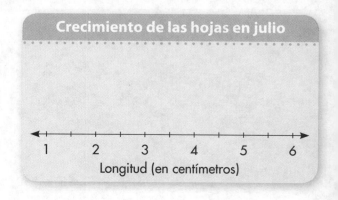

Crecimiento de las hojas en julio

Longitud (en centímetros)

Nombre _____

Resuélvelo y coméntalo

Se midió y registró la lluvia caída en el Amazonas durante 30 días. Los resultados se mostraron en un diagrama de puntos. ¿Qué puedes decir sobre las diferencias en las cantidades de lluvia? *Usa el diagrama de puntos para resolver este problema.*

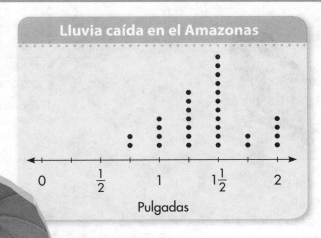

Lluvia caída en el Amazonas

Pulgadas

Puedo...
resolver problemas usando datos en un diagrama de puntos.

También puedo razonar sobre las matemáticas.

Puedes usar una representación para analizar datos. ¡Muestra tu trabajo!

¡Vuelve atrás! **Razonar** ¿Cuál es la diferencia entre la mayor cantidad de lluvia en un día y la menor cantidad de lluvia en un día? ¿Cómo lo sabes?

Aprendizaje visual   A-Z Glosario

Pregunta esencial ¿Cómo se pueden usar datos sobre medidas representados en diagramas de puntos para resolver problemas?

Puente de aprendizaje visual

A

Bruce midió la lluvia diaria mientras trabajaba en Costa Rica. Su diagrama de puntos muestra la lluvia de cada día de septiembre. ¿Cuánto fue el total de lluvia del mes?

Puedes usar el diagrama de puntos para hacer una tabla de frecuencias.

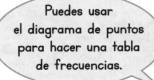

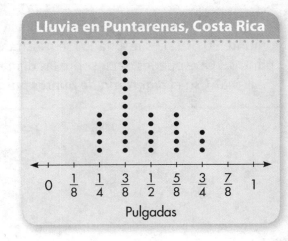

Lluvia en Puntarenas, Costa Rica

Pulgadas

B Multiplica cada valor por la frecuencia para hallar la cantidad de lluvia para ese valor. Luego suma los productos para hallar la cantidad de pulgadas de lluvia del mes.

La tabla te ayuda a organizar los datos numéricos para tus cálculos.

Lluvia (pulgadas)	Frecuencia	Multiplicación
$\frac{1}{4}$	5	$5 \times \frac{1}{4} = 1\frac{1}{4}$
$\frac{3}{8}$	12	$12 \times \frac{3}{8} = 4\frac{1}{2}$
$\frac{1}{2}$	5	$5 \times \frac{1}{2} = 2\frac{1}{2}$
$\frac{5}{8}$	5	$5 \times \frac{5}{8} = 3\frac{1}{8}$
$\frac{3}{4}$	3	$3 \times \frac{3}{4} = 2\frac{1}{4}$

DATOS

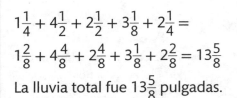

$1\frac{1}{4} + 4\frac{1}{2} + 2\frac{1}{2} + 3\frac{1}{8} + 2\frac{1}{4} =$
$1\frac{2}{8} + 4\frac{4}{8} + 2\frac{4}{8} + 3\frac{1}{8} + 2\frac{2}{8} = 13\frac{5}{8}$

La lluvia total fue $13\frac{5}{8}$ pulgadas.

¡Convénceme! **Evaluar el razonamiento** Rosie dice que puede hallar la lluvia total del ejemplo anterior sin multiplicar. ¿Estás de acuerdo? Explícalo.

Nombre _____

⭐Práctica guiada

¿Lo entiendes?

Para **1** a **4**, usa el diagrama de puntos que muestra cuántos gramos de sal quedaron luego de la evaporación del líquido de diferentes recipientes.

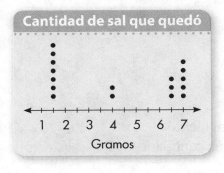

Cantidad de sal que quedó

Gramos

1. ¿Cómo puedes hallar la diferencia entre la mayor cantidad y la menor cantidad de sal que quedó?

¿Cómo hacerlo?

2. Escribe un problema que se pueda resolver usando el diagrama de puntos.

3. Escribe y resuelve una ecuación que represente la cantidad total de gramos de sal que quedaron.

4. ¿Cuántos gramos de sal quedarían si se usaran dos de cada recipiente?

⭐Práctica independiente ⭐

Para **5** y **6**, usa el diagrama de puntos que hizo Allie para mostrar la longitud de unas cuerdas que cortó para su proyecto de arte.

5. Escribe una ecuación para la cantidad total de cuerda.

6. ¿Cuál es la diferencia de longitud entre la cuerda más larga y la cuerda más corta?

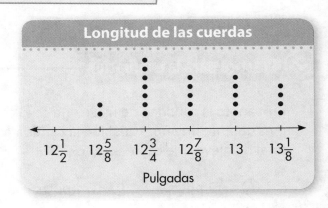

Longitud de las cuerdas

$12\frac{1}{2}$ $12\frac{5}{8}$ $12\frac{3}{4}$ $12\frac{7}{8}$ 13 $13\frac{1}{8}$

Pulgadas

Resolución de problemas

Para **7** y **8**, usa el diagrama de puntos que hizo Susana para mostrar cuánto llovió en una semana.

7. **Álgebra** Escribe y resuelve una ecuación para hallar la cantidad total de lluvia, *l*, que registró Susana.

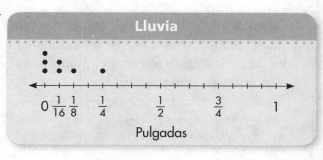

Lluvia

Pulgadas

8. **Razonamiento de orden superior** Supón que la semana siguiente cayó la misma cantidad de lluvia y que cada día cayó la misma cantidad de lluvia. ¿Cuál es la cantidad de lluvia que cayó cada día?

9. **Entender y perseverar** El área de una terraza cuadrada es 81 pies cuadrados. ¿Qué longitud tiene cada lado de la terraza?

¿Cómo te ayuda saber la forma que tiene la terraza?

10. Althea anotó la cantidad de dinero que ganó cada día, durante 14 días, en una venta de camisetas. Hizo una tabla de frecuencias para organizar los datos. Escribe un problema que se pueda resolver usando la tabla de frecuencias.

DATOS

Dinero ganado (en $)	Frecuencia	Multiplicación
7.50	3	$3 \times 7.50 = 22.50$
15.00	4	$4 \times 15.00 = 60.00$
22.50	5	$5 \times 22.50 = 112.50$
30.00	1	$1 \times 30.00 = 30.00$
37.50	1	$1 \times 37.50 = 37.50$

☑ Práctica para la evaluación

11. Kurt anotó la cantidad de nieve que cayó cada mes durante un año. ¿Cuál fue la cantidad total de nieve que cayó ese año?

Ⓐ 12 pulgs.

Ⓒ $7\frac{3}{4}$ pulgs.

Ⓑ $10\frac{1}{4}$ pulgs.

Ⓓ $7\frac{1}{2}$ pulgs.

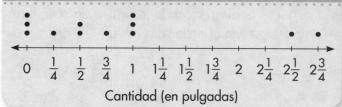

Cantidad mensual de nieve en un año

Cantidad (en pulgadas)

Nombre_____

Un entrenador de carreras anotó las distancias de práctica del equipo e hizo el siguiente diagrama de puntos. El entrenador pidió a cada corredor que analizara el diagrama de puntos y escribiera una observación. Lee los enunciados de los corredores y explica si te parecen razonables.

Puedo...
evaluar el razonamiento de otros usando lo que sé sobre diagramas de puntos y fracciones.

También puedo usar diagramas de puntos para resolver problemas.

Distancias de práctica de septiembre

Distancia (millas)

Hábitos de razonamiento

¡Razona correctamente! Estas preguntas te pueden ayudar.

- ¿Qué preguntas puedo hacer para entender el razonamiento de otros?
- ¿Hay errores en el razonamiento de otros?
- ¿Puedo mejorar el razonamiento de otros?

Olivia
La distancia que corrimos con mayor frecuencia fue 3 millas.

Michelle
El equipo corrió diferentes distancias en diferentes días. Generalmente, corrimos 2 millas o más.

Natalie
El equipo corrió 8 veces diferentes, una distancia diferente cada vez

Peter
Cada día, el equipo corrió la misma distancia o un poco más que el día anterior.

¡Vuelve atrás! **Evaluar el razonamiento** Quinn dice que, para hallar la distancia total que corrió el equipo en septiembre, hay que sumar cada número que tenga una X arriba: $\frac{1}{2} + 1 + 1\frac{1}{2} + 1\frac{3}{4} + 2 + 2\frac{1}{2} + 2\frac{3}{4} + 3$. ¿Estás de acuerdo? ¿Por qué?

Pregunta esencial

¿Cómo se puede evaluar el razonamiento de otros?

A

La clase de la Sra. Kelly hizo un diagrama de puntos para mostrar cuántas horas pasó cada estudiante mirando la televisión la tarde anterior. Amanda dijo: "Nadie miró TV durante 3 horas". Drake dijo: "No, 3 estudiantes no miraron TV". ¿Quién tiene razón? Explica tu razonamiento.

Tiempo mirando TV

Tiempo (horas)

¿Qué información usaron Amanda y Drake para razonar?

Amanda y Drake basaron su razonamiento en su análisis de los datos que se muestran en el diagrama de puntos.

B **¿Cómo puedo evaluar el razonamiento de otros?**

Puedo

- decidir si los enunciados tienen sentido.

- buscar errores en los cálculos.

- aclarar o corregir defectos en el razonamiento.

C

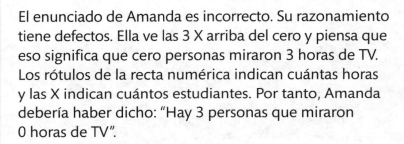

Este es mi razonamiento...

El enunciado de Amanda es incorrecto. Su razonamiento tiene defectos. Ella ve las 3 X arriba del cero y piensa que eso significa que cero personas miraron 3 horas de TV. Los rótulos de la recta numérica indican cuántas horas y las X indican cuántos estudiantes. Por tanto, Amanda debería haber dicho: "Hay 3 personas que miraron 0 horas de TV".

El enunciado de Drake es correcto. Dado que hay 3 X arriba del 0, tiene razón cuando dice que 3 personas no miraron TV.

¡Convénceme! **Evaluar el razonamiento** Andre dice: "Más de la mitad miró TV durante menos de 2 horas". Explica cómo puedes evaluar el razonamiento de Andre para ver si tiene sentido.

☆ Práctica guiada

Renee trabaja para una compañía de arena y grava. Hizo un diagrama de puntos para mostrar el peso de la grava en los pedidos de la semana pasada. Concluyó que un tercio de los pedidos fueron por más de 6 toneladas.

Pedidos de grava

Peso (toneladas)

1. ¿Cuál es la conclusión de Renee? ¿Cómo la defiende?

2. Describe por lo menos una cosa que harías para evaluar el razonamiento de Renee.

3. ¿La conclusión de Renee tiene sentido? Explícalo.

☆ Práctica independiente ☆

Evaluar el razonamiento

Aaron hizo un diagrama de puntos que muestra el peso de los repollos que cosechó de su jardín. Dice que, dado que $1\frac{1}{2} + 2 + 2\frac{1}{4} + 2\frac{3}{4} = 8\frac{1}{2}$, el peso total de los repollos es $8\frac{1}{2}$ libras.

Tamaño de los repollos

Peso (libras)

4. Describe por lo menos una cosa que harías para evaluar el razonamiento de Aaron.

5. ¿Es acertada la suma de Aaron? Muestra cómo lo sabes.

6. ¿Puedes identificar defectos en el razonamiento de Aaron? Explícalo.

7. ¿Tiene sentido la conclusión de Aaron? Explícalo.

Cuando evalúas un razonamiento, tienes que explicar si el método de alguien tiene sentido.

Resolución de problemas

Anuncios publicitarios de televisión

La Sra. Fazio es gerente de una emisora de televisión. Preparó un diagrama de puntos para mostrar la duración de los anuncios publicitarios que se pasaron durante una emisión reciente. Concluyó que los anuncios más largos tuvieron 3 veces la duración de los más cortos porque $3 \times \frac{1}{2} = 1\frac{1}{2}$.

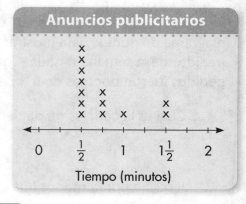

Anuncios publicitarios

Tiempo (minutos)

8. **Entender y perseverar** ¿Qué información del diagrama de puntos necesitó usar la Sra. Fazio para llegar a su conclusión?

9. **Razonar** ¿Influyó en la conclusión la cantidad de X que hay arriba de la recta numérica? Explícalo.

Para usar las matemáticas con precisión, necesitas comprobar que las palabras, números, símbolos y unidades que usas sean correctos y que tus cálculos sean acertados.

10. **Representar con modelos matemáticos** ¿La Sra. Fazio usó la operación correcta para defender su conclusión? Explícalo.

11. **Hacerlo con precisión** ¿Son acertados los cálculos de la Sra. Fazio? Muestra cómo lo sabes.

12. **Evaluar el razonamiento** ¿Es lógica la conclusión de la Sra. Fazio? ¿Cómo lo sabes? Si no lo es, ¿qué puedes hacer para mejorar su razonamiento?

Sigue la ruta

Resuelve los problemas. Sigue los problemas con una respuesta de 29,160 para sombrear una ruta que vaya desde la **SALIDA** hasta la **META**. Solo te puedes mover hacia arriba, hacia abajo, hacia la derecha o hacia la izquierda.

TEMA
10

Actividad de práctica de fluidez

Puedo...
multiplicar números enteros de varios dígitos.

También puedo hacer mi trabajo con precisión.

Salida				
729 × 40	2,430 × 12	360 × 81	1,620 × 18	540 × 54
1,234 × 25	712 × 55	704 × 40	596 × 50	1,215 × 24
663 × 45	454 × 65	810 × 36	3,645 × 8	486 × 60
740 × 27	1,816 × 15	405 × 72	430 × 71	412 × 70
731 × 40	1,164 × 25	1,080 × 27	972 × 30	648 × 45
				Meta

Repaso del vocabulario

Glosario

Lista de palabras

- datos
- diagrama de puntos
- gráfica de barras
- tabla de frecuencias

Comprender el vocabulario

Escoge el mejor término de la Lista de palabras. Escríbelo en el espacio en blanco.

1. Otro nombre para la información recopilada es _____.

2. Un/Una _____ usa marcas de conteo para mostrar cuántas veces ocurre un dato en un conjunto de datos.

3. Un/Una _____ muestra las respuestas en una recta numérica con un punto o una X para indicar cada vez que ocurre una respuesta.

Redondea los datos al número entero más cercano y ordena de menor a mayor.

4. 2.3, 8.6, 5.5, 4.9

5. 42.1, 50, 37.2, 76.5, 43.9

Ordena los conjuntos de datos de menor a mayor.

6. $1\frac{1}{2}$, 0, $1\frac{3}{4}$, $13\frac{1}{2}$, $1\frac{2}{3}$

7. $\frac{6}{7}$, $2\frac{1}{2}$, $\frac{3}{4}$, 1, $1\frac{3}{4}$

Escribe **siempre**, **a veces** o **nunca** en el espacio en blanco.

8. Un diagrama de puntos _____ es la mejor manera de mostrar datos.

9. Una representación de datos _____ usa fracciones o decimales.

10. Tacha las palabras que **NO** son ejemplos de elementos que contienen *datos*.

Enciclopedia   Alfabeto   Dirección de correo electrónico
Reproductor MP3   Número telefónico Lista de compras

Usar el vocabulario al escribir

11. Veinte estudiantes midieron sus estaturas para un experimento de su clase de Ciencias. ¿Cómo puede un diagrama de puntos ayudar a los estudiantes a analizar los resultados?

Grupo A | páginas 429 a 432 _____

El siguiente conjunto de datos muestra la cantidad de envases de leche que bebieron 20 estudiantes en una semana.

2, 4, $3\frac{1}{2}$, $\frac{1}{2}$, $1\frac{1}{2}$, $1\frac{1}{2}$, $3\frac{1}{2}$, 2, 3, $\frac{1}{2}$, 1, $3\frac{1}{2}$, 3, 2, 1,

$3\frac{1}{2}$, 1, 3, $3\frac{1}{2}$, 2

Envases bebidos

Cantidad de envases bebidos

El diagrama de puntos muestra con qué frecuencia ocurre cada valor.

Usa el diagrama de puntos Envases bebidos.

1. ¿Cuántos estudiantes bebieron $1\frac{1}{2}$ envases?

2. ¿Cuántos estudiantes bebieron más de $2\frac{1}{2}$ envases?

3. ¿Cuál fue la mayor cantidad de envases bebidos por un estudiante?

4. ¿Cuántos estudiantes bebieron solo 1 envase?

5. ¿Cuál es la diferencia entre la mayor cantidad de envases bebidos y la menor cantidad de envases bebidos?

Grupo B | páginas 433 a 436 _____

Doce personas fueron encuestadas sobre la cantidad de horas que pasan un sábado leyendo libros. Los resultados son:

$\frac{3}{4}$ $1\frac{1}{2}$ 1 $\frac{1}{2}$ $1\frac{1}{2}$ $2\frac{3}{4}$

$1\frac{3}{4}$ $\frac{1}{2}$ $2\frac{1}{2}$ 2 $1\frac{1}{2}$ 2

Dibuja una recta numérica de 0 a 3. Marca la recta numérica en cuartos, porque los resultados de la encuesta se dan en $\frac{1}{4}$ de hora. Luego por cada respuesta, marca un punto arriba del valor en la recta numérica.

Horas leyendo libros

Recuerda que puedes hacer un diagrama de puntos para mostrar y comparar datos.

Usa la siguiente información para hacer un diagrama de puntos sobre las plantas de Patrick.

Patrick hizo una lista de cuántas pulgadas crecieron sus plantas en una semana:

1   $\frac{1}{2}$ $\frac{3}{4}$ $1\frac{1}{2}$ $\frac{1}{2}$ $1\frac{1}{4}$ $1\frac{1}{4}$ $\frac{1}{2}$ 1

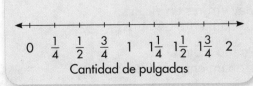

Crecimiento de las plantas

Cantidad de pulgadas

1. Completa el diagrama de puntos.

2. ¿Cuántos puntos hay en el diagrama de puntos?

3. ¿Qué crecimiento de las plantas, en pulgadas, fue el más común?

Este diagrama de puntos muestra la cantidad de harina que Cheyenne necesita para hacer varias recetas diferentes. Cheyenne organiza los datos en una tabla de frecuencias para calcular la cantidad total de harina que necesita.

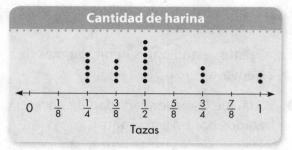

Cantidad de harina

Tazas

Cantidad de harina (tazas)	Frecuencia	Multiplicación
$\frac{1}{4}$	5	$5 \times \frac{1}{4} = 1\frac{1}{4}$
$\frac{3}{8}$	4	$4 \times \frac{3}{8} = 1\frac{1}{2}$
$\frac{1}{2}$	7	$7 \times \frac{1}{2} = 3\frac{1}{2}$
$\frac{3}{4}$	3	$3 \times \frac{3}{4} = 2\frac{1}{4}$
1	2	$2 \times 1 = 2$

Recuerda que puedes multiplicar cada valor por su frecuencia para hallar la cantidad total.

Usa el diagrama de puntos y la tabla de frecuencias de la izquierda.

1. ¿Qué valores están multiplicados en la tercera columna de la tabla?

2. Escribe y resuelve una ecuación para hallar la cantidad total de harina que Cheyenne necesita.

Piensa en tus respuestas a estas preguntas como ayuda para **evaluar el razonamiento de otros**.

Hábitos de razonamiento

- ¿Qué preguntas puedo hacer para entender el razonamiento de otros?

- ¿Hay errores en el razonamiento de otros?

- ¿Puedo mejorar el razonamiento de otros?

Recuerda que debes considerar cuidadosamente todas las partes de un argumento.

Lluvia de dos semanas

Cantidad de lluvia (pulgs.)

1. Justin dice que el diagrama de puntos muestra que la lluvia diaria de las últimas dos semanas fue aproximadamente una pulgada. ¿Estás de acuerdo con su razonamiento? ¿Por qué?

1. ¿Qué diagrama de puntos muestra los datos?

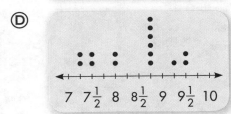

$8 \quad 7\frac{1}{2} \quad 8\frac{3}{4} \quad 7\frac{1}{4} \quad 7\frac{1}{4} \quad 8\frac{3}{4} \quad 8\frac{3}{4}$

$8\frac{3}{4} \quad 8\frac{3}{4} \quad 8 \quad 8\frac{3}{4} \quad 9\frac{1}{4} \quad 9\frac{1}{4} \quad 7\frac{1}{4}$

Ⓐ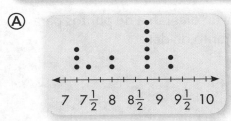

$7 \quad 7\frac{1}{2} \quad 8 \quad 8\frac{1}{2} \quad 9 \quad 9\frac{1}{2} \quad 10$

Ⓑ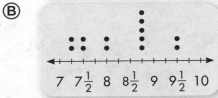

$7 \quad 7\frac{1}{2} \quad 8 \quad 8\frac{1}{2} \quad 9 \quad 9\frac{1}{2} \quad 10$

Ⓒ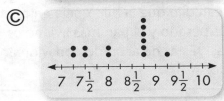

$7 \quad 7\frac{1}{2} \quad 8 \quad 8\frac{1}{2} \quad 9 \quad 9\frac{1}{2} \quad 10$

Ⓓ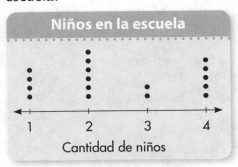

$7 \quad 7\frac{1}{2} \quad 8 \quad 8\frac{1}{2} \quad 9 \quad 9\frac{1}{2} \quad 10$

2. El diagrama de puntos muestra los resultados de una encuesta que se les hizo a los padres sobre cuántos niños tienen en la escuela. ¿Cuántos padres tienen dos niños en la escuela?

Niños en la escuela

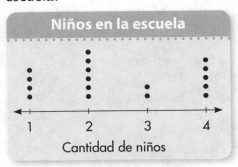

$1 \quad 2 \quad 3 \quad 4$

Cantidad de niños

3. Georgiana hizo un diagrama de puntos de la cantidad de tiempo que pasó practicando violín cada día de las últimas dos semanas.

Tiempo de práctica (horas)

$0 \quad \frac{1}{4} \quad \frac{1}{2} \quad \frac{3}{4} \quad 1 \quad 1\frac{1}{4} \quad 1\frac{1}{2}$

A. ¿Cuál es la diferencia entre el mayor tiempo y el menor tiempo que pasó practicando?

B. ¿Cuál es la cantidad más común de tiempo que pasó practicando?

C. ¿Cuál es la cantidad total de tiempo que Georgiana practicó? Escribe y resuelve una ecuación para mostrar tu trabajo.

Ashraf y Melanie cortaron cuerdas de diferentes longitudes para un proyecto de arte. Hicieron un diagrama de puntos para mostrar sus datos. Para **4** a **6**, usa el diagrama de puntos.

Pedazos de cuerda (pies)

4. ¿Cuál es la longitud de cuerda más común?

Ⓐ $1\frac{5}{8}$ pies

Ⓑ $1\frac{3}{4}$ pies

Ⓒ $1\frac{7}{8}$ pies

Ⓓ $2\frac{3}{8}$ pies

5. ¿Cuál es la longitud total de cuerda representada por los datos?

Ⓐ $25\frac{1}{8}$ pies

Ⓑ $27\frac{5}{8}$ pies

Ⓒ $27\frac{7}{8}$ pies

Ⓓ 28 pies

6. Supón que se cortan 2 pedazos más de cuerda que miden 2 pies. ¿Cambiaría el valor que ocurre con mayor frecuencia? Explica tu razonamiento.

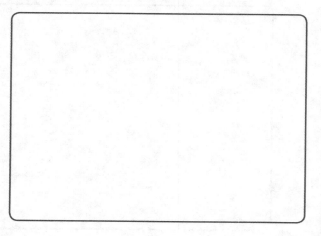

7. Terry trabaja en una panadería. Esta mañana, anotó cuántas onzas pesaba cada pan.

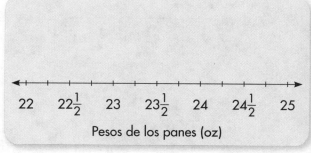

A. Haz un diagrama de puntos para el conjunto de datos.

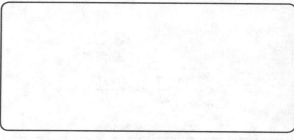

Pesos de los panes (oz)

B. Morgan dijo que la diferencia entre el pan más pesado y el pan más liviano es $1\frac{1}{2}$ onzas. ¿Estás de acuerdo con Morgan? Explícalo.

C. ¿Cuál es el peso combinado de todos los panes? Muestra tu trabajo.

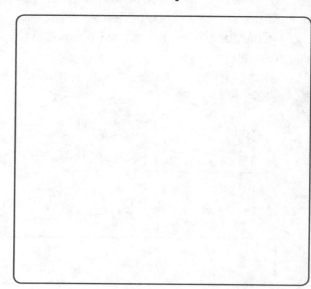

Errores de medición

La clase de la Sra. Wolk midió la longitud y el peso de cucarachas silbadoras de Madagascar.

1. El diagrama de puntos **Longitud de las cucarachas** muestra las longitudes que la clase halló.

Parte A

¿Qué longitud halló la mayoría de los estudiantes? ¿Cómo puedes decirlo a partir del diagrama de puntos?

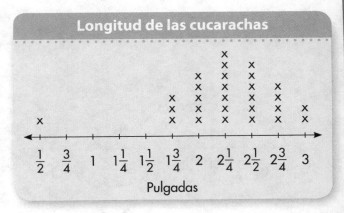

Parte B

Jordan dijo que todas las cucarachas silbadoras de Madagascar medían entre 2 y 3 pulgadas de longitud. ¿Tiene razón? Explica tu razonamiento.

Parte C

Ginny dijo que la cantidad de estudiantes que halló una longitud de $2\frac{1}{2}$ pulgadas es dos veces la cantidad que halló una longitud de $1\frac{3}{4}$ pulgadas. ¿Tiene razón? Explica tu razonamiento.

Parte D

¿Cuántas cucarachas se midieron para el conjunto de datos? ¿Cómo lo sabes?

2. La tabla **Peso de las cucarachas** muestra los pesos que la clase halló.

Parte A

Completa el diagrama de puntos para representar los pesos de las cucarachas.

DATOS	**Peso de las cucarachas** (en onzas)					
$\frac{3}{8}$	$\frac{5}{8}$	$\frac{1}{2}$	$\frac{3}{4}$	$\frac{5}{8}$	$\frac{1}{2}$	$\frac{5}{8}$
$\frac{1}{2}$	$\frac{3}{4}$	$\frac{3}{8}$	$\frac{3}{4}$	$\frac{1}{2}$	$\frac{3}{8}$	$\frac{3}{4}$
$\frac{3}{4}$	$\frac{3}{8}$	$\frac{3}{4}$	$\frac{5}{8}$	$\frac{1}{4}$	$\frac{3}{4}$	$\frac{1}{2}$
$\frac{5}{8}$	$\frac{1}{4}$	$\frac{1}{2}$	$\frac{1}{2}$	$\frac{3}{4}$	$\frac{3}{8}$	$\frac{5}{8}$

Diagrama de puntos: **Peso de las cucarachas**

$0 \quad \frac{1}{8} \quad \frac{1}{4} \quad \frac{3}{8} \quad \frac{1}{2} \quad \frac{5}{8} \quad \frac{3}{4} \quad \frac{7}{8} \quad 1$

Parte B

¿Cuál es el peso total de todas las cucarachas que los estudiantes pesaron? Completa la tabla para ayudarte. Muestra tu trabajo.

Peso de las cucarachas (en onzas)		
Peso (onzas)	**Frecuencia**	**Multiplicación**

Conceptos de volumen

Preguntas esenciales: ¿Qué significa el volumen de un sólido? ¿Cómo se puede hallar el volumen de un prisma rectangular?

Recursos digitales

 Libro del estudiante

 Aprendizaje visual

 Práctica

 Evaluación

 Herramientas

 Glosario

¡Usas energía las 24 horas, los 7 días de la semana! Desde que te levantas por la mañana hasta que envías mensajes de texto a tus amigos por la noche.

La energía química de los alimentos se transforma en energía mecánica para levantarte de la cama.

¡Eso sí que tiene energía! Y la energía química y mecánica mueven el autobús que me lleva a la escuela. Este es un proyecto sobre la energía diaria.

Proyecto de enVision STEM: Energía diaria

Investigar Usa la Internet u otros recursos para aprender más acerca de estos cinco tipos de energía: eléctrica, luminosa, mecánica, térmica y sonora. Haz una tabla sobre los distintos tipos de energía que usas todos los días. Incluye al menos un ejemplo de cómo usas cada tipo de energía.

Diario: Escribir un informe Incluye lo que averiguaste. En tu informe, también:

- dibuja un diagrama de tu salón de clases y rotula dónde y cómo se usan 3 tipos de energía.

- estima a qué distancia está tu escritorio de una fuente de energía luminosa y agrega esta dimensión a tu diagrama.

- usa tu diagrama para inventar y resolver problemas relacionados con mediciones, como el volumen de tu salón de clases.

Repasa lo que sabes

 Vocabulario

Escoge el mejor término del recuadro.
Escríbelo en el espacio en blanco.

> • compensación • productos parciales
>
> • fracción unitaria • rectángulo

1. Ajustar un número para que sea más fácil calcular y equilibrar el ajuste cambiando otro número se llama _____.

2. Una fracción con un numerador de 1 se llama _____.

3. Un cuadrilátero con 2 pares de lados paralelos que tienen la misma longitud y 4 ángulos rectos es un/una _____.

Área

Halla el área de las figuras.

4.

6 pies

10 pies

5.

8 cm

12 cm

Operaciones

Halla los productos o cocientes.

6. 16×6

7. 3×42

8. $216 \div 3$

9. $128 \div 4$

10. $(5 \times 6) \times 3$

11. $(6 \times 6) \times 6$

12. Juani tiene dos tablas de madera de 12 pulgadas de longitud y dos tablas de madera de 16 pulgadas de longitud. ¿Cuál es la longitud combinada de todas las tablas de madera?

Ⓐ 28 pulgadas   Ⓑ 32 pulgadas   Ⓒ 56 pulgadas   Ⓓ 192 pulgadas

---

Hallar el área

13. Niko usó fichas cuadradas para formar un rectángulo con dos filas y 7 fichas cuadradas en cada fila. Explica cómo puedes hallar el área del rectángulo.

Nombre _____

PROYECTO 11A

¿Qué tan altos son los rascacielos?

Proyecto: Construye un rascacielos con bloques de unidades

PROYECTO 11B

¿Por qué los gatos trepan cajas?

Proyecto: Diseña un árbol para gatos

PROYECTO 11C

¿Por qué los camiones son útiles para transportar paquetes?

Proyecto: Representa la capacidad de un camión

Representación matemática

¡Llénalo!

Video

Antes de ver el video, piensa:

El hielo se congela por debajo de 32°F (o 0°C), pero la mayoría de los picnic, o comidas al aire libre, se realizan cuando el clima es cálido. Las paredes aislantes de una hielera evitan que el hielo se derrita, ¡eso hace que mi jugo siempre esté fresco y sabroso!

Puedo...
representar con modelos matemáticos para resolver problemas que incluyen calcular el volumen de prismas rectangulares.

Nombre _____

Resuélvelo y coméntalo

Gina construye un prisma rectangular con cubos de azúcar para el proyecto de su clase de arte. Comenzó dibujando un diagrama del prisma rectangular que tiene 4 cubos de altura, 4 cubos de longitud y 2 cubos de ancho. ¿Cuántos cubos usa para hacer el prisma? **Resuelve este problema de la manera que prefieras.**

Puedo...
hallar el volumen de sólidos.

También puedo usar una herramienta matemática para resolver problemas.

Usar herramientas apropiadas
Puedes usar cubos para construir un prisma rectangular y luego puedes dibujar las caras. ¡Muestra tu trabajo!

CUBOS DE AZÚCAR

Vista lateral   Vista frontal

Vista superior

¡Vuelve atrás! Gina decidió cambiar su proyecto de arte y construir un prisma rectangular que mide 3 cubos de longitud, 4 cubos de ancho y 2 cubos de altura. Usa el dibujo para calcular la cantidad de cubos que usó.

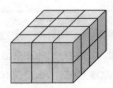

Pregunta esencial ¿Cómo se puede medir el espacio que hay dentro de un sólido?

A

El volumen es la cantidad de unidades cúbicas que se necesitan para llenar un sólido sin huecos ni superposiciones. Una unidad cúbica es el volumen de un cubo que mide 1 unidad de cada lado. ¿Cuál es el volumen de este prisma rectangular?

Cada cubo de un sólido es 1 unidad cúbica.

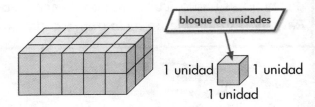

bloque de unidades

1 unidad   1 unidad

1 unidad

B Usa bloques de unidades para hacer un modelo.

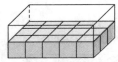

Cuenta la cantidad de bloques.

Hay 15 bloques de unidades en la capa inferior. El volumen de la capa inferior es 15 unidades cúbicas.

C Hay dos capas.

segunda capa

Multiplica el volumen de la capa inferior por 2.

El volumen del prisma es 2 × 15 o 30, unidades cúbicas.

¡Convénceme! **Razonar** En el siguiente dibujo, ¿cuántos bloques de unidades se necesitan para formar el prisma rectangular de abajo sin huecos ni superposiciones? ¿Cuántos bloques de 2 unidades se necesitan para hacer el prisma rectangular?

bloque de dos unidades

Nombre _____

⭐Práctica guiada

¿Lo entiendes?

1. Haz un modelo de un prisma rectangular con una capa inferior que mida 3 cubos de longitud por 3 cubos de ancho. Haz una capa superior igual a la capa inferior. Luego, dibuja tu modelo. ¿Cuál es el volumen?

2. **Vocabulario** ¿Cuál es la diferencia entre un bloque de unidades y una unidad cúbica?

¿Cómo hacerlo?

Para **3** y **4**, usa bloques de unidades para hacer un modelo de los prismas rectangulares. Halla el volumen.

3.

4.

⭐Práctica independiente

Para **5** a **13**, halla el volumen de los sólidos. Usa bloques de unidades como ayuda para resolver los problemas.

5.

6.

7.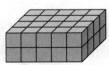

8.

9.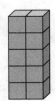

10.

11.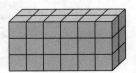

12.

13.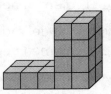

Resolución de problemas

Para **14** a **18**, usa la tabla.

Compara los volúmenes de los prismas.
Escribe >, < o = en cada ◯

14. Prisma A ◯ Prisma B

15. Prisma B ◯ Prisma C

16. Prisma C ◯ Prisma A

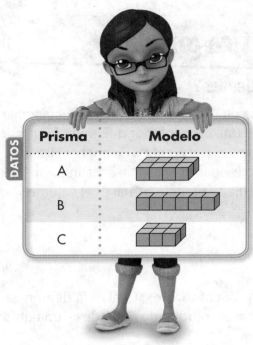

Prisma	Modelo
A	
B	
C	

17. Si agregaras otra capa de bloques de unidades sobre el Prisma A, ¿cuál sería el volumen del nuevo sólido en unidades cúbicas?

18. Si colocaras el Prisma C encima del Prisma A, ¿cuál sería el volumen del nuevo sólido en unidades cúbicas?

19. Razonar En una elección, votaron 471 personas. El Candidato B recibió $\frac{2}{3}$ de los votos. ¿Cuántos votos recibió el Candidato B?

20. Razonamiento de orden superior
El armario para guardar cosas de la Sra. Kellson mide 3 pies de longitud, 3 pies de ancho y 7 pies de altura. ¿Puede guardar en el armario 67 cajas de un volumen de 1 pie cúbico cada una? Explica tu respuesta.

Práctica para la evaluación

21. Natalie hizo los siguientes sólidos con bloques de unidades. ¿Qué enunciado acerca de estos modelos es verdadero?

1 unidad ▢ 1 unidad
1 unidad

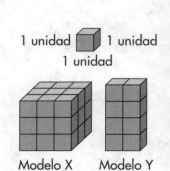

Modelo X Modelo Y

Ⓐ El modelo X y el modelo Y tienen el mismo volumen.

Ⓑ El volumen del modelo X es 9 unidades cúbicas mayor que el volumen del modelo Y.

Ⓒ El volumen del modelo X es 19 unidades cúbicas mayor que el volumen del modelo Y.

Ⓓ El volumen del modelo X y el modelo Y juntos es 45 unidades cúbicas.

Nombre _____

Resuélvelo **y coméntalo**

Kevin necesita una pecera nueva para sus peces. En la tienda de mascotas hay una pecera en forma de prisma rectangular que mide 5 pies de longitud por 2 pies de ancho por 4 pies de altura. Kevin necesita una pecera con un volumen de al menos 35 pies cúbicos. ¿Será esta pecera suficientemente grande? *Resuelve este problema de la manera que prefieras.*

Puedo...
hallar el volumen de prismas rectangulares usando una fórmula.

También puedo razonar sobre las matemáticas.

Lee el problema con atención para estar seguro de que comprendes lo que debes hallar. *¡Muestra tu trabajo!*

¡Vuelve atrás! **Evaluar el razonamiento** Malcolm dice que el volumen de la pecera cambiaría si las dimensiones fueran 2 pies de longitud, 4 pies de ancho y 5 pies de altura. ¿Estás de acuerdo? Explícalo.

Pregunta esencial ¿Cómo se puede usar una fórmula para hallar el volumen de un prisma rectangular?

Puente de aprendizaje visual

A

Recuerda que el volumen es la cantidad de unidades cúbicas (unidades³) que se necesitan para llenar un sólido sin huecos ni superposiciones.

Halla el volumen del prisma rectangular si cada unidad cúbica representa 1 pie cúbico.

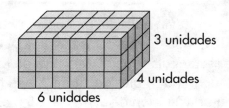

3 unidades

4 unidades

6 unidades

Puedes hallar el volumen de un prisma rectangular contando bloques o usando una fórmula.

Una fórmula es una regla que usa símbolos para relacionar dos o más cantidades.

B Si las dimensiones de un prisma rectangular se dan como longitud ℓ, ancho a y altura h, entonces usa esta fórmula para hallar el volumen V:

Volumen = longitud × ancho × altura

$V = \ell \times a \times h$
$V = (6 \times 4) \times 3$
$V = 24 \times 3$
$V = 72$

altura
3 pies

ancho
4 pies

longitud
6 pies

El volumen del prisma rectangular es 72 pies cúbicos o 72 pies³.

C Otra fórmula para hallar el volumen del prisma rectangular es $V = b \times h$, donde b es el área de la base.

$V = b \times h$
$V = 24 \times 3$
$V = 72$ pies³

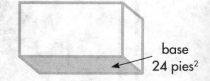

base
24 pies²

¡Convénceme! **Razonar** Da las dimensiones de un prisma rectangular distinto que también tenga un volumen de 72 pies³. Explica cómo lo hallaste.

☆ Práctica guiada

¿Lo entiendes?

1. En el ejemplo de la página 462, ¿puedes multiplicar primero el ancho por la altura? Explícalo.

2. Un bloque de madera mide 5 centímetros de altura, 3 centímetros de ancho y 2 centímetros de longitud. El área de la base es 6 centímetros cuadrados. Dibuja un prisma rectangular para representar el bloque y rotúlalo. ¿Cuál es el volumen del bloque?

¿Cómo hacerlo?

Para **3** y **4**, halla el volumen de los prismas rectangulares.

3.
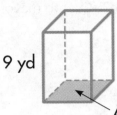
4 pulgs.
2 pulgs.
9 pulgs.

4.

9 yd

Área de la base: 24 yd²

☆ Práctica independiente ☆

Para **5** a **10**, halla el volumen de los prismas rectangulares.

5.
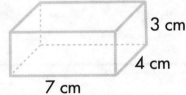
3 cm
4 cm
7 cm

6.
5 pulgs.
4 pulgs.
4 pulgs.

7.
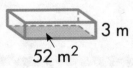
3 m
52 m²

8.
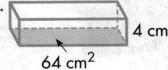
4 cm
64 cm²

9.
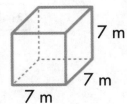
7 m
7 m
7 m

10.
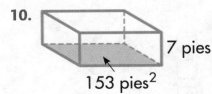
7 pies
153 pies²

Resolución de problemas

11. El diccionario mide 3 pulgadas de espesor. ¿Cuál es el volumen del diccionario?

9 pulgs.

7 pulgs.

12. Razonamiento de orden superior Dos hornos tienen las siguientes medidas. ¿Qué horno tiene el mayor volumen? ¿Cuánto mayor es? Muestra tu trabajo.

Horno A　　**Horno B**

15 pulgs.

14 pulgs.

Área de la base:　　　Área de la base:
576 pulgadas cuadradas　672 pulgadas cuadradas

13. El perímetro de un triángulo equilátero es 51 pies. ¿Cuál es la longitud de uno de sus lados? Explica tu trabajo.

14. Razonar Harry está en una tienda, en la fila para pagar. Tiene tres objetos que cuestan $5.95, $4.25 y $1.05. Explica cómo Harry puede sumar mentalmente los objetos antes de pagarlos.

✅ **Práctica para la evaluación**

15. Marca todas las expresiones que se pueden usar para hallar el volumen de esta caja de madera.

- ☐ $(6 \times 4) \times 3$
- ☐ $(6 \times 4) + 3$
- ☐ 6×4
- ☐ $6 \times (4 \times 3)$
- ☐ 24×3

3 pulgs.

4 pulgs.

6 pulgs.

Nombre_____

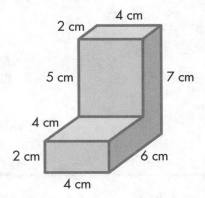

Resuélvelo y coméntalo

Ariel piensa en una figura tridimensional formada por la combinación de dos prismas rectangulares. ¿Cuál es el volumen de esa figura tridimensional? *Resuelve este problema de la manera que prefieras.*

Puedo...

hallar el volumen de un sólido que es la combinación de dos o más prismas rectangulares.

También puedo buscar patrones para resolver problemas.

Usar la estructura
Puedes hallar el volumen de los prismas rectangulares que forman el sólido. ¡Muestra tu trabajo!

¡Vuelve atrás! ¿Cómo separaste el sólido en prismas rectangulares más simples? Anota las dimensiones de cada uno de los prismas.

Pregunta esencial ¿Cómo se puede hallar el volumen de un sólido compuesto de dos prismas rectangulares?

A

La figura muestra la forma y el tamaño de un edificio de almacenado. El supervisor quiere hallar el volumen del edificio para calcular cuánto espacio de almacenamiento hay disponible. ¿Cuál es el volumen del edificio?

Puedes hallar el volumen de esta figura hallando el volumen de los dos prismas rectangulares que forman la figura.

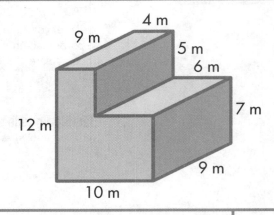

B El edificio se puede separar en dos prismas rectangulares como se muestra a continuación. Identifica las medidas de la longitud, el ancho y la altura de cada prisma.

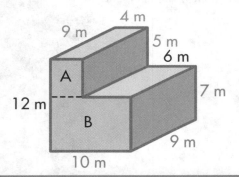

C Usa la fórmula $V = \ell \times a \times h$ para hallar el volumen de cada prisma rectangular.

Volumen del prisma A	Volumen del prisma B
$V = \ell \times a \times h$	$V = \ell \times a \times h$
$= 4 \times 9 \times 5$	$= 10 \times 9 \times 7$
$= 180$	$= 630$

Suma para hallar el volumen total.

$180 + 630 = 810$

El volumen del edificio de almacenado es 810 metros cúbicos.

¡Convénceme! Razonar ¿De qué otra manera se puede dividir el sólido anterior en dos prismas rectangulares? ¿Cuáles son las dimensiones de cada prisma?

Nombre _____

☆ Práctica guiada

¿Lo entiendes?

Para **1** y **2**, usa el siguiente sólido. La línea punteada lo separa en dos prismas rectangulares, A y B.

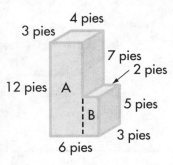

4 pies
3 pies
7 pies
2 pies
12 pies A
5 pies
B
3 pies
6 pies

1. ¿Cuál es la longitud, el ancho y la altura del prisma A? ¿Cuál es la longitud, el ancho y la altura del prisma B?

2. ¿De qué otra manera se puede separar el sólido en dos prismas rectangulares? ¿Cuáles son las dimensiones de cada prisma?

¿Cómo hacerlo?

Para **3** y **4**, halla el volumen de los sólidos.

3.

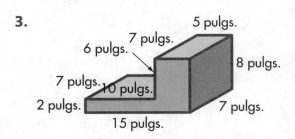

5 pulgs.
7 pulgs.
6 pulgs.
8 pulgs.
7 pulgs.
10 pulgs.
2 pulgs.
7 pulgs.
15 pulgs.

4.

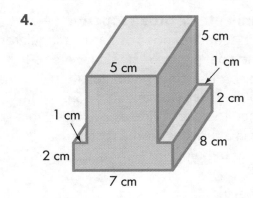

5 cm
5 cm
1 cm
2 cm
1 cm
8 cm
2 cm
7 cm

☆ Práctica independiente

Para **5** a **7**, halla el volumen de los sólidos.

5.

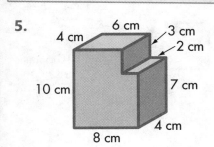

6 cm
4 cm
3 cm
2 cm
10 cm
7 cm
4 cm
8 cm

6.

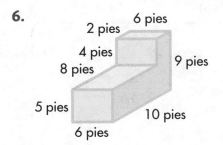

6 pies
2 pies
4 pies
9 pies
8 pies
5 pies
10 pies
6 pies

7.

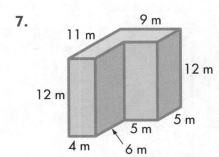

9 m
11 m
12 m
12 m
5 m
4 m
5 m
6 m

Resolución de problemas

Para **8** a **10**, usa el dibujo del sólido.

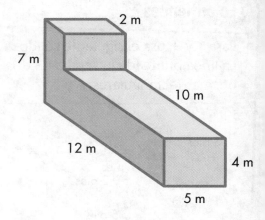

8. ¿Cómo hallarías el volumen de la figura que se muestra?

9. **Álgebra** Escribe dos expresiones que se puedan sumar para hallar el volumen del sólido.

10. ¿Cuál es el volumen del sólido?

---

11. **Razonamiento de orden superior** Se separa un sólido en dos prismas rectangulares. El volumen del prisma rectangular A es 80 pies cúbicos. El prisma rectangular B tiene una longitud de 6 pies y un ancho de 5 pies. El volumen total del sólido es 200 pies cúbicos. ¿Cuál es la altura del prisma rectangular B? Muestra tu trabajo.

12. **Representar con modelos matemáticos** La familia Peters viajará en carro 615 millas para llegar a su lugar de vacaciones. Si viajan 389 millas el primer día, ¿cuántas millas viajarán el segundo día? Completa el diagrama de barras como ayuda.

millas	
millas	x

✓ Práctica para la evaluación

13. Traza una recta horizontal para separar el sólido de la derecha en dos prismas rectangulares. Luego, escribe una expresión para hallar el volumen del sólido.

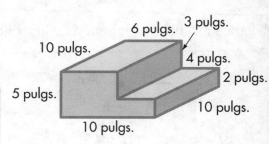

Nombre _____

Resuélvelo y coméntalo

Una escuela tiene dos alas, cada una con forma de prisma rectangular. El distrito escolar planea instalar aire acondicionado en la escuela y necesita conocer su volumen. ¿Cuál es el volumen de la escuela? *Resuelve este problema de la manera que prefieras.*

Puedo...
resolver problemas verbales relacionados con el volumen.

También puedo representar con modelos matemáticos para resolver problemas.

Representar con modelos matemáticos Escribe una expresión de multiplicación para hallar el volumen de cada ala del edificio.

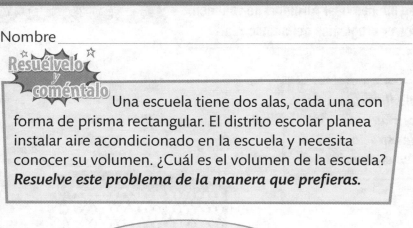

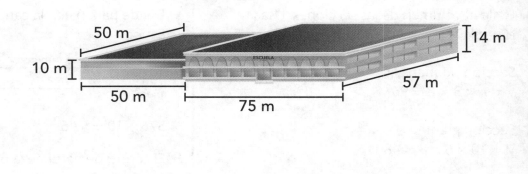

¡Vuelve atrás! Escribe una expresión matemática que se pueda usar para hallar el volumen total de la escuela.

Pregunta esencial ¿Cómo se pueden usar fórmulas de volumen para resolver problemas del mundo real?

A

El centro de naturaleza tiene una gran jaula llamada aviario formada por dos secciones, cada una en forma de prisma rectangular. Se necesitan 10 pies cúbicos de espacio para cada ave. ¿Cuántas aves se pueden poner en el aviario?

Puedes entender el problema descomponiéndolo en problemas más simples.

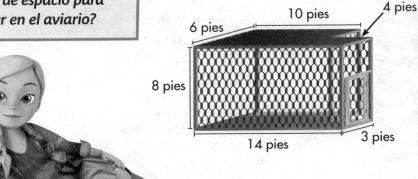

B Halla el volumen de las secciones. Usa la fórmula $V = \ell \times a \times h$.

Sección pequeña:
$V = 4 \times 3 \times 8 = 96$

Sección grande:
$V = 10 \times 6 \times 8 = 480$

Suma para hallar el volumen total:
$96 + 480 = 576$

El volumen combinado es 576 pies cúbicos.

C Divide para hallar la cantidad de aves que caben.

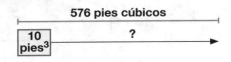

$576 \div 10 = 57.6$

El centro de naturaleza puede poner 57 aves en el aviario.

¡Convénceme! **Evaluar el razonamiento** Tom resolvió el problema de otra manera. Primero, halló el área total del piso y, luego, la multiplicó por la altura. ¿Es correcto el método de Tom? Explícalo.

☆Práctica guiada

¿Lo entiendes?

1. ¿Cómo puedes hallar el volumen de la vitrina?

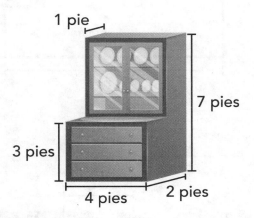

1 pie

7 pies

3 pies

4 pies   2 pies

2. ¿Cuál es la altura de la parte superior de la vitrina? Explícalo.

3. Halla el volumen de la vitrina.

¿Cómo hacerlo?

4. Halla el volumen del siguiente edificio.

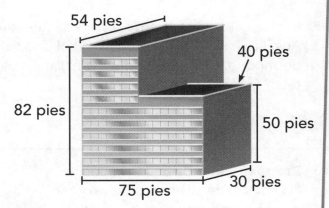

54 pies

40 pies

82 pies

50 pies

75 pies   30 pies

5. El centro de naturaleza tiene una pecera con forma de prisma rectangular que mide 6 pies de longitud por 4 pies de ancho por 4 pies de altura. Se pueden colocar 3 peces pequeños por cada pie cúbico de agua. ¿Cuántos peces pequeños se pueden colocar en la pecera?

☆Práctica independiente

6. Sophie construyó una casa con bloques de construcción. Halla el volumen de la casa.

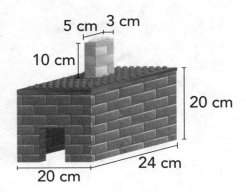

5 cm   3 cm

10 cm

20 cm

20 cm   24 cm

7. ¿Cuántas pulgadas cúbicas de concreto se necesitan para hacer esta escalera??

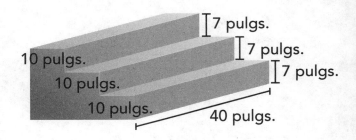

7 pulgs.

7 pulgs.

10 pulgs.

7 pulgs.

10 pulgs.

10 pulgs.

40 pulgs.

Resolución de problemas

8. A la derecha se muestra un plano del piso del dormitorio y el armario de Angélica. La altura del dormitorio es 9 pies. La altura del armario es 7 pies. ¿Cuál es el volumen total del dormitorio y el armario?

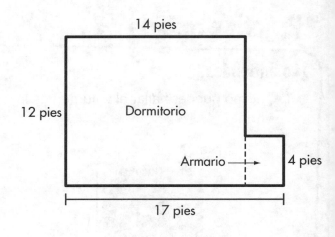

14 pies

12 pies

Dormitorio

Armario → 4 pies

17 pies

9. Evaluar el razonamiento ¿Tiene sentido que Angélica halle el área combinada del piso del dormitorio y el armario antes de hallar el volumen total? Explica tu razonamiento.

10. Razonamiento de orden superior

Un edificio de oficinas rodea un patio descubierto rectangular. ¿Cuál es el volumen del edificio? ¿Cómo hallaste la respuesta?

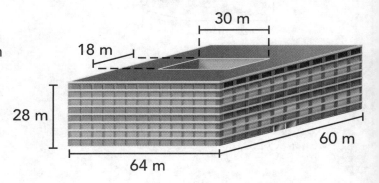

30 m

18 m

28 m

60 m

64 m

11. La Sra. Bhatia tiene un armario formado por dos partes, cada una con forma de prisma rectangular. Planea comprar bolas de naftalina para alejar a las polillas. Necesita una caja cada 32 pies cúbicos de espacio. ¿Cuántas cajas debe comprar?

Ⓐ 6 cajas

Ⓑ 7 cajas

Ⓒ 8 cajas

Ⓓ 10 cajas

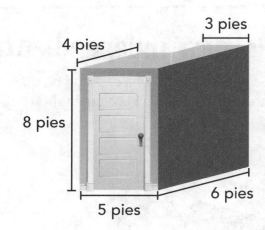

3 pies

4 pies

8 pies

6 pies

5 pies

Resuélvelo *y* **coméntalo**

Se está construyendo una estación espacial a partir de 24 módulos cúbicos. La estación espacial puede tener cualquier forma pero los módulos se deben colocar de modo que las caras enteras coincidan entre sí. Escoge una herramienta para crear dos planos distintos de la estación espacial. Explica por qué escogiste esa herramienta.

Puedo...
usar herramientas apropiadas para resolver problemas de volumen.

También puedo resolver problemas de volumen.

Hábitos de razonamiento

¡Razona correctamente!
Estas preguntas te pueden ayudar.

- ¿Qué herramientas puedo usar?
- ¿Por qué debo usar esta herramienta como ayuda para resolver el problema?
- ¿Hay alguna otra herramienta que podría usar?
- ¿Estoy usando la herramienta correctamente?

¡Vuelve atrás! **Usar herramientas apropiadas** ¿Cómo decidiste qué herramienta usar?

Pregunta esencial **¿Cómo se pueden usar herramientas apropiadas para resolver problemas de volumen?**

A

Jeremías tiene que construir un exhibidor de 4 pies de altura con cajas.

Las cajas que usa son cubos que miden 1 pie de cada lado. El exhibidor tiene que tener forma de pirámide, con una sola caja en la capa superior.

¿Cuántas cajas necesitará Jeremías para hacer el exhibidor?

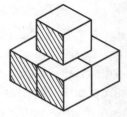

capa superior   **2 capas superiores**

¿Qué tengo que hacer?

Tengo que escoger una herramienta apropiada para resolver este problema.

Este es mi razonamiento...

B **¿Cómo puedo usar herramientas apropiadas estratégicamente para resolver este problema?**

Puedo

- decidir qué herramienta es apropiada.

- usar bloques para resolver este problema.

- usar la herramienta correctamente.

C Podría usar papel cuadriculado, pero usaré bloques porque si construyo un exhibidor, será más fácil contar los bloques.

Cada bloque representa 1 caja del exhibidor. Mi exhibidor tendrá 4 capas porque debe medir cuatro pies de altura, y cada caja mide 1 pie de altura.

El exhibidor tiene $1 + 4 + 9 + 16 = 30$ cubos.

Por tanto, Jeremías necesita 30 cajas en total para hacer el exhibidor.

¡Convénceme! **Usar herramientas apropiadas** ¿Qué otras herramientas, además de los bloques, podrías usar para resolver este problema? Explícalo.

Nombre _____

☆Práctica guiada

Usar herramientas apropiadas

El gerente de una tienda de pinturas preparará un exhibidor con cubos del mismo tamaño. El exhibidor tendrá forma de escalera con 5 escalones. Cada escalón tendrá 6 cubos de longitud. El gerente de la tienda construirá la escalera con bloques plásticos de 1 pie.

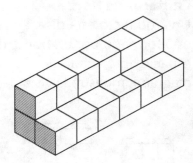

1. ¿Qué herramienta puede usar el gerente para asegurarse de que tiene suficiente espacio para el exhibidor? Explícalo.

2. ¿Cuál es el volumen del exhibidor? Explica cómo usaste herramientas para decidirlo.

☆Práctica independiente

Usar herramientas apropiadas

Cindy planea hacer un alhajero en forma de prisma rectangular. Quiere que tenga un volumen de 96 pulgadas cúbicas.

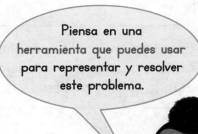
Piensa en una herramienta que puedes usar para representar y resolver este problema.

3. ¿Cómo puedes hallar dimensiones posibles del alhajero?

4. ¿Cuáles pueden ser las dimensiones del alhajero?

5. ¿Puede Cindy hacer el alhajero de modo que mida el doble de ancho que de altura?

6. Cindy tiene cinta para decorar el alhajero. ¿Qué herramienta la puede ayudar a decidir cuánto del alhajero puede decorar?

Resolución de problemas

✓ Tarea de rendimiento

Canteros de flores

Un arquitecto está diseñando canteros de flores para un parque. Cada cantero está formado por un borde de cubos de concreto de 1 pie alrededor de un espacio libre cuadrado. Cada cubo de concreto pesa 120 libras. El siguiente diagrama muestra la vista desde arriba de algunos de los canteros.

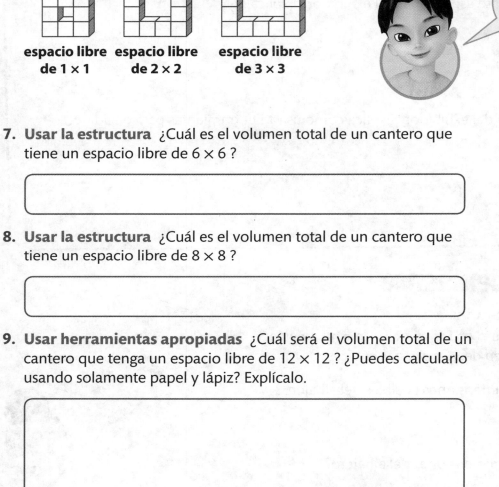

espacio libre de 1 × 1 **espacio libre de 2 × 2** **espacio libre de 3 × 3**

Recuerda que debes pensar qué herramientas tiene sentido usar para resolver estos problemas.

7. **Usar la estructura** ¿Cuál es el volumen total de un cantero que tiene un espacio libre de 6 × 6 ?

8. **Usar la estructura** ¿Cuál es el volumen total de un cantero que tiene un espacio libre de 8 × 8 ?

9. **Usar herramientas apropiadas** ¿Cuál será el volumen total de un cantero que tenga un espacio libre de 12 × 12 ? ¿Puedes calcularlo usando solamente papel y lápiz? Explícalo.

10. **Representar con modelos matemáticos** Cada cubo de concreto para hacer los canteros cuesta $3.00. ¿Cuál es el costo total de los cubos que se necesitan para dos canteros con espacios libres de 6 × 6, dos con espacios libres de 8 × 8 y dos con espacios libres de 12 × 12? Escribe una expresión que represente el costo total.

Nombre_____

Emparéjalo

Trabaja con un compañero. Señala una pista y léela.

Mira la tabla de la parte de abajo de la página y busca la pareja de esa pista. Escribe la letra de la pista en la casilla que corresponde.

Halla una pareja para cada pista.

Puedo...
multiplicar números enteros de varios dígitos con fluidez.

También puedo construir argumentos matemáticos.

Pistas

A El producto es mayor que 1,000,000.

E El producto es 550,000.

B El producto es 43,575.

F El producto es 550,055.

C El producto es 51,192.

G El dígito 7 aparece dos veces en el producto.

D El producto está entre 150,000 y 200,000.

H El dígito 2 aparece dos veces en el producto.

6,400 × 25	648 × 79	50,000 × 11	4,702 × 56
1,245 × 35	50,005 × 11	685 × 42	44,444 × 33

TEMA 11 · Repaso del vocabulario

Lista de palabras

- área
- bloque de unidades
- fórmula
- prisma rectangular
- unidad cúbica
- volumen

Comprender el vocabulario

Para **1** a **3**, escoge el mejor término de la Lista de palabras.

Escríbelo en el espacio en blanco.

1. La cantidad de bloques de unidades del mismo tamaño que caben en un sólido sin superposiciones ni huecos es el/la _____.

2. Un sólido con 6 caras rectangulares que no son todas cuadradas es un/una _____.

3. Una regla que usa símbolos para relacionar dos o más cantidades es un/una _____.

4. Tacha las expresiones que NO representan el volumen del prisma.

36×5 $3 \times 5 \times 12$ 60×3 $12 \times (3 + 5)$

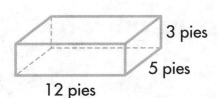

3 pies
5 pies
12 pies

Traza una línea desde las figuras tridimensionales en la columna A hasta su volumen en la columna B.

Columna A	Columna B

Columna A

5.
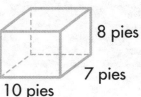
8 pies
7 pies
10 pies

6.
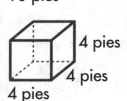
4 pies
4 pies
4 pies

7.
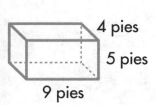
4 pies
5 pies
9 pies

Columna B

64 pies^3

100 pies^3

180 pies^3

560 pies^3

8. Una caja mide 3 pulgadas por 4 pulgadas por 5 pulgadas. Una segunda caja mide 4 pulgadas por 4 pulgadas por 4 pulgadas. Explica cómo decidir qué caja tiene mayor capacidad.

Nombre_____

TEMA
11

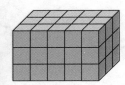 **Grupo A**   páginas 457 a 460 _____

Halla la cantidad de bloques que se necesitan para hacer este prisma rectangular.

Hay 3 filas de 5 bloques en la capa de abajo. Hay 3 capas.

Multiplica para hallar la cantidad total de bloques.

$3 \times 5 \times 3 = 45$

El volumen es 45 unidades cúbicas.

¡Recuerda que puedes multiplicar los números en cualquier orden!

Recuerda que puedes hallar la cantidad de bloques que hay en cada capa y, luego, multiplicarla por la cantidad de capas.

Halla los volúmenes. Puedes usar bloques como ayuda.

1.

2.

3.

Grupo B   páginas 461 a 464 _____

Halla el volumen de este prisma rectangular.

2 cm
4 cm
9 cm

Volumen = longitud × ancho × altura

$V = \ell \times a \times h$

$= 9 \text{ cm} \times 4 \text{ cm} \times 2 \text{ cm}$

$V = 72$ centímettros cúbicos, o 72 cm^3

El volumen del prisma es 72 cm^3.

Recuerda que si conoces el área de la base de un prisma rectangular, puedes usar la fórmula $V = b \times h$, donde b es el área de la base.

Halla los volúmenes. Puedes usar bloques como ayuda.

1. Área de la base, $b = 42$ metros cuadrados y altura = 3 metros

2. Área de la base, $b = 75$ pulgadas cuadradas y altura = 15 pulgadas

3.
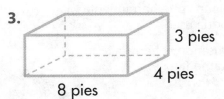
3 pies
4 pies
8 pies

Algunos sólidos se pueden separar en dos prismas rectangulares.

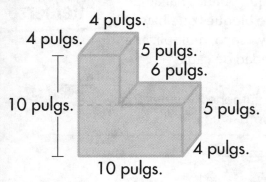

Suma el volumen de los prismas para hallar el volumen total del sólido.

$V = (4 \times 4 \times 5) + (10 \times 4 \times 5)$

$\quad = \qquad 80 \qquad + \qquad 200$

$\quad = 280$

El volumen del sólido es 280 pulgadas cúbicas.

Recuerda que debes identificar la longitud, el ancho y la altura de cada prisma, de modo que puedas calcular el volumen de cada parte.

1. Halla el volumen.

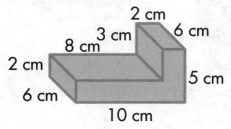

2. Un edificio de oficinas tiene las dimensiones que se muestran. ¿Cuál es el volumen del edificio?

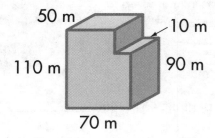

Piensa en estas preguntas como ayuda para **usar herramientas apropiadas estratégicamente**.

Hábitos de razonamiento

- ¿Qué herramientas puedo usar?
- ¿Por qué debo usar esta herramienta como ayuda para resolver el problema?
- ¿Hay alguna otra herramienta que podría usar?
- ¿Estoy usando la herramienta correctamente?

Recuerda que las herramientas como los bloques de valor de posición, los bloques y el papel cuadriculado te pueden ayudar a resolver problemas de volumen.

Molly usó bloques de 1 pulgada para construir la estructura que se muestra. Dejó un espacio libre de 3 pulgadas por 1 pulgada en las dos capas de la estructura.

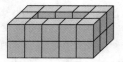

1. ¿Qué herramientas puedes usar para representar el problema?

2. ¿Cuál es el volumen total de la estructura?

Nombre _____

1. Julio usó bloques de unidades para hacer un prisma rectangular. ¿Cuál es el volumen del prisma?

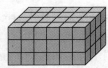

1 cubo = 1 unidad cúbica

(A) 18 unidades cúbicas   (C) 72 unidades cúbicas

(B) 54 unidades cúbicas   (D) 108 unidades cúbicas

---

2. Escoge las posibles dimensiones de un prisma según el volumen dado.

	3 cm, 4 cm, 5 cm	3 cm, 3 cm, 5 cm	2 cm, 4 cm, 9 cm	2 cm, 4 cm, 7 cm
45 cm³	❑	❑	❑	❑
56 cm³	❑	❑	❑	❑
60 cm³	❑	❑	❑	❑
72 cm³	❑	❑	❑	❑

---

3. A. Una piscina mide 50 metros de longitud, 15 metros de ancho y 3 metros de profundidad. ¿Cuál es el volumen de la piscina?

(A) 4,500 metros cúbicos

(B) 2,250 metros cúbicos

(C) 900 metros cúbicos

(D) 750 metros cúbicos

B. Luego de llenarla durante varios minutos, el agua tiene 1 metro de profundidad. ¿Cuál es el volumen del agua de la piscina?

4. Un edificio pequeño tiene las dimensiones que se muestran.

A. Escribe una expresión para representar el volumen total del edificio.

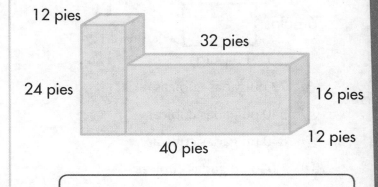

12 pies

32 pies

24 pies

16 pies

12 pies

40 pies

B. ¿Cuál es el volumen del edificio?

---

5. A. Marca todas las expresiones que **NO** se pueden usar para hallar el volumen del fardo de heno.

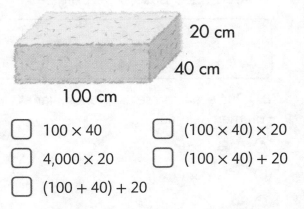

20 cm

40 cm

100 cm

❑ 100 × 40   ❑ (100 × 40) × 20

❑ 4,000 × 20   ❑ (100 × 40) + 20

❑ (100 + 40) + 20

B. Se agregan 10 cm más de heno al fardo. ¿Cuál es el volumen del fardo de heno ahora?

6. Melina hizo los escalones de madera que se muestran. ¿Cuál es el volumen de los escalones?

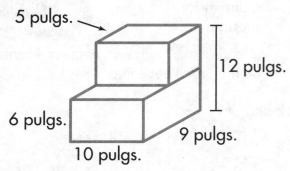

5 pulgs.

12 pulgs.

6 pulgs.

9 pulgs.

10 pulgs.

- Ⓐ 72 pulgadas cúbicas
- Ⓑ 540 pulgadas cúbicas
- Ⓒ 840 pulgadas cúbicas
- Ⓓ 1,080 pulgadas cúbicas

---

7. A. ¿Cuál es el volumen del baúl que se muestra?

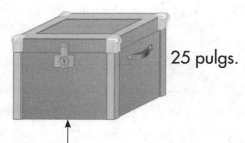

25 pulgs.

Área de la base: 750 pulgs.²

B. ¿Qué ecuación se usó para hallar el volumen del baúl?

- Ⓐ $V = b \times h$
- Ⓑ $V = \ell \times w \times h$
- Ⓒ $V = \ell \times w$
- Ⓓ $V = b \times b \times h$

---

8. Para su proyecto de ciencias, Jada quiere construir un prisma rectangular con un bloque de goma espuma. El bloque debe tener un volumen de 350 pulgadas cúbicas y una altura de 5 pulgadas.

¿Cuál debe ser el área de la base del prisma para el volumen y la altura dados? Da un par de dimensiones posibles en números enteros para la base.

---

9. La maleta de Martín tiene un volumen de 1,080 pulgadas cúbicas. La maleta de Lily mide 9 pulgadas de ancho, 13 pulgadas de longitud y 21 pulgadas de altura. ¿Cuál es el volumen combinado de las dos maletas?

---

10. Marca todas las expresiones que se pueden usar para hallar el volumen de la caja en centímetros cúbicos?

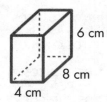

6 cm

8 cm

4 cm

- ☐ 8×6
- ☐ $(4 \times 8) \times 6$
- ☐ 32×6
- ☐ 46×8
- ☐ $(4 \times 8) + 6$

Artículos deportivos

Hiroto trabaja en una tienda de artículos de deportes.

Exhibidor de pelotas de golf

1. Hiroto apila cajas idénticas de pelotas de golf para formar un prisma rectangular. Cada caja tiene forma de cubo.

Parte A

¿Cuántas cajas hay en el **Exhibidor de pelotas de golf** ?

Parte B

Explica por qué la cantidad de cajas que hallaste en la Parte A es igual a la que hallarías usando la fórmula $V = \ell \times a \times h$.

Parte C

Hiroto tiene que volver a apilar las cajas para que el exhibidor tenga 2 capas de altura, menos de 14 pulgadas de ancho y menos de 30 pulgadas de longitud. A la derecha se muestra el tamaño de cada caja. Indica una manera en la que Hiroto puede apilar las cajas. Justifica tu respuesta.

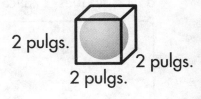

2 pulgs.
2 pulgs.
2 pulgs.

Parte D

¿Cuál es el volumen del exhibidor de pelotas de golf en pulgadas cúbicas? Explica cómo lo resolviste.

2. Hiroto hace dos exhibidores con bloques de goma espuma rectangulares.

Parte A

¿Cuál es el volumen del bloque de goma espuma que usó para el **Exhibidor de gorras y cascos de béisbol**? Explica cómo resolverlo usando la fórmula $V = b \times h$.

Exhibidor de gorras y cascos de béisbol

30 pulgs.
36 pulgs.
58 pulgs.

Parte B

Hiroto usó dos bloques para construir el **Exhibidor de uniformes de béisbol**. ¿Cuál es el volumen combinado de los bloques? Explica cómo lo resolviste.

Exhibidor de uniformes de béisbol

8 pulgs.
10 pulgs.
28 pulgs.
24 pulgs.
48 pulgs.

Parte C

Explica cómo supiste qué unidades usar para tu respuesta a la Parte B.

Convertir medidas

Preguntas esenciales: ¿Cuáles son las medidas del sistema usual y cómo se relacionan? ¿Cuáles son las medidas del sistema métrico y cómo se relacionan?

Recursos digitales

 Libro del estudiante

 Aprendizaje visual

 Práctica

 Evaluación

 Herramientas

 Glosario

El viento y el agua tallaron el Gran Cañón.

El flujo del caudal del río Colorado movió las rocas y el suelo y contribuyó a formar el cañón. Esto se llama *erosión del agua*.

¡Eso es mucho movimiento! Este es un proyecto sobre el Gran Cañón.

Proyecto de enVision **STEM:** El Gran Cañón

Investigar Usa la Internet u otros recursos para aprender acerca del Gran Cañón y el río Colorado. ¿Dónde está el Gran Cañón? ¿Cómo se formó? ¿Qué nos indican las distintas capas de roca? Predice cómo crees que cambiarán las dimensiones del cañón en un millón de años.

Diario: Escribir un informe Incluye lo que averiguaste. En tu informe, también:

- describe las dimensiones del cañón.

- describe las dimensiones del río Colorado.

- define *erosión*.

- inventa y resuelve problemas que incluyan unidades de medida y conversiones.

Repasa lo que sabes

A-Z Vocabulario

Escoge el mejor término del recuadro. Escríbelo
en el espacio en blanco.

• exponente   • resta
• métrico   • usual
• multiplicación

1. Un metro es una unidad de longitud del sistema
   _____ de medición.

2. Un pie es una unidad de longitud del sistema _____ de medición.

3. La división tiene una relación inversa con el/la _____.

4. Un/Una _____ muestra la cantidad de veces que se usa una base como factor.

Multiplicación

Halla los productos.

5. 60×6 **6.** 24×10^3 **7.** 16×7 **8.** $10^2 \times 1.6$

9. 100×34 **10.** $10^4 \times 0.37$ **11.** 46.102×10^2 **12.** $10^1 \times 0.005$

División

Halla los cocientes.

13. $1,000 \div 100$ **14.** $176 \div 16$ **15.** $3,600 \div 60$ **16.** $120 \div 24$

Medidas

Encierra en un círculo la unidad de medida más apropiada para cada objeto.

17. La capacidad de una piscina: litros o mililitros

18. La longitud de una mazorca de maíz: yardas o pulgadas

19. La masa de un gorila: gramos o kilogramos

20. El peso de una pelota de tenis: onzas o libras

21. ¿Usarías más centímetros o más metros para medir la longitud de un carro? Explícalo.

Nombre

PROYECTO 12A

¿Por qué es tan genial la casita del árbol?

Proyecto: Arma un modelo de casita del árbol

PROYECTO 12B

¿Cuánto pesarías en Marte?

Proyecto: Haz un móvil del sistema solar

PROYECTO 12C

¿Alguna vez escuchaste hablar del Día Nacional del Refresco de Frutas?

Proyecto: Planifica una fiesta en el aula

PROYECTO 12D

¿Cuáles son las características de las panteras de la Florida?

Proyecto: Diseña un área en el zoológico para los cachorros de pantera de la Florida

Nombre _____

Resuélvelo y coméntalo

William tiene un trozo de cable que mide 1 yarda de longitud. Usará cable para reparar varias tomas de corriente en su casa. ¿Cuántas pulgadas de longitud mide el cable? *Resuelve este problema usando diagramas de barras.*

Puedo...
convertir unidades usuales de longitud.

También puedo razonar sobre las matemáticas.

Puedes mostrar la relación entre yardas y pulgadas en un diagrama de barras. ¡Muestra tu trabajo!

1 yarda

¡Vuelve atrás! **Generalizar** ¿Cómo puedes convertir pulgadas a yardas? ¿Multiplicarías o dividirías para convertir de una unidad a otra más grande? Explícalo.

Pregunta esencial ¿Cómo se puede convertir de una unidad de longitud a otra?

A

Algunas ranas pueden saltar $11\frac{1}{4}$ pies. ¿De qué otras maneras se puede describir la misma distancia?

> La tabla muestra medidas equivalentes.

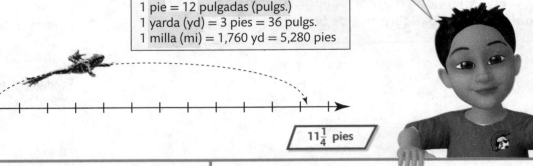

1 pie = 12 pulgadas (pulgs.)
1 yarda (yd) = 3 pies = 36 pulgs.
1 milla (mi) = 1,760 yd = 5,280 pies

$11\frac{1}{4}$ pies

B **Para convertir de una unidad a otra más pequeña, multiplica.**

$11\frac{1}{4}$ pies = ☐ pulgs.

> Sabes que 1 pie es igual a 12 pulgadas.

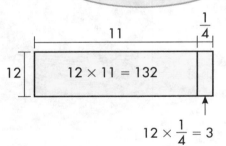

$12 \times \frac{1}{4} = 3$

$11\frac{1}{4} \times 12 = 132 + 3 = 135$

Por tanto, $11\frac{1}{4}$ pies = 135 pulgadas.

C **Para convertir de una unidad a otra más grande, divide.**

La rana de Ed saltó 11 pies. ¿Cuántas yardas son 11 pies?

11 pies = ☐ yd y ☐ pies

> Sabes que 3 pies es igual a 1 yarda.

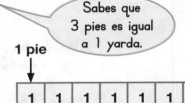

$11 \div 3 = 3$ R2

Por tanto, 11 pies = 3 yardas y 2 pies.

¡Convénceme! **Generalizar** En el ejemplo anterior, explica cómo podrías usar un número mixto para escribir 11 pies como una medida equivalente en yardas.

Nombre _____

☆Práctica guiada

¿Lo entiendes?

1. Si quieres convertir yardas a pies, ¿qué operación debes usar?

2. Si quieres convertir pies a millas, ¿qué operación debes usar?

3. ¿Qué herramientas puedes seleccionar para medir la longitud? Explica en qué casos usarías cada una.

¿Cómo hacerlo?

Para **4** a **8**, convierte las unidades de longitud.

4. 9 pies = _____ yd

5. 8 pies y 7 pulgs. = _____ pulgs.

6. $5\frac{1}{2}$ pies = _____ pulgs.

7. 288 pulgs. = _____ yd

8. 219 pulgs. = _____ pies y _____ pulgs.

o _____ pies

☆Práctica independiente

Para **9** y **10**, completa la tabla para mostrar medidas equivalentes.

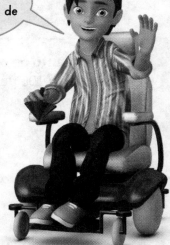

¿El número de tu respuesta será mayor o menor que el número de la medida dada?

9.

Pies	Pulgadas
1	
2	
	36
4	

10.

Yardas	Pies
1	
	6
3	
4	

Para **11** a **16**, convierte las unidades de longitud.

11. 3 yd = _____ pulgs.

12. 324 pies = _____ yd

13. $2\frac{2}{3}$ mi = _____ pies

14. 56 pies = _____ yd y _____ pies

15. $12\frac{1}{2}$ pies = _____ pulgs.

16. 6 pulgs. = _____ pie

Para **17** a **19**, compara las longitudes. Escribe Escribe >, < o = en cada ◯.

17. 100 pies ◯ 3 yd

18. 74 pulgs. ◯ 2 yd y 2 pulgs.

19. 5,200 pies y 145 pulgs. ◯ 1 mi y 40 pulgs.

Resolución de problemas

20. Sentido numérico ¿Qué número es mayor: la altura de un árbol en pies o la altura del mismo árbol en yardas?

21. Razonar Las dimensiones de la oficina de correos más pequeña del país son 8 pies y 4 pulgadas por 7 pies y 3 pulgadas. ¿Por qué usas la medida 8 pies y 4 pulgadas en lugar de 7 pies y 16 pulgadas?

22. Roger gana $24 por semana cortando césped. Gasta $\frac{1}{6}$ de sus ingresos en su almuerzo y $\frac{2}{3}$ de sus ingresos en música. Ahorra el resto. ¿Cuánto dinero ahorra Roger? Di cómo hallaste la respuesta.

23. Ariana tiene 144 duraznos. Debe empacar 9 cajas con la misma cantidad de duraznos en cada una. ¿Cuántos duraznos debe empacar en cada caja?

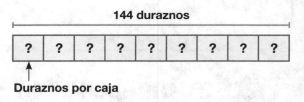

144 duraznos

| ? | ? | ? | ? | ? | ? | ? | ? | ? |

Duraznos por caja

24. Razonamiento de orden superior ¿Cómo se convierten 108 pulgadas a yardas?

25. Vocabulario ¿Qué unidad usual es apropiada para medir la longitud de una entrada para carros? Justifica tu respuesta.

Práctica para la evaluación

26. Escoge todas las medidas que sean mayores que 7 pies.

☐ 2 yardas
☐ 2 yardas y 2 pulgadas
☐ 2 yardas y 2 pies
☐ 3 yardas

27. Escoge todas las medidas que sean menores que 435 pulgadas.

☐ 37 pies
☐ 36 pies y 2 pulgadas
☐ 12 yardas y 3 pulgadas
☐ 12 pies y 3 pulgadas

Nombre _____

Resuélvelo y coméntalo

Una receta rinde 16 tazas de sopa. ¿Cuántos cuartos de galón rinde la receta? Recuerda que hay 2 tazas en una pinta y 2 pintas en un cuarto. **¡Resuelve este problema de la manera que prefieras!**

_____ tazas = 1 cuarto

16 tazas _____ cuartos

Puedo...
convertir unidades usuales de capacidad.

También puedo razonar sobre las matemáticas.

Puedes razonar para convertir de una unidad a otra.

¡Vuelve atrás! ¿La cantidad de tazas es mayor o menor que la cantidad de cuartos? ¿Por qué crees que es así?

Pregunta esencial

¿Cómo se pueden convertir las unidades usuales de capacidad?

A

Sue quiere preparar refresco. Necesita $3\frac{3}{4}$ tazas de jugo de naranja y 5 pintas de limonada. ¿Cuántas onzas líquidas de jugo de naranja y cuántos cuartos de limonada necesita?

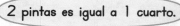

1 galón (gal.) = 4 cuartos (ctos.)
1 cuarto = 2 pintas (pt)
1 pinta = 2 tazas (t)
1 taza = 8 onzas líquidas (oz líq.)

Puedes multiplicar o dividir para convertir de una unidad de capacidad a otra.

| 1 taza | 1 pinta | 1 cuarto |

B

Para convertir de una unidad a otra más pequeña, **multiplica**.

$3\frac{3}{4}$ t = ☐ oz líq.

$3\frac{3}{4}$ t

| 8 oz líq. | 8 oz líq. | 8 oz líq. | 6 oz líq. |

$3\frac{3}{4} \times 8 = (3 \times 8) + \left(\frac{3}{4} \times 8\right)$

$= 24 + 6 = 30$

Por tanto, $3\frac{3}{4}$ tazas = 30 onzas líquidas.

C

Para convertir de una unidad a otra más grande, **divide**.

5 pt = ☐ ctos

2 pintas es igual a 1 cuarto.

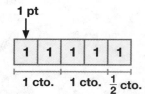

1 pt

| 1 | 1 | 1 | 1 | 1 |

1 cto.   1 cto. $\frac{1}{2}$ cto.

Halla $5 \div 2$.

$5 \div 2 = \frac{5}{2} = 2\frac{1}{2}$

Por tanto, 5 pintas = $2\frac{1}{2}$ cuartos.

¡Convénceme! **Generalizar** Cuando conviertes de pintas a cuartos, ¿por qué divides?

Nombre _____

☆Práctica guiada

¿Lo entiendes?

1. ¿Por qué convertirías 4 galones y 5 cuartos a 5 galones y 1 cuarto?

2. ¿Por qué $\frac{1}{8}$ de taza es igual a 1 onza líquida?

¿Cómo hacerlo?

Para **3** a **8**, convierte las unidades de capacidad.

3. 32 t = _____ gal.

4. $\frac{1}{2}$ ctos. = _____ gal.

5. 48 ctos. = _____ pt

6. $6\frac{1}{8}$ ctos. = _____ t

7. 3 ctos. 1 pt = _____ pt

8. 9 pt = _____ ctos y _____ pt o _____ ctos.

> Es posible que debas hacer más de una conversión.

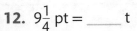

☆Práctica independiente

Para **9** a **20**, convierte las unidades de capacidad.

9. 10 pt = _____ ctos.

10. 48 oz líq. = _____ t

11. $\frac{1}{2}$ t = _____ pt

12. $9\frac{1}{4}$ pt = _____ t

13. 36 pt = _____ ctos.

14. 30 ctos. = _____ gal. y _____ ctos.

15. 1 ctos. = _____ gal.

16. 5 gal. = _____ t

17. 1 gal. 1 t = _____ oz líq.

18. 7 t = _____ oz líq.

19. 72 pt = _____ gal.

20. $\frac{1}{3}$ pt = _____ t

21. Completa la tabla para mostrar medidas equivalentes.

Galones	Cuartos	Pintas	Tazas	Onzas líquidas
1		8		
2				256

Resolución de problemas

Para **22** a **24**, usa la pecera.

22. La pecera de la clase contiene 2 galones de agua. ¿Cuántas tazas son? ¿Cuántas onzas líquidas son?

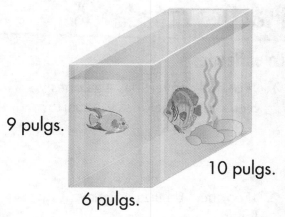

9 pulgs.

10 pulgs.

6 pulgs.

23. Susan descubre que se evaporaron 2 pintas y 1 taza de agua de la pecera de la clase. ¿Cuántas pintas de agua quedan en la pecera?

24. Si todas las dimensiones de la pecera se duplicaran, ¿cuál sería el volumen de la nueva pecera?

25. Carrie tiene 3 galones de pintura. Bryan tiene 10 cuartos de pintura. ¿Cuántas pintas de pintura más que Bryan tiene Carrie?

26. Razonar Lorelei llenó su jarra de 5 galones con agua. ¿Cuántas veces puede llenar su cantimplora de 2 cuartos con el agua de la jarra? Explícalo.

27. Razonamiento de orden superior Una receta lleva 3 cucharadas de jugo de piña. Una lata de jugo de piña trae 12 onzas líquidas. ¿Cuántas cucharaditas de jugo trae la lata?

DATOS

1 cucharada (cda.) = 3 cucharaditas (cdtas.)

1 onza líquida (oz líq.) = 2 cucharadas (cdas.)

✓ Práctica para la evaluación

28. Escoge todas las medidas que sean mayores que 4 tazas.

- ☐ 30 onzas líquidas
- ☐ 2 pintas
- ☐ 3 pintas
- ☐ 1 cuarto
- ☐ 1 galón

29. Escoge todos los enunciados que sean verdaderos.

- ☐ 15 pt < 2 gal.
- ☐ 1 gal. < 5 ctos.
- ☐ 12 oz líq. > 2 t
- ☐ 2 ctos. y 1 taza > 10 tazas
- ☐ 20 pintas = 10 cuartos

Nombre _____

Resuélvelo y coméntalo

María adoptó 4 perros. Entre todos, comen $1\frac{3}{4}$ libras de alimento por día. Una libra es igual a 16 onzas. ¿Cuántas onzas de alimento comerán los perros en 5 días? **Resuelve este problema de la manera que prefieras.**

Puedo...
convertir unidades usuales de peso.

También puedo generalizar a partir de ejemplos.

Representar con modelos matemáticos. Puedes usar dibujos o ecuaciones para resolver el problema. *¡Muestra tu trabajo!*

¡Vuelve atrás! ¿Qué unidad de peso es mayor: una onza o una libra? ¿Cómo puedes usar esta relación para hallar la cantidad de onzas que hay en 5 libras?

Pregunta esencial

¿Cómo se pueden convertir las unidades usuales de peso?

A

Un elefante africano adulto pesa aproximadamente 5 toneladas. Un elefante africano bebé pesa aproximadamente 250 libras. ¿Cuántas libras pesa el elefante adulto? ¿Cómo puedes convertir 250 libras a toneladas?

1 tonelada (T) = 2,000 libras (lb)
1 libra (lb) = 16 onzas (oz)

Para convertir de una unidad de peso a otra, puedes usar la multiplicación o la división.

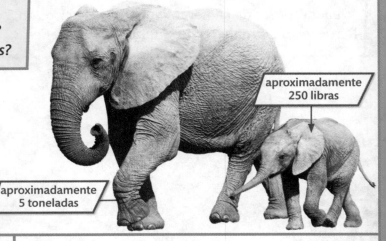

aproximadamente 250 libras

aproximadamente 5 toneladas

B

Para convertir de una unidad a otra más pequeña, multiplica.

$5\ T = \boxed{}\ lb$

1 tonelada es igual a 2,000 libras.

5 T

2,000 lb	2,000 lb	2,000 lb	2,000 lb	2,000 lb

Halla $5 \times 2,000$.

$5 \times 2,000 = 10,000$

Por tanto, 5 toneladas = 10,000 libras.

C

Para convertir de una unidad a otra más grande, divide.

$250\ lb = \boxed{}\ T$

2,000 libras es igual a 1 tonelada.

? T → | 250 lb |

1 T → | 2,000 lb |

Halla $\frac{250}{2,000}$.

$\frac{250 \div 250}{2,000 \div 250} = \frac{1}{8}$

Por tanto, 250 libras = $\frac{1}{8}$ de tonelada.

¡Convénceme! **Generalizar** Cuando conviertes 16 libras a onzas, ¿multiplicas o divides? Explícalo.

Nombre _____

☆ Práctica guiada

¿Lo entiendes?

1. Para medir el peso de un huevo, ¿qué unidad es mejor usar: toneladas, libras u onzas? Explícalo.

2. ¿Qué tipos de herramientas usan las personas para medir el peso? Explica tu respuesta.

¿Cómo hacerlo?

> Para **3** a **6**, convierte las unidades de peso.

3. 2,000 lb = _____ T   **4.** 48 oz = _____ lb

5. 6,500 lb = _____ T   **6.** $\frac{1}{2}$ lb = _____ oz

> Para **7** y **8**, compara. Escribe >, < o = en cada ◯.

7. 2 T ◯ 45,000 lb   **8.** 4 lb ◯ 64 oz

☆ Práctica independiente ☆

> Para **9** a **14**, convierte las unidades de peso.

¿Tu respuesta será mayor o menor que la cantidad con la que empezaste?

9. 240 oz = _____ lb

10. $7\frac{1}{10}$ T = _____ lb

11. 8 lb = _____ oz

12. 4 oz = _____ lb

13. 250 lb = _____ T

14. 1 T = _____ oz

> Para **15** a **17**, compara. Escribe >, < o = en cada ◯.

15. 5,000 lb ◯ 3 T   **16.** 24 lb ◯ 124 oz   **17.** 64,000 oz ◯ 2 T

> Para **18** y **19**, completa las tablas para mostrar medidas equivalentes.

18.

libras	$\frac{1}{2}$		5
onzas		32	

19.

toneladas	$\frac{1}{2}$	2	
libras			12,000

Resolución de problemas

20. Hacerlo con precisión El perímetro del siguiente jardín rectangular es 160 pies. ¿Cuál es el área del jardín?

50 pies

21. enVision® STEM Los seres humanos que exploraron el espacio han dejado bolsas de basura, tornillos, guantes y partes de satélites. Actualmente hay aproximadamente 4,000,000 de libras de basura en órbita alrededor de la Tierra. Julia dice que esta cantidad expresada en palabras es cuatro mil millones. ¿Estás de acuerdo? Explica tu razonamiento.

Para **22** a **25**, usa la tabla.

22. ¿Cuál sería la unidad más apropiada para medir el peso total de 4 caballos?

23. ¿Aproximadamente cuánto pesan 4 caballos? Escribe el peso de dos maneras.

24. ¿Cuántas onzas más que el simio pesa la oveja?

25. Razonamiento de orden superior ¿Cuál es la diferencia de peso entre el caballo y el peso del delfín y el simio juntos? Escribe tu respuesta en toneladas.

Peso de animales

Peso (en libras): 1600, 1400, 1200, 1000, 800, 600, 400, 200, 0

Animal: Simio, Oveja, Delfín, Caballo

✅ Práctica para la evaluación

26. Parte A

La langosta más pesada del mundo pesó 44 libras y 6 onzas. Escribe el peso de la langosta en onzas en el espacio siguiente.

44 lb y 6 oz = _____ onzas

Parte B

Describe los pasos que seguiste para hallar la respuesta.

Nombre _____

Resuélvelo **y coméntalo** Mide la longitud de tu libro en centímetros. Luego, mídela en milímetros. ¿Qué observas acerca de las dos medidas?

1 cm = _____ mm

longitud del libro: _____ cm

longitud del libro: _____ mm

Puedo...
convertir unidades métricas de longitud.

También puedo buscar patrones para resolver problemas.

¡Puedes seleccionar unidades y herramientas apropiadas para medir la longitud de los objetos!

¡Vuelve atrás! **Usar la estructura** ¿Cuántos metros de longitud mide tu libro de texto? ¿Cómo lo sabes?

Pregunta esencial ¿Cómo se pueden convertir las unidades métricas de longitud?

A

Las unidades métricas de longitud que se usan con más frecuencia son el kilómetro (km), el metro (m), el centímetro (cm) y el milímetro (mm).

$1 km = 10^3 m = 1,000 m$
$1 m = 10^2 cm = 100 cm$
$1 m = 10^3 mm = 1,000 mm$
$1 cm = 10 mm$

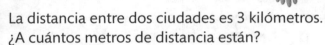

DATOS						
1 kilómetro $10^3 m$	1 hectómetro $10^2 m$	1 decámetro 10 m	1 metro 1 m	1 decímetro 0.1 m	1 centímetro 0.01 m	1 milímetro 0.001 m

Cada unidad métrica es 10 veces el tamaño de la siguiente unidad más pequeña.

B La distancia entre dos ciudades es 3 kilómetros. ¿A cuántos metros de distancia están?

$3 km = \boxed{} m$

Para convertir de una unidad a otra más pequeña, multiplica.

Halla 3×10^3.
$3 km = 3,000 m$

Un kilómetro es igual a 1,000 metros.

Por tanto, las ciudades están a 3,000 metros de distancia.

C La distancia entre una cocina y la sala de estar es 1,200 centímetros. ¿A cuántos metros de distancia están?

$1,200 cm = \boxed{} m$

Para convertir de una unidad a otra más grande, divide.

Halla $1,200 \div 10^2$.
$1,200 cm = 12 m$

Por tanto, la cocina y la sala de estar están a 12 metros de distancia.

¡Convénceme! **Evaluar el razonamiento** Elena dice que 25 cm es igual a 250 mm. ¿Estás de acuerdo? ¿Por qué?

Nombre _____

Práctica guiada

¿Lo entiendes?

1. Para hallar la cantidad de metros que hay en seis kilómetros, ¿por qué multiplicas 6×10^3?

2. Convierte 12.5 centímetros a milímetros. Explícalo.

¿Cómo hacerlo?

Para **3** a **6**, convierte las unidades de longitud.

3. 10^3 cm = _____ m

4. 58 m = _____ mm

5. 1,000 mm = _____ cm

6. 3 km = _____ m

Para **7** y **8**, compara las longitudes. Escribe >, < o = en cada ◯

7. 9,000 m ◯ 20 km

8. 400 cm ◯ 4m

☆ Práctica independiente ☆

Para **9** a **14**, convierte las unidades de longitud.

9. 7.5 cm = _____ mm

10. 6 m = _____ cm

11. 0.8 km = _____ cm

12. 17,000 m = _____ km

13. 48,000 mm = _____ m

14. 4 km = _____ m

Para **15** a **20**, compara las longitudes. Escribe >, < o = en cada ◯.

15. 25,365 cm ◯ 30 m

16. 3.6 km ◯ 3,600 m

17. 1,200 mm ◯ 12 m

18. 52,800 cm ◯ 1 km

19. 7,500,000 m ◯ 750 km

20. 800 m ◯ 799,999 mm

Para **21** y **22**, completa las tablas.

21.

km	1		0.1
m		500	

22.

m			5	0.5
cm		5,000		

Resolución de problemas

23. Sentido numérico Sea x = la longitud de un objeto en metros y y = la longitud del mismo objeto en milímetros. ¿Qué número es más pequeño: x o y?

24. Razonamiento de orden superior ¿Cuántos milímetros son iguales a un kilómetro? Muestra tu trabajo.

25. Razonar ¿Qué fracción es mayor $\frac{7}{8}$ o $\frac{9}{12}$? Explica cómo lo sabes.

26. Hace una semana, Trudy compró el lápiz que se muestra. Ahora, el lápiz mide 12.7 centímetros.

¿Cuántos centímetros del lápiz usó?

¿Cómo comparas fracciones?

18 cm de longitud

27. enVision® STEM El monte Santa Helena, ubicado en Washington, hizo erupción el 18 de mayo de 1980. Antes de la erupción, el volcán medía 2.95 kilómetros de altura. Después de la erupción, el volcán pasó a medir 2.55 kilómetros de altura. Usa el diagrama de barras para hallar la diferencia en la altura del monte Santa Helena antes y después de la erupción. Convierte la diferencia a metros.

2.95 km	
2.55 km	?

Práctica para la evaluación

28. Eileen planta en su patio un árbol que mide 2 metros de altura. ¿Cuál de las siguientes opciones es equivalente a 2 metros?

Ⓐ 200 mm

Ⓑ 20 cm

Ⓒ 200 km

Ⓓ 2,000 mm

29. ¿Cuál de estas oraciones numéricas **NO** es verdadera?

Ⓐ 600 cm = 6 m

Ⓑ 1 m < 9,000 mm

Ⓒ 900 mm = 9 cm

Ⓓ 10 km > 5,000 m

Nombre _____

Resuélvelo y coméntalo

Una jarra contiene 4 litros de agua. ¿Cuántos mililitros contiene la jarra? *Resuelve este problema de la manera que prefieras.*

Puedes convertir unidades métricas de capacidad usando la multiplicación o la división. ¡Muestra tu trabajo!

Puedo...
convertir unidades métricas de capacidad.

También puedo razonar sobre las matemáticas.

1 litro = _____ mililitros

4 litros = _____ mililitros

¡Vuelve atrás! **Buscar relaciones** Juanita comparte una botella de un litro de agua con 3 amigas. ¿Cuánta agua recibe cada una? Da tu respuesta en litros y en mililitros.

Pregunta esencial ¿Cómo se pueden convertir las unidades métricas de capacidad?

A

Las unidades de capacidad que se usan con más frecuencia en el sistema métrico son el litro (L) y el mililitro (mL).

¿Puedes hallar un litro o un mililitro en el mundo real?

1 litro es igual a 1,000 mililitros

B Susan tiene 1.875 litros de agua. ¿Cuántos mililitros son?

$$1.875 \text{ L} = \boxed{} \text{ mL}$$

Para convertir de una unidad a otra más pequeña, multiplica.

Halla 1.875×10^3.
$1.875 \times 10^3 = 1,875$
$1.875 \text{ L} = 1,875 \text{ mL}$

Por tanto, Susan tiene 1,875 mililitros de agua.

C Jorge tiene 3,500 mililitros de agua. ¿Cuántos litros son?

$$3,500 \text{ mL} = \boxed{} \text{ L}$$

Para convertir de una unidad a otra más grande, divide.

Halla $3,500 \div 10^3$.
$3,500 \div 10^3 = 3.5$
$3,500 \text{ mL} = 3.5 \text{ L}$

Por tanto, Jorge tiene 3.5 litros de agua.

¡Convénceme! **Razonar** Ordena las siguientes medidas de mayor a menor. Explica cómo lo decidiste.

2,300 L   500 mL   3,000 mL   2 L   22 L

Nombre _____

☆ Práctica guiada

¿Lo entiendes?

1. Explica cómo puedes convertir mililitros a litros.

2. ¿Qué tipos de herramientas escogerías para medir la capacidad? Da un ejemplo y explica cómo se podría usar esa herramienta.

¿Cómo hacerlo?

Para **3** a **8**, convierte las unidades de capacidad.

3. 2.75 L = _____ mL

4. 3,000 mL = _____ L

5. 5 L = _____ mL

6. 250 mL = _____ L

7. 0.027 L = _____ mL

8. 400 mL = _____ L

☆ Práctica independiente

Para **9** a **20**, convierte las unidades de capacidad.

9. 5,000 mL = _____ L

10. 45,000 mL = _____ L

11. 4.27 L = _____ mL

12. 13 L = _____ mL

13. 3,700 mL = _____ L

14. 0.35 L = _____ mL

15. 2,640 mL = _____ L

16. 314 mL = _____ L

17. 0.06 L = _____ mL

18. 2,109 mL = _____ L

19. 85 mL = _____ L

20. 9.05 L = _____ mL

Para **21** y **22**, completa las tablas para mostrar medidas equivalentes.

21.

litros	0.1	1	10
mililitros			

22.

mililitros	500	5,000	50,000
litros			

Resolución de problemas

23. Razonar El famoso refresco de Carla lleva 3 litros de jugo de mango. El único jugo de mango que consigue se vende en envases de 500 mililitros. ¿Cuántos envases de jugo de mango tiene que comprar Carla?

24. Carla prepara 6 litros de refresco. Vierte el refresco en botellas de 800 mL. ¿Cuántas botellas puede llenar?

25. Bobby llenó el termo con agua para la práctica de fútbol. Si cada jugador recibe 250 mililitros de agua, ¿para cuántos jugadores hay agua en el termo?

Capacidad: 5 L

26. Razonamiento de orden superior
Un centímetro cúbico contiene 1 mililitro de agua. ¿Cuántos mililitros cabrán en la siguiente pecera? ¿Cuántos litros cabrán?

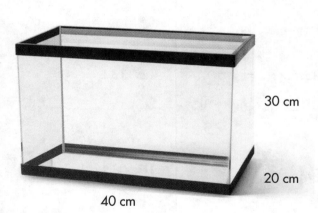

30 cm

20 cm

40 cm

27. Terry compra jugo. Necesita 3 litros. Medio litro de jugo cuesta $2.39. Un recipiente de 250 mililitros de jugo cuesta $1.69. ¿Qué debe comprar Terry para tener 3 litros al menor precio? Explícalo.

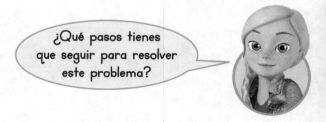

¿Qué pasos tienes que seguir para resolver este problema?

Práctica para la evaluación

28. Una fuente para aves tiene 4 litros de agua. ¿Cuántos mililitros de agua tiene?

- Ⓐ 400 mL
- Ⓑ 800 mL
- Ⓒ 4,000 mL
- Ⓓ 8,000 mL

29. Debes llenar una botella de 2 litros con el líquido de algunos recipientes de 80 mililitros. ¿Cuántos recipientes se necesitan para llenar la botella de 2 litros?

- Ⓐ 400
- Ⓑ 250
- Ⓒ 40
- Ⓓ 25

Nombre _____

Resuélvelo y coméntalo

En la clase de química, Olga midió 10 gramos de una sustancia. ¿Cuántos miligramos son? *Resuelve este problema de la manera que prefieras.*

Puedo...
convertir unidades métricas de masa.

También puedo buscar patrones para resolver problemas.

Busca relaciones. Puedes usar patrones que te ayuden a encontrar una relación entre las unidades.

¡Vuelve atrás! ¿Cuántos kilogramos midió Olga? Escribe una ecuación para representar tu trabajo.

Pregunta esencial ¿Cómo se pueden convertir las unidades métricas de masa?

A

Las tres unidades métricas de masa que se usan con más frecuencia son el miligramo (mg), el gramo (g) y el kilogramo (kg).

Convertir unidades métricas de masa es como convertir otras unidades métricas.

$$10^3 \text{ mg} = 1 \text{ g}$$
$$10^3 \text{ g} = 1 \text{ kg}$$

aproximadamente 5 g

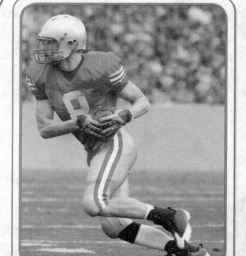
aproximadamente 100 kg

B Un silbato tiene una masa de aproximadamente 5 gramos. ¿Cuántos miligramos son?

Para convertir de una unidad a otra más pequeña, multiplica.

Halla 5×10^3.
$5 \times 10^3 = 5 \times 1{,}000 = 5{,}000$
Por tanto, 5 g = 5,000 mg.

Por tanto, un silbato tiene una masa de aproximadamente 5,000 miligramos.

C ¿Cuántos kilogramos pesa el silbato?

Para convertir de una unidad a otra más grande, divide.

Halla $5 \div 10^3$.
$5 \div 10^3 = 5 \div 1{,}000 = 0.005$
Por tanto, 5 g = 0.005 kg.

Por tanto, un silbato tiene una masa de aproximadamente 0.005 kilogramos.

¡Convénceme! **Usar la estructura** En la foto anterior, ¿cuál es la masa en gramos y en miligramos del jugador de fútbol americano? ¿Cómo lo sabes?

✫ Práctica guiada

¿Lo entiendes?

1. **A-Z Vocabulario** ¿Cómo te ayuda la relación entre metros y milímetros a comprender la relación entre gramos y miligramos?

2. ¿Qué opción tiene más masa: 1 kilogramo o 137,000 miligramos? Explica cómo hiciste la comparación.

¿Cómo hacerlo?

Para **3** y **4**, convierte las unidades de masa.

3. 9.25 g = _____ mg

4. 190 g = _____ kg

Para **5** y **6**, compara. Escribe >, < o = en cada ◯.

5. 7,000 mg ◯ 7,000 g

6. 10^2 kg ◯ 10^4 g

✫ Práctica independiente

Para **7** a **12**, convierte las unidades de masa.

7. 17,000 g =

_____ kg

8. 18 kg =

_____ g

9. 4,200 mg =

_____ g

10. 0.276 g =

_____ mg

11. 4.08 kg =

_____ g

12. 43 mg =

_____ g

Para **13** a **18**, compara. Escribe >, < o = en cada ◯.

13. 2,000 g ◯ 3 kg

14. 4 kg ◯ 4,000 g

15. 10^4 mg ◯ 13 g

16. 7 kg ◯ 7,000 g

17. 9,000 g ◯ 8 kg

18. 8,000 g ◯ 5 kg

Para **19** y **20**, completa las tablas.

19.

gramos		10	
miligramos	1,000		100,000

20.

gramos	500		50,000
kilogramos		5	

Resolución de problemas

21. Entender y perseverar Sheryl tiene una receta de pasta con verduras. La receta lleva 130 gramos de verduras y el doble de pasta que verduras. ¿Cuál es la masa total de la receta en gramos?

22. Terri comienza un experimento de ciencias en el laboratorio. Según las instrucciones, necesita 227 miligramos de potasio. Calcula la diferencia entre esa cantidad y 1 gramo.

23. Sentido numérico Una de las piedras de granizo más pesadas del mundo pesó 2.2 libras. ¿Qué unidad es más apropiada para expresar su masa: 1 kilogramo o 1 gramo?

24. Razonamiento de orden superior Un cocinero tiene 6 cebollas con una masa total de 900 gramos y 8 manzanas con una masa total de 1 kilogramo. Todas las cebollas tienen el mismo tamaño y todas las manzanas tienen el mismo tamaño. ¿Cuál de las masas es mayor: la de una cebolla o la de una manzana? Explícalo.

Para **25** y **26**, usa la información dada y la ilustración.

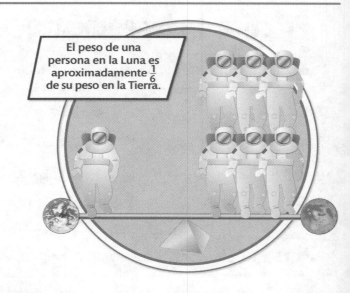

El peso de una persona en la Luna es aproximadamente $\frac{1}{6}$ de su peso en la Tierra.

enVision® STEM Si un hombre pesa 198 libras en la Tierra, su masa en la Tierra es 90 kilogramos.

25. ¿Cuál es el peso de este hombre en la Luna?

26. ¿Cuál es su masa en gramos?

✅ Práctica para la evaluación

27. Escribe las siguientes masas de menor a mayor en los espacios en blanco.
500 g   50 kg   5,000 mg

_____ < _____ < _____

28. ¿Qué operación debes usar para convertir de gramos a miligramos?

(A) Suma

(B) Resta

(C) Multiplicación

(D) División

Nombre _____

Resuélvelo y coméntalo

Emily jugó sóftbol todo el fin de semana. Se pregunta la diferencia de tiempo entre el partido más corto y el partido más largo. ¿La puedes ayudar?

Partido	Duración del partido
Partido 1	78 minutos
Partido 2	1 hora y 10 minutos
Partido 3	1 hora y 8 minutos
Partido 4	85 minutos
Partido 5	1.5 horas

Puedo...
resolver problemas que implican conversiones entre segundos y minutos y entre minutos y horas.

También puedo entender bien los problemas.

60 minutos = 1 hora

Selecciona una unidad de tiempo común que te ayude a comparar la duración de los partidos.

¡Vuelve atrás! **Entender y perseverar** Mateo vio un partido de béisbol profesional que duró $2\frac{1}{2}$ horas. ¿Cuántos minutos más que el tercer partido de Emily duró el partido profesional?

Aprendizaje visual   A-Z Glosario

 Pregunta esencial **¿Cómo se resuelven los problemas que involucran diferentes unidades de tiempo?**

A

La familia de Kendall va en carro al cine a ver una película que dura 2 horas. Kendall ve el siguiente cartel en el estacionamiento más cercano al cine. ¿Crees que deberían aparcar allí?

> Puedes convertir uno de estos tiempos para comparar unidades de tiempo semejantes.

Estacionamiento 90 minutos

1 hora = 60 minutos
1 minuto = 60 segundos

B **Una manera:**

Convierte 2 horas a minutos. Luego, compara.

Para convertir de una unidad a otra más pequeña, multiplica.

> Recuerda que 1 hora es igual a 60 minutos.

2 × 60 minutos = 120 minutos

120 minutos > 90 minutos; por tanto, la familia de Kendall no debería aparcar en ese estacionamiento.

C **Otra manera:**

Convierte 90 minutos a horas. Luego, compara.

Para convertir de una unidad a otra más grande, divide.

$90 \div 60 = \frac{90}{60} = 1\frac{1}{2}$ horas

$1\frac{1}{2}$ horas < 2 horas; por tanto, la familia de Kendall no debería aparcar en ese estacionamiento.

¡Convénceme! **Entender y perseverar** Explica cómo convertir 4 horas y 15 minutos a minutos.

Otro ejemplo

Hay más de una manera de mostrar las unidades de tiempo convertidas.
Halla los números que faltan.

Recuerda que 1 minuto es igual a 60 segundos.

210 segundos = _____ minutos y
_____ segundos

Divide. Escribe el cociente con un residuo.

$210 \div 60 = 3 \text{ R } 30$

Por tanto, 210 segundos = 3 minutos y
30 segundos

210 segundos = _____ minutos

Divide. Escribe el cociente como
un número mixto.

$\frac{210}{60} = 3\frac{30}{60} = 3\frac{1}{2}$

Por tanto,
210 segundos = $3\frac{1}{2}$ minutos.

Práctica guiada

¿Lo entiendes?

1. ¿Cuál es mayor: 5 minutos y 25 segundos o 315 segundos? Explícalo.

2. ¿Cuántos minutos hay en un cuarto de hora? ¿Cómo lo sabes?

¿Cómo hacerlo?

Para **3** a **6**, convierte cada tiempo.

3. 240 segundos = _____ minutos

4. 2 horas y 18 minutos = _____ minutos

5. $4\frac{1}{2}$ minutos = _____ segundos

6. 80 minutos = _____ hora y
_____ minutos

Práctica independiente

Para **7** a **10**, convierte cada tiempo.

7. 6 horas = _____ minutos

8. 390 segundos = _____ minutos

9. 208 minutos = _____ horas y _____ minutos

10. 7 minutos y 12 segundos = _____ segundos

Para **11** y **12**, compara. Escribe >, < o = en cada ◯.

11. 330 minutos ◯ 7.5 horas

12. 45 minutos ◯ $\frac{3}{4}$ de hora

Resolución de problemas

13. Brock camina cada día 15 minutos hasta la escuela y 15 minutos hasta su casa. ¿Cuántas horas habrá caminado Brock entre su casa y la escuela al finalizar la semana escolar (5 días)?

14. Un canal de televisión pasa anuncios publicitarios durante $7\frac{1}{2}$ minutos cada hora. ¿Cuántos anuncios publicitarios de 45 segundos puede pasar por hora?

15. Leslie prepara estas dos recetas. ¿Cuál le lleva más tiempo preparar: el budín de frutilla o la salsa para espagueti? ¿Cuántos minutos más?

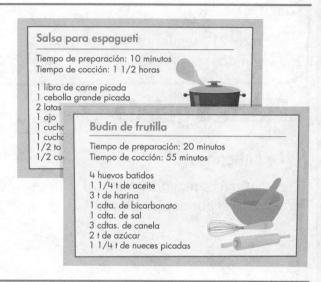

Salsa para espagueti

Tiempo de preparación: 10 minutos
Tiempo de cocción: 1 1/2 horas

1 libra de carne picada
1 cebolla grande picada
2 latas
1 ajo
1 cucho
1 cucho
1/2 to
1/2 cu

Budín de frutilla

Tiempo de preparación: 20 minutos
Tiempo de cocción: 55 minutos

4 huevos batidos
1 1/4 t de aceite
3 t de harina
1 cdta. de bicarbonato
1 cdta. de sal
3 cdtas. de canela
2 t de azúcar
1 1/4 t de nueces picadas

16. Evaluar el razonamiento Un día de escuela dura 6 horas y 15 minutos. Jenna dice que dura $6\frac{1}{4}$ horas. Henry dice que dura 6.25 horas. ¿Pueden tener razón los dos? Explícalo.

17. Pensamiento de orden superior ¿Cuántos segundos hay en una hora? ¿Y en 10 horas? Explícalo.

☑ **Práctica para la evaluación**

18. Tres excursionistas anotaron cuánto tiempo les llevó recorrer un sendero. Escribe los nombres de los excursionistas del más rápido al más lento.

Tiempos de excursión en el sendero Cascadas Azules	
Sanjay	$1\frac{1}{2}$ horas
Anita	70 minutos
Brad	1 hora y 15 minutos

Nombre _____

Resuélvelo y coméntalo

Amy quiere enmarcar un cartel que tiene 8 pulgadas de ancho y 1 pie de longitud. ¿Cuál es el perímetro del cartel? *Resuelve este problema de la manera que prefieras.*

Entiende y persevera.
Puedes usar conversiones de medidas en situaciones de la vida diaria.
¡Muestra tu trabajo!

1 pie = _____ pulgadas

Puedo...
resolver problemas de la vida diaria con conversiones de medidas.

También puedo entender bien los problemas.

¡Vuelve atrás! ¿Qué medida convertiste? ¿Puedes hallar el perímetro si conviertes a la otra unidad de medida?

Pregunta esencial

¿Cómo se pueden convertir unidades de medida para resolver un problema?

A

Una piscina local tiene forma rectangular con las dimensiones que se muestran. ¿Cuál es el perímetro de la piscina?

Puedes convertir una de las medidas para sumar unidades semejantes.

60 pies

25 yardas

B ¿Qué sabes?

Las dimensiones de la piscina:
$\ell = 25$ yardas
$a = 60$ pies

¿Qué se te pide que halles?

El perímetro de la piscina

 Puedes usar pies para hallar el perímetro.

C Convierte 25 yardas a pies para poder sumar unidades semejantes.

1 yarda = 3 pies

Para convertir de una unidad a otra más pequeña, multiplica.

25 × 3 pies = 75 pies

Por tanto, 25 yardas = 75 pies.

D Sustituye por las medidas semejantes en la fórmula del perímetro.

Perímetro = (2 × longitud) + (2 × ancho)

$P = (2 \times \ell) + (2 \times a)$

$P = (2 \times 75) + (2 \times 60)$

$P = 150 + 120$

$P = 270$ pies

El perímetro de la piscina es 270 pies.

¡Convénceme! **Hacerlo con precisión** Si se aumenta en 3 pies el ancho de la piscina, ¿cuál sería el nuevo perímetro de la piscina? Explícalo.

Práctica guiada

¿Lo entiendes?

1. En el ejemplo de la página anterior, ¿cómo podrías hallar el perímetro si conviertes todas las medidas a yardas?

2. Escribe un problema de la vida diaria de varios pasos que incluya mediciones.

¿Cómo hacerlo?

3. Stacia necesita suficiente cinta para colocar alrededor de la longitud (ℓ) y la altura (h) de una caja. Si la longitud es 2 pies y la altura es 4 pulgadas, ¿cuánta cinta necesita?

4. Si la cinta se vende en yardas enteras y cuesta $1.50 la yarda, ¿cuánto le costará la cinta a Stacia?

Práctica independiente

Para **5** a **7**, haz conversiones para resolver los problemas.

5. Becca quiere delimitar su jardín hexagonal con ladrillos. Todos los lados son iguales. Los ladrillos cuestan $6 la yarda. ¿Cuál es el perímetro del jardín? ¿Cuánto le costarán los ladrillos que necesita para delimitarlo?

> Delimitar significa que Becca pondrá ladrillos alrededor del perímetro del hexágono.

Jardín de Becca

12 pies

6. Isaac compró leche para preparar licuados para sus amigos. Compró 1 cuarto de leche y $\frac{1}{2}$ galón de leche. ¿Cuántas tazas de leche compró?

7. Maggie compra $1\frac{1}{2}$ libras de nueces, 8 onzas de pacanas y $\frac{3}{4}$ de libra de almendras. ¿Cuánto pesan las frutas secas en total?

Resolución de problemas

8. Razonar La familia de Matt piensa en comprar un pase familiar para la piscina local. El pase cuesta $80 para un grupo familiar de 4 personas. Los pases individuales cuestan $25 cada uno. ¿Cuánto dinero puede ahorrar la familia de Matt si compra un pase familiar en lugar de 4 pases individuales?

9. Marcia caminó 900 metros el viernes. El sábado caminó 4 kilómetros. El domingo caminó 3 kilómetros y 600 metros. ¿Cuántos kilómetros caminó Marcia durante los tres días?

10. Razonamiento de orden superior
Raúl quiere poner viruta de madera en la jaula de su conejo. El piso de la jaula mide 1 yarda de ancho por 5 pies de longitud. Una bolsa de viruta cubre 10 pies cuadrados.

¿Cuántas bolsas tendrá que comprar Raúl para cubrir el piso de la jaula? Explícalo.

11. La pecera de Cheryl mide 2 yardas de longitud por 24 pulgadas de ancho por 3 pies de altura. ¿Cuál es el volumen de la pecera de Cheryl en pulgadas cúbicas?

Recuerda que Volumen = ℓ × a × h.

12. La tabla de datos muestra algunas estadísticas sobre un antílope real adulto típico.

a ¿Cuál es la longitud de la cola en milímetros de un antílope real típico?

b ¿Cuántos centímetros de alto puede saltar un antílope real típico?

c ¿Cuál es la masa en gramos de un antílope real típico?

Antílope real adulto	
Longitud de la cabeza y el cuerpo	43 cm
Longitud de la cola	6 cm
Masa	2.4 kg
Salto vertical	2 m

DATOS

✅ Práctica para la evaluación

13. Joann quiere colocar un borde de papel tapiz alrededor de su cuarto. El borde cuesta $3 el pie. El diagrama muestra el cuarto de Joann. ¿Cuánto dinero costará el borde?

Ⓐ $120

Ⓑ $102

Ⓒ $84

Ⓓ $60

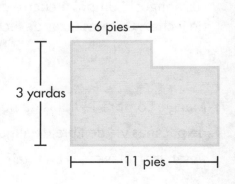

⊢— 6 pies —⊣

3 yardas

⊢——— 11 pies ———⊣

Nombre _____

Resuélvelo y coméntalo

Beth quiere hacer un marco para fotos como el que se muestra. Anotó las dimensiones exteriores como 5 cm por 7 cm. Mide las dimensiones exteriores del marco en milímetros. Compara tus mediciones con las de Beth. ¿Crees que sus mediciones son suficientemente precisas? Explícalo.

Lección 12-9
Precisión

Puedo...
prestar atención a la precisión cuando resuelvo problemas de mediciones.

También puedo convertir unidades de medida.

Hábitos de razonamiento

Pensar en estas preguntas te puede ayudar a prestar atención a la precisión.

- ¿Estoy usando los números, las unidades, los signos y los símbolos correctamente?

- ¿Estoy usando las definiciones correctas?

- ¿Estoy haciendo los cálculos con precisión?

- ¿Es clara mi respuesta?

¡Vuelve atrás! **Hacerlo con precisión** ¿Cuál es la diferencia entre el perímetro basado en las mediciones de Beth y el perímetro basado en tus mediciones? Explica cómo hallaste la respuesta.

Pregunta esencial ¿Cómo se pueden resolver problemas matemáticos con precisión?

A

Chad y Rhoda están colgando un columpio. Chad cortó un trozo de cadena de 6 pies y 2 pulgadas de longitud. Rhoda cortó un trozo de cadena de 72 pulgadas de longitud. Cuando colgaron el columpio, quedó torcido.

Usa lenguaje preciso para explicar por qué.

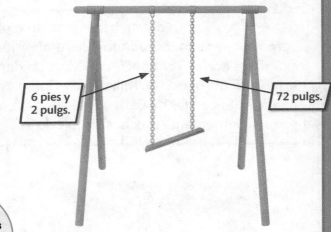

6 pies y 2 pulgs.

72 pulgs.

Hacerlo con precisión significa que usas las palabras, los signos, los símbolos y las unidades de matemáticas apropiados, así como cálculos exactos, cuando resuelves problemas.

B ¿Cómo puedo resolver este problema con precisión?

Puedo

- hacer cálculos exactos.

- dar una respuesta clara.

- usar las unidades correctas.

C

Este es mi razonamiento...

Convierte 6 pies y 2 pulgadas a pulgadas para ver si Chad y Rhoda cortaron la misma longitud de cadena.

6 pies y 2 pulgs. = ☐ pulgs.

$6 \times 12 = 72$; por tanto, 6 pies = 72 pulgs.

6 pies y 2 pulgs. = $72 + 2 = 74$ pulgs.

La cadena de Chad mide 74 pulgadas de longitud, pero la cadena de Rhoda mide solo 72 pulgadas de longitud. Como Chad y Rhoda usaron distintas longitudes de cadena, el columpio quedó torcido.

¡Convénceme! **Hacerlo con precisión** ¿Qué recomendaciones les harías a Chad y a Rhoda para que el columpio cuelgue parejo?

Práctica Herramientas Evaluación

☆ Práctica guiada

Mary necesita una tabla de 4 pies y 8 pulgadas de longitud.
Cortó una tabla de 56 pulgadas de longitud.

> Recuerda que
> para convertir medidas con
> exactitud debes hacerlo
> con precisión.

1. ¿Qué medidas se dan? ¿Se usan las mismas unidades para todas las medidas? Explícalo.

2. Explica cómo puedes convertir una de las medidas para que en las dos se use la misma unidad.

3. ¿La tabla que cortó Mary tiene la longitud correcta? Da una respuesta clara y apropiada.

☆ Práctica independiente

Hacerlo con precisión

Silvio prepara pastel de carne. Usó la cantidad de salsa de tomate que se muestra en la taza de medir.

> **Pastel de carne**
>
> 2 lb de carne molida
>
> 1 huevo
>
> 6 oz líq. de salsa de tomate
>
> $\frac{1}{2}$ t de migas de pan
>
> sal y pimienta a gusto

4. ¿La unidad que usó Silvio para medir la salsa de tomate es la misma que la de la receta? Explícalo.

5. ¿Cómo puedes convertir una de las medidas para que en las dos se use la misma unidad?

6. ¿Usó Silvio la cantidad correcta de salsa de tomate? Da una respuesta clara y apropiada.

Resolución de problemas

✓ Tarea de rendimiento

Enviar un paquete

Un cliente usa un servicio de entrega común para enviar un paquete. La Empresa de Transportes del Norte descubrió que su balanza vieja no es muy precisa: registra 2 onzas de más. Una balanza nueva y precisa muestra que el peso real del paquete del cliente es 2 libras y 11 onzas.

> **Empresa de Transportes del Norte**
> **Entrega común**
> $0.75 la primera onza
> $0.60 cada onza adicional
>
> **Entrega rápida**
> $1.45 la primera onza
> $0.75 cada onza adicional

7. **Entender y perseverar** ¿Qué información necesitas para determinar el costo total del envío según cada balanza?

8. **Hacerlo con precisión** ¿Por qué tienes que convertir medidas para determinar los costos totales de envío?

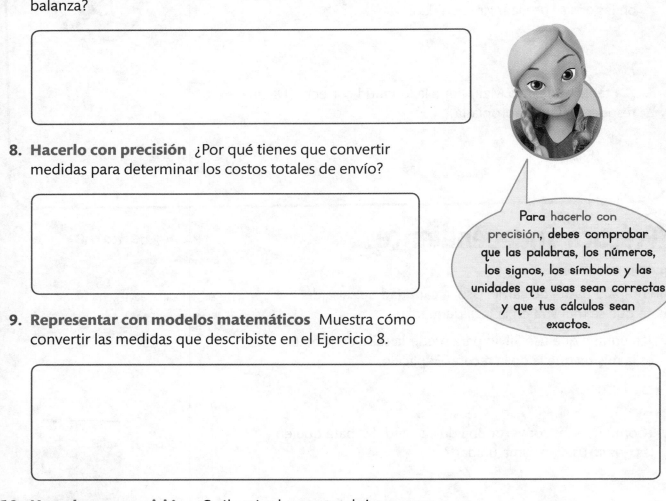

> Para hacerlo con precisión, debes comprobar que las palabras, los números, los signos, los símbolos y las unidades que usas sean correctas y que tus cálculos sean exactos.

9. **Representar con modelos matemáticos** Muestra cómo convertir las medidas que describiste en el Ejercicio 8.

10. **Hacerlo con precisión** ¿Cuál sería el costo total si se pesara el paquete en la balanza nueva? ¿Cuál sería el costo total si se pesara el paquete en la balanza vieja? Muestra tu trabajo.

Trabaja con un compañero. Necesitan papel y lápiz. Cada uno escoge un color diferente: celeste o azul.

El compañero 1 y el compañero 2 apuntan a uno de los números negros al mismo tiempo. Ambos hallan el producto de los dos números.

El compañero que escogió el color donde está ese producto anota una marca de conteo. Sigan la actividad hasta que uno de los dos tenga siete marcas de conteo.

Puedo...
multiplicar números enteros de varios dígitos.

También puedo crear argumentos matemáticos.

Compañero 1					Compañero 2
1,000	14,250	275,937	363,075	4,841,000	**570**
25	67,650	18,750	652,700	121,025	**750**
57	6,527,000	750,000	57,000	22,550	**902**
75	42,750	56,250	163,175	75,000	**4,841**
100	484,100	90,200	372,039	489,525	**6,527**
	32,490	51,414	570,000	902,000	

Marcas de conteo del compañero 1	Marcas de conteo del compañero 2

Repaso del vocabulario

Glosario

Lista de palabras

- capacidad
- centímetro
- cuarto de galón
- galón
- gramo
- kilogramo
- kilómetro
- libra
- litro
- masa
- metro
- miligramo
- mililitro
- milímetro
- milla
- onza
- onza líquida
- peso
- pie
- pinta
- pulgada
- taza
- tonelada
- yarda

Comprender el vocabulario

Escoge el mejor término de la Lista de palabras. Escríbelo en el espacio en blanco.

1. Un/Una _____ es equivalente a doce _____ .

2. La medida de la cantidad de materia que tiene un objeto se conoce como _____ .

3. El volumen de un recipiente medido en unidades líquidas es su

   _____ .

4. Hay 1,000 metros en un/una _____ .

5. Hallar cuán liviano o cuán pesado es un objeto es medir su

   _____ .

6. Hay 2 tazas en un/una _____ .

Para los siguientes objetos, da un ejemplo y un contraejemplo de una unidad de medida que se pueda usar para describirlo.

	Ejemplo	**Contraejemplo**
7. Leche	_____	_____
8. Estatura de una persona	_____	_____
9. Talla de zapatos	_____	_____

Usar el vocabulario al escribir

10. Explica la relación entre las unidades métricas de masa de la Lista de palabras.

Grupo A páginas 489 a 492, 517 a 520 _____

Convierte 3 yardas a pulgadas.

1 pie = 12 pulgadas (pulgs.)
1 yarda (yd) = 3 pies = 36 pulgs.
1 milla (mi) = 1,760 yd = 5,280 pies

1 yarda = 36 pulgadas. Para convertir de
una unidad a otra más pequeña, multiplica:
3 × 36 = 108.

Por tanto, 3 yardas = 108 pulgadas.

Recuerda que debes dividir
cuando conviertes de una
unidad a otra más grande.

Convierte.

1. 7 pies = _____ pulgs.

2. 7,920 pies = _____ mi

3. Max quiere colocar una valla alrededor de
su jardín triangular. ¿Cuántos pies de vallado
necesita Max si cada lado tiene 6 yardas?

Grupo B páginas 493 a 496 _____

Convierte 16 tazas a pintas.

2 tazas = 1 pinta. Para convertir de una unidad
a otra más grande, divide: 16 ÷ 2 = 8.

Por tanto, 16 tazas = 8 pintas.

Recuerda que 1 galón = 4 ctos., 1 cto. = 2 pt,
1 pt = 2 t y 1 taza = 8 oz líq.

Convierte.

1. 36 t = _____ gal   2. 7 pt = _____ ctos.

3. $1\frac{1}{2}$ gal. = _____ oz líq   4. 6 pt = _____ t

Grupo C páginas 497 a 500 _____

Convierte 6 libras a onzas.

1 libra = 16 onzas. Para convertir de una unidad
a otra más pequeña, multiplica: 6 × 16 = 96.

Por tanto, 6 libras = 96 onzas.

Recuerda que 2,000 libras = 1 tonelada.

Convierte.

1. $2\frac{3}{4}$ lb = _____ oz   2. 56 oz = _____ lb

3. 4,000 lb = _____ T   4. $6\frac{1}{2}$ T = _____ lb

Grupo D páginas 501 a 504 _____

Convierte 2 metros a centímetros.

1 km = 1,000 m   1 m = 100 cm
1 m = 1,000 mm   1 cm = 10 mm

1 metro = 100 centímetros. Para convertir de
una unidad a otra más pequeña, multiplica:
2 × 100 = 200.

Por tanto, 2 metros = 200 centímetros.

Recuerda que debes multiplicar o dividir por una
potencia de 10 para convertir medidas métricas.

Convierte.

1. 5.4 m = _____ cm   2. 2.7 km = _____ m

3. 0.02 km = _____ cm 4. 0.025 m = _____ mm

5. 675 mm = _____ m 6. 7,435 cm = _____ m

Grupo E páginas 505 a 508

Convierte 6,000 mililitros a litros.

1,000 mililitro = 1 litro. Para convertir de mililitros a unidades más grandes, divide: 6,000 ÷ 1,000 = 6.

Por tanto, 6,000 mililitros = 6 litros.

Recuerda que las unidades métricas de capacidad más usadas son el litro y el mililitro.

Convierte.

1. 6 L = _____ mL   2. 0.15 L = _____ mL

3. 2,000 mL = ___ L   4. 900 mL = _____ L

Grupo F páginas 509 a 512

Convierte 6 kilogramos (kg) a gramos (g).

1 kilogramo = 1,000 gramos. Para convertir de una unidad a otra más pequeña, multiplica: 6 × 1,000 = 6,000.

Por tanto, 6 kg = 6,000 g.

Recuerda que para convertir unidades métricas, puedes agregar ceros y mover el punto decimal.

Convierte.

1. 30 kg = _____ g   2. 3,000 mg = ___ g

3. 560 g = _____ kg   4. 0.17 g = _____ mg

Grupo G páginas 513 a 516

El concierto del coro durará 90 minutos. El concierto de la banda será de 7:00 a 8:45 *p. m.* ¿Cuál durará más? ¿Por cuántos minutos?

El concierto del coro durará 90 minutos = 1 hora y 30 minutos. El concierto de la banda durará 1 hora y 45 minutos. El concierto de la banda durará 15 minutos más.

Recuerda que debes comprobar si las unidades del problema son las mismas.

Convierte.

1. 8 minutos = _____ segundos
2. 86 minutos = _____ hora y _____ minutos
3. Una película comienza a las 7:10 y termina a las 9:03 *p. m.* ¿Cuánto dura la película? _____ hora y _____ minutos

Grupo H páginas 521 a 524

Pensar en tus respuestas a estas preguntas te puede ayudar a **prestar atención a la precisión** en tu trabajo.

Recuerda que el problema puede tener más de un paso.

Resuelve. Muestra tu trabajo.

1. Mónica compró una bolsa de 40 libras de alimento para perros. Le da a su perro 6 onzas de alimento dos veces por día. ¿Cuántas libras de alimento para perros usará en 1 semana? Explícalo.

Hábitos de razonamiento

- ¿Estoy usando los números, las unidades, los signos y los símbolos correctamente?

- ¿Estoy usando las definiciones correctas?

- ¿Estoy haciendo los cálculos con precisión?

- ¿Es clara mi respuesta?

Nombre_____

Práctica para la evaluación

1. ¿Cuáles de las siguientes opciones son equivalentes a 7 gramos? Escoge todas las que apliquen.

- ☐ 0.007 kilogramos
- ☐ 70 miligramos
- ☐ 7,000 kilogramos
- ☐ 7,000 miligramos
- ☐ 0.007 miligramos

2. El jardín de Justin se muestra a continuación.

6 yardas

8 yardas

A. ¿Cómo puedes convertir las dimensiones del jardín de Justin de yardas a pulgadas?

B. ¿Cuál es el perímetro del jardín de Justin en pulgadas?

3. ¿Cuál de las siguientes ecuaciones se puede usar para hallar cuántos kilogramos hay en 2,000 gramos?

Ⓐ 1,000 ÷ 2,000 = 0.5 kilogramos

Ⓑ 2,000 ÷ 1,000 = 2 kilogramos

Ⓒ 2,000 × 1,000 = 2,000,000 kilogramos

Ⓓ 2,000 × 100 = 200,000 kilogramos

4. A. 10 fardos de algodón pesan aproximadamente 5,000 libras. ¿Cómo puedes convertir 5,000 libras a toneladas?

B. ¿Qué comparación es verdadera?

Ⓐ 5,000 libras > 10,000 toneladas

Ⓑ 5,000 libras = 3 toneladas

Ⓒ 5,000 libras < 3 toneladas

Ⓓ 5,000 libras > 3 toneladas

5. Tyrell compró 4 litros de refresco de fruta para una fiesta. Servirá el refresco en vasos con capacidad para 200 mililitros. ¿Cuántos vasos de refresco de frutas puede servir?

6. Escoge todas las ecuaciones que el número 10^3 haga verdaderas.

- ☐ $?\text{ km} = 1\text{ mm}$
- ☐ $?\text{ mm} = 1\text{ m}$
- ☐ $?\text{ cm} = 1\text{ m}$
- ☐ $?\text{ m} = 1\text{ km}$
- ☐ $?\text{ dm} = 1\text{ m}$

---

7. Empareja las medidas de la izquierda con su medida equivalente.

	2 tazas	2 pintas	8 oz líq.	4 cuartos
1 galón	☐	☐	☐	☐
1 taza	☐	☐	☐	☐
1 cuarto	☐	☐	☐	☐
1 pinta	☐	☐	☐	☐

---

8. Escoge todas las longitudes que sean iguales a 6 pies y 12 pulgadas.

- ☐ 3 yd y 1 pie
- ☐ 7 pies
- ☐ 7 pies y 2 pulgs.
- ☐ 2 yd y 1 pie
- ☐ 1 yd y 4 pies

---

9. Escribe y resuelve una ecuación para hallar cuántos mililitros hay en 3.4 litros.

---

10. Mason preparó 5 cuartos de salsa. ¿Qué opción se puede usar para hallar la cantidad de tazas de salsa que hizo Mason?

- Ⓐ $5 \times 2 \times 2$
- Ⓑ $5 \times 4 \times 4$
- Ⓒ $5 \div 2 \div 2$
- Ⓓ $5 \times 4 \div 2$

---

11. Alicia compró 5 libras de tierra para macetas. Quiere colocar 10 onzas de tierra en cada maceta.

A. ¿Cómo puede convertir 5 libras a onzas?

B. ¿Cuántas macetas puede llenar?

---

12. La cola de un Boeing 747 mide $63\frac{2}{3}$ pies de altura. ¿Cuántas pulgadas de altura mide la cola?

---

13. Escribe y resuelve una ecuación para convertir 0.38 metros a centímetros.

Nombre_____

Heidi vende vasos de jugo de naranjas recién exprimidas en su tienda
El jugo de naranja de Heidi.

1. Usa la **Información sobre naranjas**. Responde a las siguientes preguntas
   para hallar cuántas libras de naranjas necesita Heidi para su jugo de naranja.

   Parte A

   ¿Cuántas naranjas necesita Heidi para hacer un jugo de naranja grande?
   Muestra tu trabajo.

   Jugo de naranja de Heidi

   Grande $2\frac{1}{4}$ tazas

   Información sobre naranjas

   Parte B

   ¿Cuántas libras de naranjas necesita Heidi para hacer un jugo de naranja
   grande? Muestra tu trabajo.

   Una naranja mediana
   tiene unas 2 oz líq. de jugo
   y pesa aproximadamente
   5 onzas.

2. Responde a la siguiente pregunta para hallar el área del **Exhibidor de Heidi**.

   Parte A

   ¿Qué unidades puedes usar para el área? Explícalo.

   Exhibidor de Heidi

   4 pies

   15 pulgs.

Tema 12 | Tarea de rendimiento   **531**

Parte B

¿Cuál es el área del **Exhibidor de Heidi**? Muestra tu trabajo.

3. La tabla de **Información nutricional de las naranjas** muestra los nutrientes de una naranja mediana que pesa 5 onzas o 140 gramos. Todos los nutrientes de la naranja también están presentes en el jugo de naranja de Heidi.

Información nutricional de las naranjas	
Nutriente	**Cantidad**
Carbohidratos	16 g
Fibra	3.5 g
Potasio	250 mg

Parte A

¿Cuántos gramos de potasio hay en un vaso grande del jugo de naranja de Heidi? Explica cómo lo resolviste.

Parte B

¿Cuántos miligramos de fibra hay en un vaso grande del jugo de naranja de Heidi? Usa un exponente para explicar los cálculos que usaste para resolverlo.

4. Heidi también vende jugo de naranja en envases de cartón. Usa el dibujo del **Envase de jugo de naranja**. Halla el volumen del envase de cartón en centímetros cúbicos. Explícalo.

Envase de jugo de naranja

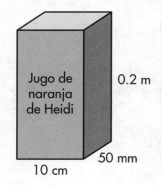

Jugo de naranja de Heidi

0.2 m

50 mm

10 cm

TEMA 13

Escribir e interpretar expresiones numéricas

Pregunta esencial: ¿Cómo se halla el valor de una expresión numérica?

Recursos digitales

Libro del estudiante · Aprendizaje visual · Práctica

Evaluación · Herramientas · Glosario

Entonces, cuando tomo leche soy parte de esa cadena alimentaria. ¡Mmm! Este es un proyecto sobre las cadenas y las redes alimentarias.

Una cadena alimentaria es el recorrido de la energía que se desplaza en un ecosistema.

Por ejemplo, las plantas absorben la luz solar y la convierten en energía alimentaria. Las vacas comen plantas.

Proyecto de enVision STEM: Cadenas y redes alimentarias

Investigar Usa la Internet u otros recursos para saber más sobre las cadenas y las redes alimentarias. Investiga la función de los productores, los consumidores y los descomponedores. Explica cómo se transfiere la energía de la luz solar a los consumidores.

Diario: Escribir un informe Incluye lo que averiguaste. En tu informe, también:

- dibuja una red alimentaria de un ecosistema que esté cerca de tu casa.
- traza flechas en la red alimentaria para mostrar cómo se desplaza la energía. Explica por qué es importante el orden.
- en una de las cadenas alimentarias de tu red, rotula los organismos según sean productores, consumidores o descomponedores.

★Repasa lo que sabes★

A-Z Vocabulario

Escoge el mejor término del recuadro. Escríbelo en el espacio en blanco.

• cociente	• ecuación	• suma
• diferencia	• producto	

1. La respuesta de una división es el/la _____.

2. El/La _____ de 5 y 7 es 12.

3. Para hallar el/la _____ entre 16 y 14 hay que restar.

4. Una oración numérica que muestra dos valores equivalentes es un/una _____.

Repaso mixto

Halla las respuestas.

5. $648 \div 18$

6. 35×100

7. $47.15 + 92.9$

8. $\frac{1}{4} + \frac{1}{4} + \frac{1}{4}$

9. $3.4 - 2.7$

10. $1.9 + 7$

11. $3\frac{2}{5} + \frac{1}{2}$

12. $75 \div \frac{1}{5}$

13. $\$3.75 + \$2.49$

14. $8\frac{5}{8} - 1\frac{2}{8}$

15. 31.8×2.3

16. $9 - 4.6$

17. Jackson compró 2 boletos para la feria estatal. Cada boletó costaba $12. Jackson gastó $15 en juegos y $8.50 en comida. ¿Cuánto gastó Jackson en total?

18. Una panadera tiene 3 libras de frutas secas. Cada tanda de la receta que está haciendo lleva $\frac{1}{2}$ libra de frutas secas. ¿Cuántas tandas puede hacer?

Ⓐ 9 tandas   Ⓑ 6 tandas   Ⓒ 2 tandas   Ⓓ $1\frac{1}{2}$ tandas

Multiplicación

19. ¿Qué ecuación sigue en este patrón? Explícalo.

$7 \times 10 = 70$

$7 \times 100 = 700$

$7 \times 1,000 = 7,000$

PROYECTO 13A

¿Qué se pudo recuperar de los restos del naufragio de *Atocha*?

Proyecto: Escribe un cuento de aventura y misterio sobre la búsqueda de un tesoro

PROYECTO 13B

¿Te gusta jugar juegos?

Proyecto: Diseña un juego con fichas de dominó

PROYECTO 13C

¿Qué sucede cuando un cálculo no es correcto?

Proyecto: Programa un robot

Video

Representación matemática

¡Mídeme!

LOLA 1|5|14

LOLA 8-12-13

LOLA 2|5|13

LOLA 10|8|12

LOLA 7|5|11

LOLA 6-2-10

lola 1|20|10

lola 7|5|9

Lola 6-2-8

Lola 1-8-6

9|4|7

LUCA 1|5|14

LUCA 8-12-13

LUCA 2|5|13

LUCA 10|8|12

LUCA 7|5|11

LUCA 6-3-10

Antes de ver el video, piensa:

Una *conjetura* es una afirmación que alguien considera verdadera ya que se basa en observaciones. Por lo general, una conjetura se puede probar o refutar. Presta atención a la conjetura en este video.

Puedo...
representar con modelos matemáticos para resolver un problema que incluye trabajar con expresiones numéricas.

Nombre _____

Resuélvelo y coméntalo

Jordan y Annika resuelven $15 + 12 \div 3 + 5$. Jordan dice que la respuesta es 14 y Annika dice que la respuesta es 24. ¿Quién tiene razón?

$$15 + 12 \div 3 + 5$$

Puedo...

evaluar expresiones con paréntesis, corchetes y llaves.

También puedo crear argumentos matemáticos.

Resuelve este problema de la manera que prefieras.

¡Vuelve atrás! **Construir argumentos** ¿Crees que dos estudiantes, que no cometieron ningún error de cálculo, podrían obtener diferentes valores para esta expresión numérica? Explícalo.

$(4 \times 35) + (36 \times 8)$

Pregunta esencial

¿Qué orden deberías seguir cuando evalúas una expresión?

A

Jack evaluó
$[(7 \times 2) - 3] + 8 \div 2 \times 3$.

Para evitar obtener más de una respuesta, usó el orden de operaciones que está a la derecha.

Los paréntesis, los corchetes y las llaves se usan para agrupar números en expresiones numéricas.

Orden de las operaciones

1. Evalúa adentro de los paréntesis ( ), corchetes [ ] y llaves { }.

2. Multiplica y divide de izquierda a derecha.

3. Suma y resta de izquierda a derecha.

B Paso 1

Primero, resuelve las operaciones que están entre paréntesis.

$[(7 \times 2) - 3] + 8 \div 2 \times 3$

$[14 \quad - \quad 3] + 8 \div 2 \times 3$

Luego, evalúa los términos que están adentro de los corchetes.

$[14 - 3] + 8 \div 2 \times 3$

$11 \quad + 8 \div 2 \times 3$

C Paso 2

Luego, multiplica y divide en orden de izquierda a derecha.

$11 + 8 \div 2 \times 3$

$11 + \quad 4 \quad \times 3$

$11 + \quad\quad 12$

D Paso 3

Por último, suma y resta en orden de izquierda a derecha.

$11 + 12 = 23$

Por tanto, el valor de la expresión es 23.

¡Convénceme! **Construir argumentos** ¿Cambiaría el valor de $\{2 + [(15 - 3) - 6]\} \div 2$ si se quitaran las llaves? Explícalo.

Práctica Herramientas Evaluación

☆Práctica guiada

¿Lo entiendes?

1. Explica los pasos que hay que seguir para resolver la expresión $[(4 + 2) - 1] \times 3$.

2. ¿Cambiaría el valor de $(12 - 4) \div 4 + 1$ si se quitaran los paréntesis? Explícalo.

¿Cómo hacerlo?

Para **3** a **6**, usa el orden de las operaciones para evaluar la expresión.

3. $[7 \times (6 - 1)] + 100$

4. $17 + 4 \times 3$

5. $(8 + 1) + 9 \times 7$

6. $\{[(4 \times 3) \div 2] + 3\} \times 6$

☆Práctica independiente

Práctica al nivel Para **7** a **21**, usa el orden de las operaciones para evaluar la expresión.

Recuerda que debes evaluar lo que hay dentro de los paréntesis, los corchetes y las llaves primero.

7. $8 \times (3 + 4) \div 2$

$8 \times \underline{\hspace{1cm}} \div 2$

$\underline{\hspace{1cm}} \div 2 = 28$

8. $39 + 6 \div 2$

$39 + \underline{\hspace{1cm}} = 42$

9. $24 \div [(3 + 1) \times 2]$

$\underline{\hspace{1cm}} \div [\underline{\hspace{1cm}} \times \underline{\hspace{1cm}}]$

$\underline{\hspace{1cm}} \div \underline{\hspace{1cm}} = 3$

10. $5 \div 5 + 4 \times 12$

11. $[6 - (3 \times 2)] + 4$

12. $(4 \times 8) \div 2 + 8$

13. $(18 + 7) \times (11 - 7)$

14. $2 + [4 + (5 \times 6)]$

15. $(9 + 11) \div (5 + 4 + 1)$

16. $90 - 5 \times 5 \times 2$

17. $120 - 40 \div 4 \times 6$

18. $22 + (96 - 40) \div 8$

19. $(7.7 + 0.3) \div 0.1 \times 4$

20. $32 \div (12 - 4) + 7$

21. $\{8 \times [1 + (20 - 6)]\} \div \frac{1}{2}$

Resolución de problemas

22. Dani y 4 amigos quieren compartir el costo de una comida en partes iguales. Pidieron 2 pizzas grandes y 5 bebidas pequeñas. Si dejan una propina de $6.30, ¿cuánto debe pagar cada uno?

DATOS	Menú	
	Pizza pequeña	$8.00
	Pizza grande	$12.00
	Bebida pequeña	$1.50
	Bebida grande	$2.25

---

23. Razonamiento de orden superior Usa los signos de las operaciones +, −, × y ÷ una vez en la siguiente expresión para que la oración numérica sea verdadera.

6 ⬜ (3 ⬜ 1) ⬜ 5 ⬜ 1 = 17

24. Hacerlo con precisión Carlota necesita $12\frac{1}{2}$ yardas de cinta para un proyecto. Tiene $5\frac{1}{4}$ yardas de cinta en un carrete y $2\frac{1}{2}$ yardas en otro carrete. ¿Cuánta cinta más necesita?

---

25. Teresa compró tres envases de pelotas de tenis a $2.98 cada uno. Tenía un cupón de descuento de $1. Su mamá pagó la mitad del costo menos el descuento. ¿Cuánto pagó Teresa? Evalúa la expresión $[(3 \times 2.98) - 1] \div 2$.

Evalúa primero la expresión que está entre paréntesis. Luego, resta dentro de los corchetes.

26. enVision® STEM Las jirafas son *herbívoras*, es decir que comen plantas. Una jirafa puede comer hasta 75 libras de hojas por día. Escribe y evalúa una expresión para hallar cuántas libras de hojas pueden comer 5 jirafas en una semana.

✓ Práctica para la evaluación

27. ¿Qué expresión tiene un valor de 8?

- Ⓐ $11 - 6 - 3$
- Ⓑ $4 + 30 \div 6$
- Ⓒ $(9 + 7) \div 2$
- Ⓓ $1 + 1 \times (2 + 2)$

28. Siguiendo el orden de las operaciones, ¿qué operación debes resolver por último para evaluar esta expresión?

$(1 \times 2.5) + (52 \div 13) + (6.7 - 5) - (98 + 8)$

- Ⓐ Suma
- Ⓑ Resta
- Ⓒ Multiplicación
- Ⓓ División

Nombre_____

Resuélvelo y coméntalo

Un panadero prepara cajas de 12 bizcochitos. Sergio encarga 5 cajas para la fiesta de graduación de su hermana y 3.5 cajas para la fiesta del espectáculo de variedades. Escribe una expresión para mostrar los cálculos que puedes resolver para hallar la cantidad de bizcochitos que encargó Sergio.

Puedo...
escribir expresiones simples que muestren cálculos con números.

También puedo representar con modelos matemáticos para resolver problemas.

Representa con modelos matemáticos. Puedes escribir una expresión numérica para representar esta situación.

¡Vuelve atrás! Escribe una expresión diferente para representar el pedido de Sergio. Evalúa ambas expresiones para comprobar que sean equivalentes. ¿Cuántos bizcochitos encargó Sergio?

Pregunta esencial **¿Cómo se puede escribir una expresión numérica para anotar cálculos?**

A

El auditorio de la escuela tiene 546 asientos en la platea baja y 102 asientos en la platea alta. Todos los asientos estarán ocupados en todas las funciones del Espectáculo de variedades. Escribe una expresión para mostrar los cálculos que podrías resolver para determinar cuántos boletos se vendieron.

Espectáculo de variedades
Boletos $4.50

Funciones:
- Viernes 18 de marzo, 7:00 p. m.
- Sábado 19 de marzo, 2:00 p. m.
- Sábado 19 de marzo, 7:00 p. m.
- Domingo 20 de marzo, 2:00 p. m.

B Piensa en cómo calcularías la cantidad total de boletos.

Suma 546 + 102 para hallar la cantidad total de asientos.

Luego, **multiplica** por la cantidad de funciones, 4.

Por tanto, debes escribir una expresión numérica que represente:

"Hallar 4 veces la suma de 546 y 102".

C Usa números, signos y símbolos para escribir la expresión numérica.

La suma de 546 y 102: 546 + 102

4 veces la suma: 4 × (546 + 102)

Recuerda que los paréntesis muestran los cálculos que hay que hacer primero.

La expresión 4 × (546 + 102) muestra los cálculos para hallar la cantidad de boletos vendidos.

¡Convénceme! Razonar Dos estudiantes escribieron expresiones diferentes para hallar la cantidad de boletos vendidos. ¿Es correcto su trabajo? Explícalo.

Martin
(4 × 546) + (4 × 102)

Ashley
4 × 546 + 102

Práctica Herramientas Evaluación

☆ Práctica guiada

¿Lo entiendes?

1. ¿Por qué algunas expresiones numéricas contienen paréntesis?

2. Muestra cómo usar una propiedad para escribir una expresión equivalente a $9 \times (7 + 44)$. ¿Puedes usar otra propiedad para escribir otra expresión equivalente? Explícalo.

¿Cómo hacerlo?

Para **3** a **6**, escribe una expresión numérica para los cálculos.

3. Suma 8 y 7 y, luego, multiplica por 2.

4. Halla el triple de la diferencia de 44.75 y 22.8.

5. Multiplica 4 por $\frac{7}{8}$ y, luego, suma 12.

6. Suma 49 al cociente de 125 y 5.

☆ Práctica independiente

Para **7** a **11**, escribe una expresión numérica para los cálculos.

7. Suma 91, 129 y 16 y, luego, divide por 44.

8. Halla 8.5 veces la diferencia de 77 y 13.

9. Resta 55 de la suma de 234 y 8.

10. Multiplica $\frac{2}{3}$ por 42 y, luego, multiplica el producto por 10.

11. Escribe una expresión para mostrar los cálculos que puedes resolver para determinar el área total de los rectángulos de la derecha.

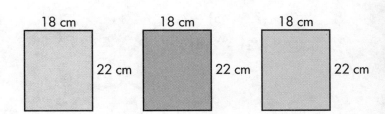

18 cm   18 cm   18 cm

22 cm   22 cm   22 cm

Resolución de problemas

12. Representar con modelos matemáticos
Alquileres Ronnie cobra $25 el alquiler de una motosierra, más $15 por hora. David alquiló una motosierra por 5 horas. Escribe una expresión para mostrar cómo podrías calcular cuánto pagó David en total.

13. Catorce estudiantes compraron un caballete por $129 y un juego de lienzos por $46 para su maestra de arte. El impuesto sobre la venta fue $10.50. Los estudiantes compartieron el costo en partes iguales. Escribe una expresión para mostrar cómo calcular la cantidad que gastó cada uno.

14. 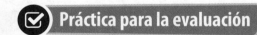 **Vocabulario** Cuando evalúas una expresión, ¿por qué es importante seguir el **orden de las operaciones**?

15. Un almacén tiene forma de prisma rectangular. El ancho es 8 yardas, la altura es 4 yardas y el volumen es 288 yardas cúbicas. Explica cómo hallar la longitud del almacén.

16. Razonamiento de orden superior Danielle tiene un tercio de la cantidad que necesita para pagar los gastos de su viaje con el coro. ¿La expresión $(77 + 106 + 34) \div 3$ muestra cómo podrías calcular la cantidad de dinero que tiene Danielle? Explícalo.

Gastos del viaje del coro
Boleto de tren $77
Hotel $106
Comidas $34

Práctica para la evaluación

17. ¿Qué expresión representa la siguiente frase?

Resta 214 de 721 y luego divide por 5.

Ⓐ $(721 \div 214) - 5$

Ⓑ $721 - 214 \div 5$

Ⓒ $(721 \div 5) - 214$

Ⓓ $(721 - 214) \div 5$

18. ¿Cuál es el primer paso que hay que seguir al evaluar la siguiente expresión?

$2 \times (47 + 122) - 16$

Ⓐ Multiplicar 2 y 47

Ⓑ Multiplicar 2 y 16

Ⓒ Sumar 47 y 122

Ⓓ Sumar 2 y 47

Resuélvelo y coméntalo

La Sra. Katz planea un viaje familiar al museo. Hizo una lista de los gastos. Luego, escribió la siguiente expresión para mostrar cómo se puede calcular el costo total.

$6 \times (4.20 + 8 + 12 + 3.50)$

¿Cuántas personas piensas que hay en la familia? ¿Cómo lo sabes?

Puedo...
interpretar expresiones numéricas sin evaluarlas.

También puedo buscar patrones para resolver problemas.

> Gastos del viaje al museo (por persona)
>
> Recorrido en autobús: $4.20
>
> Almuerzo: $8
>
> Boletos: $12
>
> Charla sobre dinosaurios: $3.50

Usa la estructura. Puedes interpretar las relaciones de las expresiones numéricas sin hacer ningún cálculo.

¡Vuelve atrás! En el museo, la familia decide ver una película sobre terremotos que cuesta $2.75 por persona. Jana y Kay no están de acuerdo sobre cómo deberían modificar la expresión de la Sra. Katz para hallar el total de gastos del viaje.

Jana dice que la expresión debería ser $6 \times (4.20 + 8 + 12 + 3.50) + 2.75$.
Kay dice que la expresión debería ser $6 \times (4.20 + 8 + 12 + 3.50 + 2.75)$.

¿Quién tiene razón? Explícalo.

Aprendizaje visual A-Z Glosario

Pregunta esencial ¿Cómo se pueden interpretar expresiones numéricas sin evaluarlas?

A

El traje de payaso de Jimmy lleva $\frac{7}{8} + \frac{1}{2} + 1\frac{3}{4}$ yardas de tela.

El traje de payaso de su papá lleva $3 \times \left(\frac{7}{8} + \frac{1}{2} + 1\frac{3}{4} \right)$ yardas de tela.

¿Cuánta tela hace falta para el traje del papá en comparación con la cantidad de tela para el traje de Jimmy?

Puedes comparar las expresiones y resolver el problema sin hacer ningún cálculo.

Traje de payaso para niños

Tela	
Azul	$\frac{7}{8}$ yd
Amarilla	$\frac{1}{2}$ yd
A lunares	$1\frac{3}{4}$ yd

B Interpreta la parte que es igual en ambas expresiones.

$$\frac{7}{8} + \frac{1}{2} + 1\frac{3}{4}$$

$$3 \times \left(\frac{7}{8} + \frac{1}{2} + 1\frac{3}{4} \right)$$

Ambas expresiones contienen la suma $\frac{7}{8} + \frac{1}{2} + 1\frac{3}{4}$. Esa es la cantidad de tela necesaria para el traje de Jimmy.

C Interpreta la parte que es diferente en cada expresión.

$$\frac{7}{8} + \frac{1}{2} + 1\frac{3}{4}$$

$$3 \times \left(\frac{7}{8} + \frac{1}{2} + 1\frac{3}{4} \right)$$

Recuerda que multiplicar por 3 significa "3 veces la cantidad".

La segunda expresión muestra que la suma se multiplica por 3.

Por tanto, el traje del papá lleva 3 veces la cantidad de tela que lleva el traje de Jimmy.

¡Convénceme! **Razonar** Los 7 estudiantes de una clase de costura comparten el costo de la tela y otros materiales en partes iguales. El mes pasado, cada estudiante pagó ($167.94 + $21.41) ÷ 7. Este mes, cada estudiante pagó ($77.23 + $6.49) ÷ 7. Sin hacer los cálculos, ¿en qué mes los estudiantes pagaron más? Explícalo.

Nombre _____

☆ Práctica guiada

¿Lo entiendes?

1. La cantidad de yardas necesarias para el traje de Rob es $\left(\frac{7}{8} + \frac{1}{2} + 1\frac{3}{4}\right) \div 2$. ¿Cuánta tela hace falta para el traje de Rob en comparación con la cantidad de tela para el traje de Jimmy? Explícalo.

2. Sin calcular, explica por qué la siguiente oración numérica es verdadera.

$14 + (413 \times 7) > 6 + (413 \times 7)$

¿Cómo hacerlo?

Sin calcular, describe la expresión A en comparación con la expresión B.

3. **A** $8 \times (41{,}516 - 987)$
B $41{,}516 - 987$

Para **4** y **5**, sin calcular, escribe >, < o =.

4. $7 \times \left(4\frac{3}{8} + 3\frac{1}{2}\right) \bigcirc 22 \times \left(4\frac{3}{8} + 3\frac{1}{2}\right)$

5. $8.2 + (7.1 \div 5) \bigcirc (7.1 \div 5) + 8.2$

☆ Práctica independiente

Para **6** y **7**, sin calcular, describe la expresión A en comparación con la expresión B.

6. **A** $(613 + 15{,}090) \div 4$
B $613 + 15{,}090$

7. **A** $\left(418 \times \frac{1}{4}\right) + \left(418 \times \frac{1}{2}\right)$
B $418 \times \frac{3}{4}$

Para **8** a **11**, sin calcular, escribe >, < o =.

8. $(284 + 910) \div 30 \bigcirc (284 + 7{,}816) \div 30$

9. $\frac{1}{3} \times (5{,}366 - 117) \bigcirc 5{,}366 - 117$

10. $71 + (13{,}888 - 4{,}296) \bigcirc 70 + (13{,}888 - 4{,}296)$

11. $15 \times (3.6 + 9.44) \bigcirc (15 \times 3.6) + (15 \times 9.44)$

Resolución de problemas

12. Un estacionamiento de cuatro pisos tiene espacio para 240 + 285 + 250 + 267 carros. Cuando uno de los pisos está cerrado por reparaciones, el estacionamiento tiene espacio para 240 + 250 + 267 carros. ¿Cuántos carros caben en el piso que está cerrado? Explícalo.

13. Usar la estructura Peter compró $4 \times \left(2\frac{1}{4} + \frac{1}{2} + 2\frac{7}{8}\right)$ yardas de cinta. Marilyn compró $4 \times \left(2\frac{1}{4} + \frac{1}{2} + 3\right)$ yardas de cinta. Sin calcular, determina quién compró más cinta. Explícalo.

14. La puntuación de Brook en un juego de mesa es 713 + 102 + 516. Cuando es su turno, Brook saca una de las siguientes tarjetas. Ahora, su puntuación es (713 + 102 + 516) ÷ 2. ¿Qué tarjeta sacó Brook? Explícalo.

PREMIO ¡Duplica tus puntos!

CASTIGO ¡Pierdes la mitad de los puntos!

PREMIO ¡Súmate 200 puntos!

CASTIGO ¡Pierdes 200 puntos!

15. Marta compró una caja de 0.25 kilogramos de alimento para peces. Usa 80 gramos por semana. ¿Una caja de alimento es suficiente para 4 semanas? Explícalo.

16. Razonamiento de orden superior ¿Cómo sabes que (496 + 77 + 189) × 10 es el doble de (496 + 77 + 189) × 5 sin hacer cálculos complicados?

✔ Práctica para la evaluación

17. ¿Qué enunciado describe la expresión (21 + 1.5) × 12 − 5?

Ⓐ La suma de 21 y 1.5 por la diferencia de 12 y 5

Ⓑ Cinco menos que la suma de 21 y 1.5 multiplicado por 12

Ⓒ Cinco menos que el producto de 12 y 1.5 sumado a 21

Ⓓ Restar el producto de 12 y 5 de la suma de 21 y 1.5

Nombre _____

Resuélvelo y coméntalo

El cocinero del campamento tiene 6 docenas de huevos. Usa 18 huevos para hacer unos *brownies*. Luego, usa el doble de huevos para hacer panqueques. ¿Cuántos huevos le quedaron al cocinero? Razona para escribir y evaluar una expresión que represente el problema.

Puedo...
entender las cantidades y las relaciones en situaciones o problemas.

También puedo escribir expresiones numéricas.

Hábitos de razonamiento

¡Razona correctamente! Estas preguntas pueden ayudarte.

- ¿Qué significan los números, signos y símbolos del problema?

- ¿Cómo están relacionados los números o las cantidades?

- ¿Cómo puedo representar un problema verbal usando dibujos, números o ecuaciones?

¡Vuelve atrás! **Razonar** Explica cómo los números, los signos, los símbolos y las operaciones de tu expresión representan este problema.

Pregunta esencial

¿Cómo se puede razonar para resolver problemas?

A

Rose tiene 3 álbumes con tarjetas de fútbol. En su cumpleaños, recibe 7 tarjetas más para cada álbum. ¿Cuántas tarjetas tiene Rose en total?

22 tarjetas en cada álbum

¿Qué tengo que hacer para resolver el problema?

Tengo que hallar cuántas tarjetas, incluidas las tarjetas nuevas, habrá en cada álbum. Luego, tengo que multiplicar para hallar la cantidad de tarjetas que hay en los 3 álbumes.

Puedes usar herramientas o dibujar un diagrama para ayudarte a resolver el problema.

B ## ¿Cómo puedo razonar para resolver este problema?

Puedo

- identificar las cantidades que conozco.

- usar propiedades, signos, símbolos y operaciones de matemáticas para mostrar relaciones.

- usar diagramas como ayuda para resolver el problema.

C

Este es mi razonamiento...

Tengo que hallar cuántas tarjetas tiene Rose en total.

Puedo usar un diagrama para mostrar cómo se relacionan las cantidades del problema. Luego, puedo escribir una expresión.

Hay 22 tarjetas en cada uno de los 3 álbumes. Rose recibe 7 tarjetas más para cada álbum.

22	7

22	7

22	7

$$3 \times (22 + 7) = 3 \times 29$$
$$= 87$$

Rose tiene 87 tarjetas.

¡Convénceme! **Razonar** ¿Cómo puedes usar la propiedad distributiva para escribir una expresión equivalente a la expresión del ejercicio anterior? Razona para explicar cómo sabes que las expresiones son equivalentes.

Nombre _____

☆Práctica guiada

Razonar

Todd tiene 4 álbumes de tarjetas de béisbol como el que se ve en la ilustración. Deja que su mejor amigo, Franco, escoja 5 tarjetas de cada álbum. ¿Cuántas tarjetas tiene ahora Todd?

1. Escribe una expresión para representar la cantidad total de tarjetas en los álbumes antes de que Todd le regalara algunas a Franco. Explica cómo tu expresión representa las cantidades y la relación entre las cantidades.

2. Escribe una expresión para representar la cantidad total de tarjetas en los álbumes después de que Todd le regalara algunas a Franco.

3. ¿Cuántas tarjetas tiene Todd después de regalarle algunas a Franco? Explica cómo resolviste el problema.

Mis tarjetas de béisbol

42 tarjetas en cada álbum

☆Práctica independiente

Razonar

Brandon prepara un pedido de flores para un banquete. Necesita 3 arreglos grandes y 12 arreglos pequeños. Los arreglos grandes contienen 28 rosas cada uno. Los arreglos pequeños contienen 16 rosas cada uno. ¿Cuántas rosas necesita Brandon en total?

4. Escribe una expresión para representar la cantidad total de rosas que necesita Brandon. Puedes usar un diagrama como ayuda.

5. Explica cómo representan el problema los números, los signos, los símbolos y las operaciones de tu expresión.

6. ¿Cuántas rosas necesita Brandon? Explica cómo resolviste el problema.

Recuerda que debes pensar en lo que significa cada número antes de resolver el problema.

Útiles de matemáticas

La Srta. Kim encargará juegos de bloques de valor de posición para los grados 3.°, 4.° y 5.°. Quiere que cada estudiante tenga un juego, y hay 6 juegos de bloques en cada paquete. ¿Cuántos paquetes debe encargar la Srta. Kim?

DATOS	Grado	Cantidad de estudiantes
	3.°	48
	4.°	43
	5.°	46
	6.°	50

7. **Entender y perseverar** ¿Qué información del problema necesitas?

8. **Razonar** ¿Exige el problema hacer más de una operación? ¿Es importante el orden de las operaciones? Explícalo.

9. **Representar con modelos matemáticos** Escribe una expresión para representar la cantidad total de paquetes que debe encargar la Srta. Kim. Puedes usar un diagrama como ayuda.

Razona para entender la relación entre los números.

10. **Construir argumentos** ¿Usaste símbolos de agrupación en tu expresión? Si fue así, explica por qué son necesarios.

11. **Hacerlo con precisión** Halla la cantidad total de paquetes que debe encargar la Srta. Kim. Explica cómo hallaste la respuesta.

Emparéjalo

Trabaja con un compañero. Señala una pista y léela.

Mira la tabla de la parte de abajo de la página y busca la pareja de esa pista. Escribe la letra de la pista en la casilla que corresponde.

Halla una pareja para cada pista.

Puedo...
multiplicar números enteros de varios dígitos.

También puedo crear argumentos matemáticos.

Pistas

A El producto es 3,456.

E El producto es 45,432.

B El producto es 100,000.

F El producto tiene un 6 en el lugar de los millares.

C El producto es 123,321.

G El producto tiene un 9 en el lugar de los millares.

D El producto es 225,000.

H El producto tiene un 3 en el lugar de las centenas de millar.

10,000 × 10	5,000 × 45	11,211 × 11	144 × 24
5,038 × 63	2,643 × 87	327 × 21	1,262 × 36

Repaso del vocabulario

A-Z
Glosario

Lista de palabras

- corchetes
- evaluar
- expresión numérica
- llaves
- orden de las operaciones
- paréntesis
- variable

Comprender el vocabulario

Escoge el mejor término de la Lista de palabras. Escríbelo en el espacio en blanco.

1. El conjunto de reglas que describe el orden en que se deben hacer las operaciones se llama _____.

2. Los/Las _____, los/las _____ y los/las _____ son símbolos que se usan en expresiones matemáticas para agrupar números o variables.

3. Un/Una _____ es una frase matemática que contiene números y al menos una operación.

Da un ejemplo y un contraejemplo para cada término.

	Ejemplo	Contraejemplo
4. Expresión numérica	_____	_____
5. Expresión con paréntesis	_____	_____

Traza una línea desde los números de la columna A hasta el valor correcto de la columna B.

Columna A	Columna B
6. $3 + 6 \times 2$	49
7. $12 \times (8 - 5) - 7$	20
8. $7 \times [5 + (3 - 1)]$	15
9. $20 \div 5 + (13 - 6) \times 2$	29
10. $\{10 \times [11 - (36 \div 4)]\}$	18

Usar el vocabulario al escribir

11. Explica por qué es importante el orden de las operaciones. Usa al menos tres términos de la Lista de palabras en tu explicación.

Grupo A | páginas 537 a 540 _____

Sigue el orden de las operaciones para evaluar $50 + (8 + 2) \times (14 - 4)$.

Orden de las operaciones

1. Haz los cálculos dentro de los paréntesis, los corchetes y las llaves.

2. Multiplica y divide de izquierda a derecha.

3. Suma y resta de izquierda a derecha.

Recuerda que si los paréntesis están dentro de corchetes o llaves, primero debes resolver las operaciones entre paréntesis.

Evalúa las expresiones.

Resuelve las operaciones que están entre paréntesis, corchetes y llaves.

$50 + (8 + 2) \times (14 - 4) = 50 + 10 \times 10$

Multiplica y divide en orden de izquierda a derecha.

$50 + 10 \times 10 = 50 + 100$

Suma y resta en orden de izquierda a derecha.

$50 + 100 = 150$

1. $(78 + 47) \div 25$

2. $4 + 8 \times 6 \div 2 + 3$

3. $[(8 \times 25) \div 5] + 120$

4. $312 \times (40 + 60) \div 60$

5. $80 - (0.4 + 0.2) \times 10$

6. $(18 - 3) \div 5 + 4$

7. $8 \times 5 + 7 \times 3 - (10 - 5)$

8. $22 - \{[(87 - 32) \div 5] \times 2\}$

Grupo B | páginas 541 a 544 _____

Escribe una expresión numérica para la frase "Resta 15 del producto de 12 y 7".

Piensa:

Suma $\longrightarrow$ Suma $(+)$

Diferencia $\longrightarrow$ Resta $(-)$

Producto $\longrightarrow$ Multiplicación $(\times)$

Cociente $\longrightarrow$ División $(\div)$

Producto de 12 y 7: 12×7

Resta 15 del producto: $(12 \times 7) - 15$

Por tanto, una expresión numérica para la frase es $(12 \times 7) - 15$.

Recuerda que puedes usar paréntesis para mostrar qué cálculos hay que hacer primero.

Escribe una expresión numérica para las frases.

1. Suma 15 al producto de $\frac{3}{4}$ y 12.

2. Halla la diferencia de 29 y 13 y, luego, divide por 2.

3. Suma $1\frac{1}{2}$ y $\frac{3}{4}$, y, luego, resta $\frac{1}{3}$.

4. Multiplica 1.2 por 5 y, luego, resta 0.7.

5. Suma el cociente de 120 y 3 al producto de 15 y 10.

Las siguientes expresiones muestran cuántas millas corrió cada estudiante esta semana. ¿Cómo es la distancia de Alex en comparación con la distancia de Kim?

Kim: $\left(4 \times 3\frac{1}{2}\right)$

Alex: $\left(4 \times 3\frac{1}{2}\right) + 2\frac{1}{2}$

¿En qué **se parecen** las expresiones?
Ambas contienen el producto $4 \times 3\frac{1}{2}$.

¿En qué **se diferencian** las expresiones?
En la expresión de Alex, se suma $2\frac{1}{2}$.

Por tanto, Alex corrió $2\frac{1}{2}$ millas más que Kim esta semana.

Recuerda que a veces puedes comparar expresiones numéricas sin calcular.

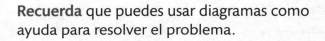
Sin calcular, escribe >, < o =.

1. $72 \times (37 - 9)$ ◯ $69 \times (37 - 9)$

2. $(144 \div 12) - 6$ ◯ $144 \div 12$

3. $\left(4 + \frac{1}{2} + 3\right) \times 2$ ◯ $2 \times \left(4 + \frac{1}{2} + 3\right)$

4. Describe la expresión A en comparación con la expresión B.

  A $\$3.99 + (\$9.50 \times 2)$ **B** $\$9.50 \times 2$

Piensa en tus respuestas a estas preguntas para ayudarte a **razonar de manera abstracta y cuantitativa.**

Hábitos de razonamiento

- ¿Qué significan los números, signos y símbolos del problema?

- ¿Cómo están relacionados los números o las cantidades?

- ¿Cómo puedo representar un problema verbal usando dibujos, números o ecuaciones?

Recuerda que puedes usar diagramas como ayuda para resolver el problema.

1. Kerry tiene 5 pisapapeles de metal y 3 de madera en su colección. Tiene el doble de pisapapeles de vidrio que de metal. Escribe una expresión para representar la cantidad total de pisapapeles en la colección de Kerry. Luego, halla la cantidad total de pisapapeles.

2. Reese tiene 327 tarjetas de béisbol. Perdió 8 tarjetas y regaló 15 a su hermano. Escribe una expresión para representar la cantidad total de tarjetas de béisbol que le quedan a Reese. Luego, halla la cantidad total de tarjetas de béisbol.

Nombre _____

1. ¿Cuál de las siguientes opciones es igual a 10?

Ⓐ $2 \times (45 \div 9)$

Ⓑ $24 - (7 \times 3)$

Ⓒ $1 + (4 \times 2)$

Ⓓ $(2 \times 25) \times 5$

2. Selecciona todas las expresiones que sean iguales a 8×65.

☐ $3 + 5 \times 60$

☐ $8 \times (60 + 5)$

☐ $8 \times (50 + 15)$

☐ $(8 + 60) \times (8 + 5)$

☐ $(8 \times 60) + (8 \times 5)$

3. ¿Cuál es el valor de la expresión $7 + (3 \times 4) - 2$?

Ⓐ 38

Ⓑ 20

Ⓒ 17

Ⓓ 12

4. ¿Qué expresión representa el siguiente cálculo?

Suma 16 al cociente de 72 y 8.

Ⓐ $(72 - 8) + 16$

Ⓑ $(72 \div 8) + 16$

Ⓒ $(16 + 72) \div 8$

Ⓓ $(16 + 72) + 8$

5. ¿Cuál es el valor de $(100 \times 15) + (10 \times 15)$?

6. Describe el valor de la expresión A en comparación con el valor de la expresión B.

A $1\frac{1}{2} \times \left(54 \div \frac{2}{5}\right)$

B $54 \div \frac{2}{5}$

7. Escribe $>$, $<$ o $=$ en el círculo para que el enunciado sea verdadero.

$(368 \times 19) - 24 \bigcirc (368 \times 19) - 47$

8. Inserta paréntesis para hacer verdadero el enunciado.

$7 + 6 \times 14 - 9 = 37$

9. ¿Qué expresión representa el siguiente cálculo?

Resta 2 del producto de 7 y 3.

Ⓐ $(7 + 3) - 2$

Ⓑ $7 \times (3 - 2)$

Ⓒ $(7 \times 3) - 2$

Ⓓ $(7 \times 2) - 3$

---

10. ¿Cuál es el valor de la expresión $(6 + 3) \times 2$?

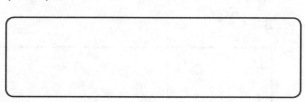

---

11. Evalúa la expresión $(6 + 12 \div 2) + 4$. Muestra tu trabajo.

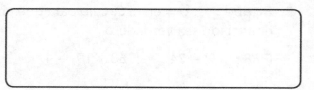

---

12. Escribe $>$, $<$ o $=$ en el círculo para hacer verdadero el enunciado.

$(249 + 1{,}078) \times \frac{1}{3} \bigcirc (249 + 1{,}078) \div 3$

---

13. Escribe una expresión para hallar el producto de 3 y 28 más el producto de 2 y 15. Luego, resuélvela.

---

14. Evalúa la expresión.

$6 + (24 - 4) + 8 \div 2$

A. ¿Cuál es el primer paso para evaluar la expresión?

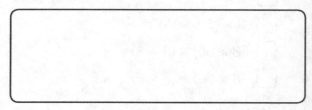

B. ¿Cuál es el segundo paso para evaluar la expresión?

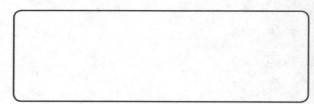

C. ¿Cuál es el valor de la expresión?

Nombre _____

Decoración

Jackie está decorando su cuarto. Quiere poner un borde alrededor del techo. Empapelará una pared y pintará las otras tres paredes.

1. El dibujo **Cuarto de Jackie** muestra el ancho del cuarto. La expresión $[13.2 - (2 \times 2.8)] \div 2$ representa la longitud del cuarto.

   ### Parte A

   ¿Cuánto borde necesita Jackie para rodear todo el techo de su cuarto? Explica cómo puedes saberlo observando la expresión.

Cuarto de Jackie

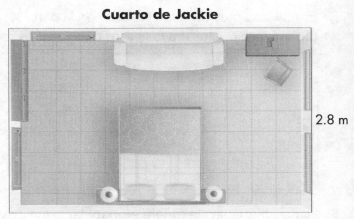

2.8 m

   ### Parte B

   ¿Cuál es la longitud del cuarto de Jackie? Muestra los pasos que seguiste para evaluar la expresión.

2. El dibujo **Paredes pintadas** muestra las tres paredes que Jackie quiere pintar. Una pared mide 2.8 metros de longitud. La longitud de las otras paredes es la respuesta que hallaste en la pregunta 1, parte B.

Paredes pintadas

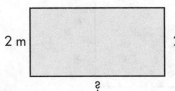

2 m

?

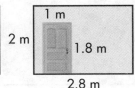

2 m

1 m

1.8 m

2.8 m

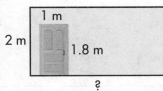

2 m

1 m

1.8 m

?

Parte A

Escribe una expresión para representar cuántos metros cuadrados pintará Jackie.

Parte B

Evalúa la expresión que escribiste en la parte A para hallar cuántos metros cuadrados pintará Jackie. Muestra los pasos que seguiste para evaluar la expresión.

3. La pared que Jackie quiere empapelar tiene dos ventanas. El dibujo **Pared empapelada** muestra la longitud y el ancho de la pared y las ventanas. Cada rollo de papel cubre 0.8 metros cuadrados.

Pared empapelada

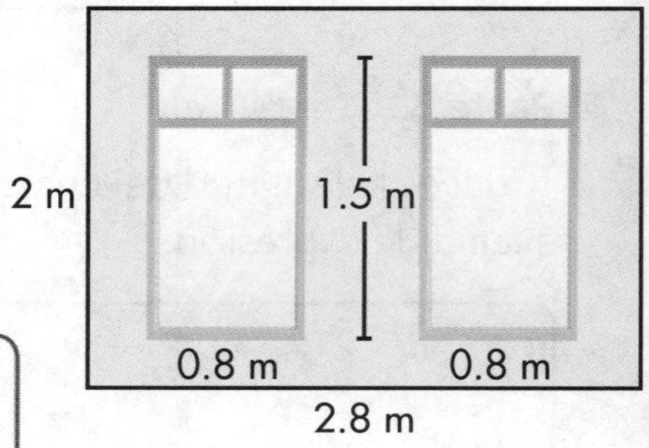

2 m

1.5 m

0.8 m   0.8 m

2.8 m

Parte A

¿Qué representa la expresión $2 \times (1.5 \times 0.8)$? ¿Qué representa la expresión $(2.8 \times 2) - [2 \times (1.5 \times 0.8)]$?

Parte B

Escribe una expresión para hallar cuántos rollos de papel necesita comprar Jackie. Muestra los pasos que seguiste para evaluar la expresión.

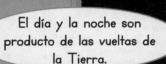

TEMA 14

Hacer gráficas de puntos en un plano de coordenadas

Preguntas esenciales: ¿Cómo puedes representar los puntos en una gráfica? ¿Cómo se muestran las relaciones en una gráfica?

El día y la noche son producto de las vueltas de la Tierra.

La línea imaginaria que atraviesa el centro de la Tierra es el *eje* de la Tierra. Las vueltas que da la Tierra sobre su eje se llaman *rotación*.

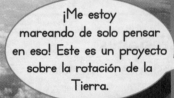

¡Me estoy mareando de solo pensar en eso! Este es un proyecto sobre la rotación de la Tierra.

Proyecto de enVision STEM: La rotación de la Tierra

Investigar Usa la Internet u otras fuentes para averiguar más sobre la rotación de la Tierra. Investiga por qué parece que el Sol se mueve en el cielo. Diseña un modelo para explicar el ciclo del día y la noche en la Tierra. Compara la rotación de la Tierra con la rotación de otro planeta.

Diario: Escribir un informe Incluye lo que averiguaste. En tu informe, también:

- escribe un procedimiento paso a paso de cómo usar una pelota y una linterna para representar el ciclo del día y la noche.

- explica qué ocurre si la pelota rota lentamente. ¿Y qué ocurre si la pelota rota rápidamente?

- inventa y resuelve problemas para marcar puntos y usar gráficas para mostrar relaciones.

⭐Repasa lo que sabes⭐

A-Z Vocabulario

Escoge el mejor término de la Lista de palabras.
Escríbelo en el espacio en blanco.

- diagrama de puntos
- ecuación
- expresión numérica
- factor
- variable

1. Un/Una _____
contiene números y al menos una operación.

2. Una letra o un símbolo que representa una
cantidad desconocida es un/una _____.

3. Una oración numérica que usa el símbolo = es un/una _____.

4. Una representación que muestra X o puntos arriba de una recta
numérica es un/una _____.

Evaluar expresiones

Evalúa las expresiones numéricas.

5. $3 \times 4 \times (10 - 7) \div 2$

6. $(8 + 2) \times 6 - 4$

7. $8 + 2 \times 6 - 4$

8. $40 \div 5 + 5 \times (3 - 1)$

9. $15 \div 3 + 2 \times 10$

10. $21 \times (8 - 6) \div 14$

Escribir expresiones

Escribe una expresión numérica para las frases en palabras.

11. Tres menos que el producto de ocho y seis

12. Trece más que el cociente de veinte y cuatro

13. Cuatro veces la diferencia de siete y dos

Comparar expresiones

14. Usa < o > para comparar $13 \times (54 + 28)$ y $13 \times 54 + 28$ sin calcular.
Explica tu razonamiento.

Nombre

PROYECTO
14A

¿Qué hace un urbanista?

Proyecto: Planifica una ciudad

PROYECTO
14B

¿Cualés son algunos de los juegos infantiles más antiguos?

Proyecto: Haz tu propio juego

¿Cómo pueden ayudar los perros a rescatar personas?

Proyecto: Escribe un cuento sobre un excursionista perdido

¿Cómo pueden los artistas usar gráficas en su trabajo?

Proyecto: Haz un dibujo usando una cuadrícula

Nombre _____

Resuélvelo y coméntalo

En la primera gráfica, marca un punto donde dos líneas se intersecan. Nombra la ubicación del punto. Marca y nombra otro punto. Trabaja con un compañero. Túrnense para describir las ubicaciones de los puntos de sus primeras gráficas. Luego, marca los puntos que tu compañero describe en la segunda gráfica. Compara la primera gráfica con la segunda gráfica de tu compañero para ver si coinciden. **Usa las siguientes gráficas para resolver el problema.**

Puedo...
ubicar puntos en una gráfica de coordenadas.

También puedo crear argumentos matemáticos.

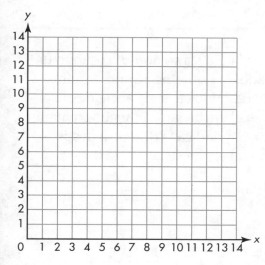

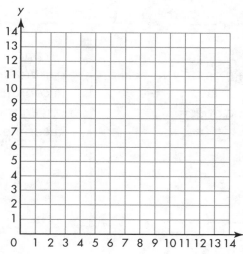

Puedes usar papel cuadriculado para graficar pares ordenados. ¡Muestra tu trabajo!

¡Vuelve atrás! **Construir argumentos** ¿Por qué importa el orden de los dos números que representan un punto? Explica tu razonamiento.

Pregunta esencial ¿Cómo se puede nombrar un punto en una gráfica de coordenadas?

A

Un mapa muestra las ubicaciones de puntos de referencia y tiene indicaciones para hallarlos. De manera similar, una gráfica de coordenadas se usa para graficar y nombrar la ubicación de puntos en un plano.

Puedes usar pares ordenados para ubicar puntos en una gráfica de coordenadas.

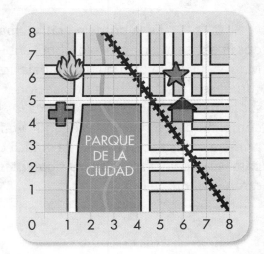

PARQUE DE LA CIUDAD

B

Una gráfica de coordenadas tiene un eje de las *x* horizontal y un eje de las *y* vertical. El punto en el que el eje de las *x* y el eje de las *y* se intersecan se llama origen.

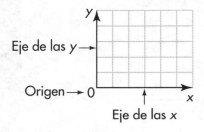

Eje de las *y* →
Origen → 0
Eje de las *x*

C

Un punto de la gráfica se nombra usando un par ordenado de números. El primer número, la coordenada *x*, indica la distancia desde el origen sobre el eje de las *x*. El segundo número, la coordenada *y*, indica la distancia desde el origen sobre el eje de las *y*.

$A\,(1, 3)$

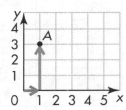

¡Convénceme! **Razonar** En el ejemplo anterior, nombra el par ordenado para el punto *B* si está 3 unidades hacia la derecha del punto *A*. Di cómo lo decidiste.

Nombre _____

☆ Práctica guiada

¿Lo entiendes?

1. Estás graficando el Punto *E* en (0, 5). ¿Debes ir cero unidades hacia la derecha o hacia arriba? Explícalo.

2. **Vocabulario** ¿Qué par ordenado nombra el origen de cualquier gráfica de coordenadas?

3. Describe cómo graficar el Punto *K* en (5, 4).

¿Cómo hacerlo?

Para **4** y **5**, escribe el par ordenado para los puntos. Usa la gráfica.

4. *B*

5. *A*

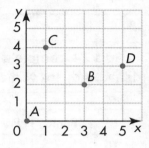

Para **6** y **7**, nombra el punto para los pares ordenados de la gráfica anterior.

6. (5, 3)   **7.** (1, 4)

☆ Práctica independiente

Para **8** a **13**, escribe el par ordenado para los puntos. Usa la gráfica.

8. *T*   **9.** *X*

10. *Y*   **11.** *W*

12. *Z*   **13.** *S*

Para **14** a **18**, nombra el punto para los pares ordenados de la gráfica anterior.

14. (2, 2)   **15.** (5, 4)   **16.** (1, 5)   **17.** (0, 3)   **18.** (4, 0)

Resolución de problemas

19. Razonamiento de orden superior Descríbele a un amigo cómo hallar y nombrar el par ordenado para el Punto *R* de la gráfica.

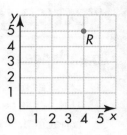

Para **20** a **24**, completa la tabla. Escribe los puntos y pares ordenados de los vértices del pentágono de la derecha.

	Punto	Par ordenado
20.		
21.		
22.		
23.		
24.		

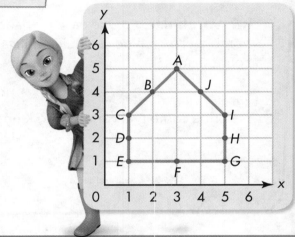

25. Razonar ¿Por qué es importante el orden cuando nombras o haces una gráfica de las coordenadas de un punto?

26. ¿Cómo se relacionan el eje de las *x* y el eje de las *y* en una gráfica de coordenadas?

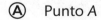 **Práctica para la evaluación**

27. ¿Cuál de los siguientes puntos está ubicado en (4, 2)?

Ⓐ Punto *A*

Ⓑ Punto *M*

Ⓒ Punto *B*

Ⓓ Punto *P*

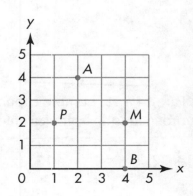

Nombre _____

Resuélvelo y coméntalo

Grafica y rotula los puntos para los siguientes pares ordenados en la gráfica. Luego, conecta los puntos con segmentos de recta para formar una figura. ¿Qué figura dibujaste?

Puedo...
graficar puntos en una gráfica de coordenadas.

También puedo escoger y usar una herramienta matemática para resolver problemas.

Usa herramientas apropiadas. Puedes graficar puntos en una gráfica de coordenadas. ¡Muestra tu trabajo!

A (2, 1) B (5, 1) C (5, 4) D (2, 4)

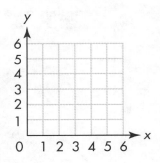

¡Vuelve atrás! ¿Qué herramienta podrías usar como ayuda para conectar los puntos A, B, C y D? Explícalo.

Pregunta esencial

¿Cómo se puede graficar un punto en una gráfica de coordenadas?

A

La siguiente tabla muestra el crecimiento de una planta en un período de varios días. Grafica pares ordenados para mostrar el crecimiento de la planta.

 Sea *x* la cantidad de días y sea *y* la altura de la planta en centímetros.

DATOS	Tiempo (días)	1	3	5	7	9
	Altura (cm)	4	8	10	11	14

Los pares ordenados son (1, 4), (3, 8), (5, 10), (7, 11) y (9, 14).

B

Paso 1

Grafica el primer punto (1, 4).

Comienza en (0, 0). Muévete 1 unidad hacia la derecha sobre el eje de las *x*. Luego, muévete 4 unidades hacia arriba.

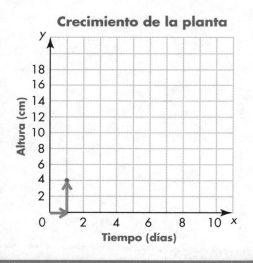

Crecimiento de la planta

C

Paso 2

Marca el resto de los pares ordenados de la tabla. Usa una regla para conectar los puntos.

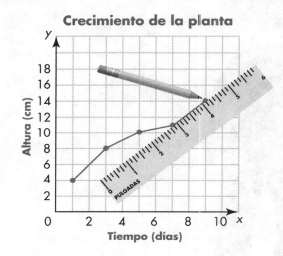

Crecimiento de la planta

¡Convénceme! **Razonar** Según los datos, ¿aproximadamente qué altura tenía la planta en el día 4? ¿Y en el día 8?

Práctica Herramientas Evaluación

⭐ Práctica guiada

¿Lo entiendes?

1. Natalie grafica el punto *T* en (1, 8). ¿Se debería mover 8 unidades hacia la derecha o hacia arriba? Explícalo.

2. Describe cómo graficar el punto (*c*, *d*).

¿Cómo hacerlo?

Para **3** a **6**, marca los puntos en la gráfica y rotúlalos con la letra apropiada.

3. *E* (1, 3)

4. *F* (4, 4)

5. *G* (5, 2)

6. *H* (0, 2)

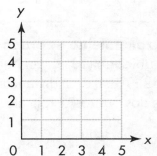

⭐ Práctica independiente

Para **7** a **18**, grafica y rotula los puntos en la gráfica de la derecha.

7. *J* (2, 6)   **8.** *K* (6, 2)

9. *L* (4, 5)   **10.** *M* (0, 8)

11. *N* (3, 9)   **12.** *V* (6, 6)

13. *P* (1, 4)   **14.** *Q* (5, 0)

15. *R* (7, 3)   **16.** *S* (7, 8)

17. *T* (8, 1)   **18.** *U* (3, 3)

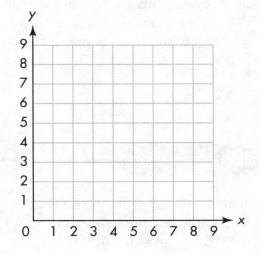

Resolución de problemas

19. Razonar ¿En qué se diferencia graficar (0, 2) de graficar (2, 0)?

20. Sentido numérico Shane hizo un examen que tenía 21 ejercicios en total. Respondió correctamente $\frac{3}{4}$ de los ejercicios. ¿Aproximadamente cuántos ejercicios respondió correctamente?

21. Razonamiento de orden superior El punto C se ubica en (10, 3) y el punto D se ubica en (4, 3). ¿Cuál es la distancia horizontal entre los dos puntos? Explícalo.

22. Laura compra 3 ovillos de lana. Cada uno cuesta $4.75. También compra 2 pares de agujas de tejer. Cada par cuesta $5.75. Laura paga con dos billetes de 20 dólares. ¿Cuánto cambio recibe?

23. Grafica los siguientes puntos en la gráfica de la derecha.

A (2, 4)   B (1, 2)   C (2, 0)
D (3, 0)   E (4, 2)   F (3, 4)

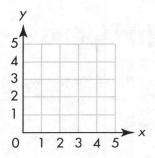

24. Alejandro quiere conectar los puntos para formar una figura. ¿Cuál es la herramienta más apropiada que puede usar? Usa la herramienta para conectar los puntos.

✓ Práctica para la evaluación

25. Talía dibuja un mapa de su vecindario en una gráfica de coordenadas. Su mapa muestra la escuela en E (1, 6), su casa en C (4, 3) y la biblioteca en B (7, 2). Grafica y rotula las ubicaciones en la gráfica de la derecha.

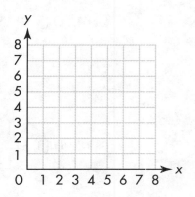

Nombre _____

Resuélvelo y coméntalo

En la siguiente tabla se usan patrones numéricos para describir cambios en el ancho y la longitud de un rectángulo. Sea *x* el ancho y sea *y* la longitud. Marca los pares ordenados de la tabla en la gráfica de coordenadas. ¿Cuál piensas que será la longitud si el ancho es 5?

Puedo...
resolver problemas de la vida diaria graficando puntos.

También puedo buscar patrones para resolver problemas.

	Regla	Comienzo			
Ancho	Sumar 1	1	2	3	4
Longitud	Restar 1	11	10	9	8

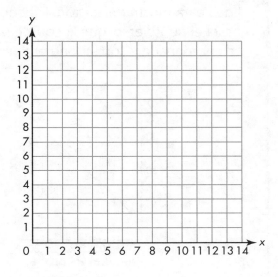

Puedes hacer una gráfica para ayudarte a resolver el problema. ¡Muestra tu trabajo!

¡Vuelve atrás! **Buscar relaciones** ¿Qué patrón forman los puntos en tu gráfica?

Pregunta esencial **¿Cómo se pueden usar pares ordenados para resolver problemas?**

A

Tanto Ann como Bill ganan la cantidad de dinero que se muestra por semana. Al comienzo, Ann no tiene dinero y Bill tiene $5. ¿Cuánto dinero tendrá Bill cuando Ann tenga $30? Representa esta situación usando una tabla y una gráfica.

Sabes que cuando Ann tiene $0, Bill tiene $5.

B Haz una tabla para mostrar cuánto dinero tienen Ann y Bill después de cada semana.

Semana	Comienzo	1	2	3	4	5
Ingresos de Ann en $	0	3	6	9	12	15
Ingresos de Bill en $	5	8	11	14	17	20

Sea x = los ingresos de Ann y sea y = los ingresos de Bill.

C Marca los pares ordenados de la tabla. Traza una línea para mostrar el patrón. Extiende tu línea hasta el punto en el que la coordenada x es 30. La coordenada y correspondiente es 35.

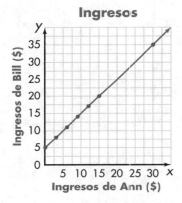

Ingresos

Por tanto, Bill tiene $35 cuando Ann tiene $30.

¡Convénceme! **Buscar relaciones** ¿Cuál es la relación entre los ingresos de Bill y los ingresos de Ann?

Práctica Herramientas Evaluación

☆Práctica guiada

¿Lo entiendes?

1. Busca otro punto en la línea del ejemplo de la página 574. ¿Qué representa el punto?

2. Álgebra Escribe una ecuación para mostrar la relación entre los ingresos de Ann y los ingresos de Bill en el ejemplo de la página 574. Recuerda que x = ingresos de Ann y y = ingresos de Bill.

¿Cómo hacerlo?

Escribe las coordenadas que faltan e indica qué representa el punto.

3.

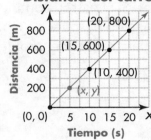

Distancia del carro *jet*

☆Práctica independiente

Para **4** y **5**, halla las coordenadas que faltan e indica qué representa el punto.

4.

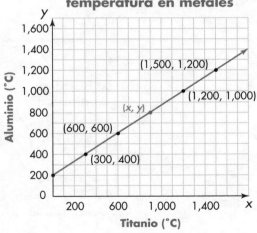

Comparación de cambios de temperatura en metales

5.

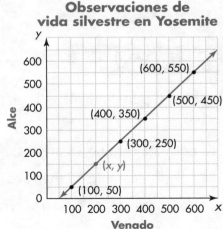

Observaciones de vida silvestre en Yosemite

6. Busca otros dos puntos en la línea del Ejercicio 5. Luego, grafícalos y rotúlalos. Describe la relación entre las observaciones de venados y las de alces.

Resolución de problemas

Para **7** y **8**, usa la tabla de la derecha.

Registro de lectura

Tiempo (h)	1	2	3	4	5
Páginas leídas	20	40	60	80	100

7. Grafica los puntos de la tabla en la gráfica de la derecha. Luego, traza una línea para unir los puntos.

Registro de lectura

8. **Buscar relaciones** Si el patrón continúa, ¿cuántas páginas se habrán leído después de 6 horas? Amplía la gráfica para resolver el problema.

9. **Razonamiento de orden superior** Supón que tienes una gráfica de velocidad que muestra que un león puede correr cuatro veces la velocidad a la que corre una ardilla. Nombra un par ordenado que muestre esta relación. ¿Qué representa el par ordenado?

10. **Sentido numérico** Candace conduce 48 millas por día para llegar al trabajo y volver a su casa. Trabaja 5 días por semana. Su carro rinde 21 millas por galón de gasolina. ¿Aproximadamente cuántos galones de gasolina por semana necesita para conducir al trabajo y volver a su casa?

✓ Práctica para la evaluación

11. ¿Qué representa el punto (15, 4) en la gráfica de la derecha?

  Ⓐ La hormiga caminó 15 metros en 19 segundos.

  Ⓑ La hormiga caminó 15 metros en 4 segundos.

  Ⓒ La hormiga caminó 4 metros en 19 segundos.

  Ⓓ La hormiga caminó 4 metros en 15 segundos.

La hormiga caminante

12. ¿Qué representa el punto (20, 5) en la gráfica?

  Ⓐ En 20 segundos, la hormiga caminó 5 centímetros.

  Ⓑ En 20 segundos, la hormiga caminó 5 metros.

  Ⓒ En 5 segundos, la hormiga caminó 20 metros.

  Ⓓ En 5 segundos, la hormiga caminó 15 metros.

Nombre _____

Resuélvelo y coméntalo

Seis payasos se presentan para un puesto de trabajo en un circo. El trabajo requiere que los payasos tengan una talla de zapato de payaso menor a 15 pulgadas y midan menos de 5 pies y 8 pulgs. de estatura.

¿Cuántos payasos cumplen con los requisitos para el trabajo? Completa la siguiente gráfica como ayuda para decidirlo.

Puedo...
razonar para resolver problemas.

También puedo hacer gráficas de pares ordenados.

DATOS

Payaso	Tippy	Yippy	Dippy	Zippy	Fippy	Gippy
Zapato	15	13	13	16	12	16
Estatura	5'9"	5"10"	5'3"	5'2"	5'4"	5'11"

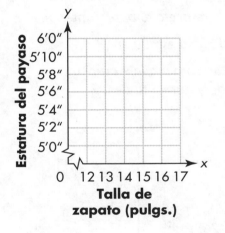

Estatura del payaso

6'0" 5'10" 5'8" 5'6" 5'4" 5'2" 5'0"

0 12 13 14 15 16 17

Talla de zapato (pulgs.)

Hábitos de razonamiento

¡Razona correctamente! Estas preguntas te pueden ayudar.

- ¿Qué significan los números, los signos y los símbolos del problema?
- ¿Cómo están relacionados los números o las cantidades?
- ¿Cómo puedo representar un problema verbal usando dibujos, números o ecuaciones?

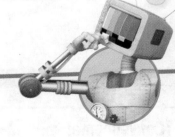

¡Vuelve atrás! **Razonar** ¿Cómo puedes razonar sobre la gráfica completada para hallar la cantidad de payasos que cumplen los requisitos? Explícalo.

Pregunta esencial ¿Cómo se puede usar el razonamiento para resolver problemas matemáticos?

A

En 1705, un barco se hundió en el océano en el punto que se muestra. Las corrientes del océano movieron el barco 1 milla al este y 2 millas al norte por año. ¿Dónde estaba ubicado el barco después de 4 años? ¿Donde estaba ubicado el barco después de 10 años? Indica cómo lo decidiste.

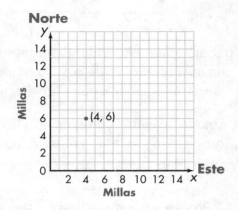

¿Qué tienes que hacer para resolver el problema?

Tengo que hallar la ubicación del barco después de 4 años y después de 10 años.

B

¿Cómo puedo usar el razonamiento para resolver este problema?

Puedo

- usar lo que sé sobre graficar puntos.
- graficar pares ordenados.
- buscar relaciones entre las coordenadas.
- decidir si mi respuesta tiene sentido.

C

Este es mi razonamiento...

Usaré una gráfica para mostrar la ubicación del barco cada año durante 4 años. Cada punto está 1 milla al este y 2 millas al norte con respecto al punto anterior.

Después de 4 años, el barco estaba en (8, 14).

Observo un patrón. La coordenada x aumenta de a 1 y la coordenada y aumenta de a 2.

(4, 6), (5, 8), (6, 10), (7, 12), (8, 14)

Puedo continuar el patrón durante 6 años más:

(9, 16), (10, 18), (11, 20), (12, 22), (13, 24), (14, 26)

Después de 10 años, el barco estaba en (14, 26).

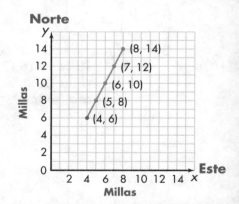

¡Convénceme! Entender y perseverar ¿Cómo puedes decidir si tu respuesta tiene sentido?

☆ Práctica guiada

Tanya hizo una gráfica de su jardín. Plantó un rosal en (3, 1). Se movió 2 pies al este y 1 pie al norte y plantó el segundo rosal. Continuó plantando rosales de manera que cada rosal estuviera 2 pies al este y 1 pie al norte del anterior.

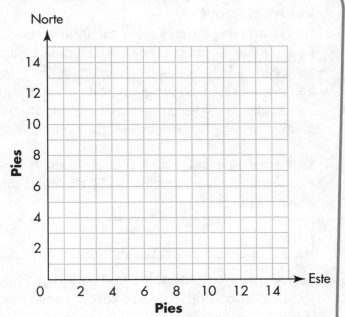

1. ¿Cómo te ayuda una gráfica de coordenadas a razonar acerca del problema?

2. Marca y rotula la ubicación de los primeros cuatro rosales en la gráfica. ¿Los rosales de Tanya se ubican en una línea recta? ¿Cómo lo sabes?

3. ¿Cuál es la ubicación del quinto y del noveno rosal?

☆ Práctica independiente

Razonar

Una banda de música usa una gráfica para determinar la ubicación de sus miembros. Juan comienza en (2, 2). Cada 15 segundos, se mueve 4 yardas al este y 3 yardas al norte.

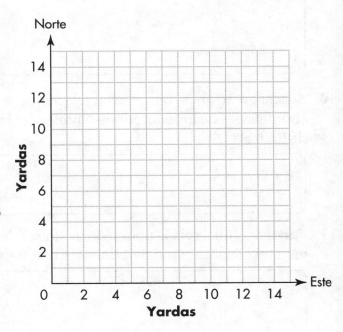

4. ¿Cómo puedes representar este problema?

5. Marca y rotula las primeras cuatro ubicaciones de Juan. ¿Los puntos forman un patrón? ¿Cómo lo sabes?

6. ¿Cuál será la ubicación de Juan después de 60 segundos? ¿Y después de 90 segundos? ¿Cómo te ayuda la gráfica de coordenadas a razonar acerca de las ubicaciones?

Resolución de problemas

Ronzo, el Robot

Una tienda de juguetes está probando el robot Ronzo. Ronzo mide 18 pulgadas de altura y pesa 2 libras. Los empleados de la tienda hicieron una gráfica y ubicaron a Ronzo en (2, 5). Lo programaron para que camine 3 yardas al este y 4 yardas al norte por minuto. ¿Cuál será la ubicación de Ronzo después de 7 minutos?

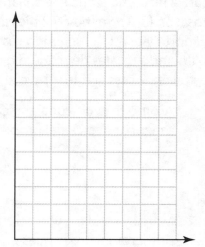

7. Entender y perseverar ¿Necesitas toda la información dada para resolver el problema? Describe la información que no es necesaria.

8. Representar con modelos matemáticos Rotula la gráfica y marca la posición inicial de Ronzo. Luego, marca y rotula la ubicación de Ronzo al final de cada uno de los primeros 4 minutos.

9. Usar herramientas apropiadas ¿Qué herramienta escogerías para trazar un segmento de recta entre los puntos de la gráfica de coordenadas? Explica tu razonamiento.

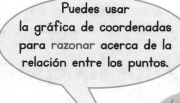

Puedes usar la gráfica de coordenadas para razonar acerca de la relación entre los puntos.

10. Buscar relaciones Describe las relaciones entre las coordenadas de los puntos que representan las ubicaciones de Ronzo.

11. Razonar ¿Cuál será la ubicación de Ronzo después de 7 minutos? Explica cómo determinaste tu respuesta.

Nombre _____

Trabaja con un compañero. Necesitan papel y lápiz. Cada uno escoge un color diferente: celeste o azul.

El compañero 1 y el compañero 2 apuntan a uno de los números negros al mismo tiempo. Ambos hallan el producto de los dos números.

El que escogió el color donde aparece el producto recibe una marca de conteo. Sigan la actividad hasta que uno de los dos tenga siete marcas de conteo.

Puedo...
multiplicar números enteros de varios dígitos.

También puedo crear argumentos matemáticos.

Compañero 1					Compañero 2
85	24,024	94,435	11,616	90,100	**264**
79	101,101	8,712	20,856	11,682	**198**
91	30,345	18,018	22,440	83,740	**357**
44	15,576	87,769	21,063	28,203	**1,060**
59	15,642	62,540	32,487	96,460	**1,111**
	48,884	16,830	65,549	46,640	

Marcas de conteo del compañero 1

Marcas de conteo del compañero 2

Repaso del vocabulario

A-Z
Glosario

Lista de palabras

- coordenada *x*
- coordenada *y*
- eje de las *x*
- eje de las *y*
- gráfica de coordenadas
- origen
- par ordenado

Comprender el vocabulario

Escoge el mejor término de la Lista de palabras. Escríbelo en el espacio en blanco.

1. El punto en el cual los ejes de una gráfica de coordenadas se intersecan es el/la _____.

2. Un/Una _____ nombra una ubicación exacta en una gráfica de coordenadas.

3. El primer número de un par ordenado describe la distancia desde el origen sobre el/la _____.

4. El segundo número de un par ordenado es el/la _____.

5. Un/Una _____ está formada por dos rectas numéricas que se intersecan en un ángulo recto.

Traza una línea desde las letras que nombran un punto en la Columna A hasta el par ordenado que representan.

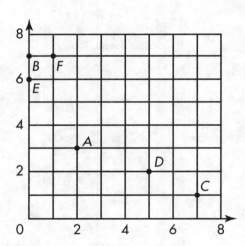

	Columna A	Columna B
6.	A	(5, 2)
7.	B	(1, 7)
8.	C	(2, 3)
9.	D	(0, 7)
10.	E	(7, 1)
11.	F	(0, 6)

Usar el vocabulario al escribir

12. ¿Por qué es importante el orden de las coordenadas en un par ordenado? Usa términos de la Lista de palabras en tu explicación.

Grupo A   páginas 565 a 568 _____

¿Qué par ordenado nombra el Punto A?

Comienza en el origen. La coordenada x es la distancia horizontal sobre el eje de las x. La coordenada y es la distancia vertical sobre el eje de las y.

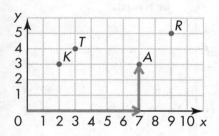

El Punto A está en (7, 3).

Recuerda que primero debes hallar la coordenada x. Luego, halla la coordenada y. Escribe las coordenadas en orden (x, y).

Usa la gráfica para responder a las preguntas.

1. ¿Qué punto está ubicado en (9, 5)?

2. ¿Qué punto está ubicado en (2, 3)?

3. ¿Qué par ordenado nombra el Punto T?

4. ¿Cuál es el par ordenado del origen?

Grupo B   páginas 569 a 572, 573 a 576 _____

En la tabla, la coordenada x está en la columna izquierda y la coordenada y está en la columna derecha. Usa la tabla para marcar los pares ordenados. Luego, traza una línea para conectar los puntos.

x	y
1	1
2	4
3	7

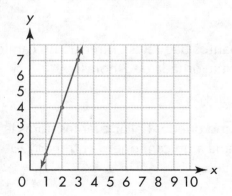

Recuerda que puedes usar una herramienta, como una regla, para trazar una línea y conectar los puntos en la gráfica.

1. Marca los pares ordenados de la siguiente tabla. Luego, conecta los puntos para completar la gráfica.

x	y
2	1
4	2
6	3
8	4

2. Escribe dos pares ordenados con coordenadas x mayores que 10 que estén en la línea.

Piensa en tus respuestas a estas preguntas para ayudarte a **razonar para resolver problemas**.

Recuerda que puedes usar una gráfica o una tabla para razonar sobre problemas verbales y resolverlos.

Una compañía muestra cuántos paquetes entrega cada camionero en la siguiente gráfica. ¿Cuántos paquetes entregará un camionero en una jornada de 7 horas?

Hábitos de razonamiento

- ¿Qué significan los números, los signos y los símbolos del problema?

- ¿Cómo están relacionados los números o las cantidades?

- ¿Cómo puedo representar un problema verbal usando dibujos, números o ecuaciones?

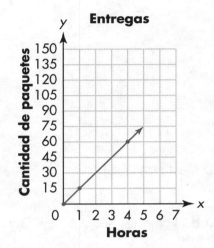

1. ¿Qué información te puede ayudar a resolver el problema?

2. ¿Cómo puedes hallar la cantidad de paquetes que entrega un camionero en 3 horas?

3. ¿Cuántos paquetes entregará un camionero en una jornada de 7 horas?

4. ¿Cómo puedes hallar cuántas horas le llevaría a un camionero entregar 120 paquetes?

Nombre _____

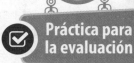
Para **1** a **4**, usa la siguiente gráfica de coordenadas.

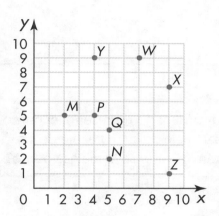

1. ¿Cuál es el par ordenado para el punto *Y*?

Ⓐ (4, 5)

Ⓑ (4, 9)

Ⓒ (7, 9)

Ⓓ (9, 4)

2. ¿Qué punto se ubica en (5, 2) en la gráfica de coordenadas?

Ⓐ *M*

Ⓑ *N*

Ⓒ *Q*

Ⓓ *P*

3. ¿Cuál es el par ordenado para el punto *Z*?

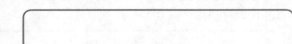

4. ¿Cuál es el par ordenado para el punto *P*?

5. Cada año, Ginny anota la altura de un árbol que crece en su patio. La siguiente gráfica muestra sus datos.

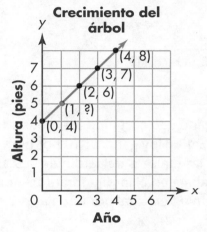

¿Qué representa el punto (1, ?)?

6. Explica cómo graficar el punto (6, 4) en un plano de coordenadas.

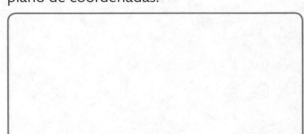

7. Varsha dibuja un mapa de su vecindario en un plano de coordenadas. En su mapa, el parque está en *P* (3, 1), su casa en *C* (5, 6) y el campo de fútbol en *F* (2, 4). Grafica y rotula las ubicaciones en la siguiente gráfica.

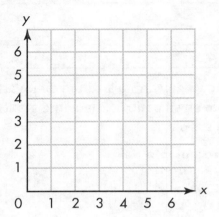

8. Ayer, Bill ganó $30 cortando los arbustos de la Sra. Gant. Hoy ganará $10 por hora por quitar las malezas del jardín de la Sra. Gant. Si trabaja en el jardín durante 8 horas, ¿cuánto ganará en total por trabajar para la Sra. Gant?

Ⓐ $40

Ⓑ $80

Ⓒ $110

Ⓓ $120

9. ¿En qué se diferencia graficar (0, 12) de graficar (12, 0)?

10. ¿Qué par ordenado representa el punto en el cual el eje de las *x* y el eje de las *y* se intersecan? ¿Cómo se llama ese punto?

11. Tres vértices de un rectángulo se ubican en (1, 4), (1, 2) y (5, 2).

A. A continuación, grafica y rotula cada uno de los vértices.

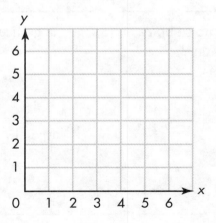

B. ¿Cuál es la coordenada del cuarto vértice del rectángulo?

Excavación de huesos de dinosaurio

La madre de Omar es paleontóloga. Desentierra y estudia huesos de dinosaurios. Omar está ayudando en el sitio de excavación.

1. La gráfica **Excavación para huesos de dinosaurio 1** muestra la ubicación de la carpa y el esqueleto de un triceratops que halló la madre de Omar.

Parte A

¿Qué par ordenado indica la ubicación del esqueleto del triceratops? Explica cómo lo sabes.

Excavación para huesos de dinosaurio 1

Parte B

Omar halló el hueso de una pata en (4, 12). Grafica este punto en la gráfica de coordenadas y rotúlalo *P.* Explica cómo ubicaste el punto usando los términos *origen*, *coordenada* x, *eje de las* x, *coordenada* y y *eje de las* y.

Parte C

Luego, Omar excavó en un punto ubicado 3 metros hacia el este y 1 metro hacia el sur desde el hueso de la pata. Grafica el punto en el cual excavó Omar y rotúlalo *A.* ¿Qué par ordenado nombra ese punto?

2. La madre de Omar avanzó desde el esqueleto del triceratops. Fue moviéndose 1 metro hacia el este y 2 metros hacia el norte para excavar en busca de más huesos de dinosaurio. Completa la tabla y la gráfica para hallar qué tan al norte estaba después de avanzar 11 metros al este de la carpa.

Parte A

Completa la tabla de pares ordenados.

Distancia desde la carpa	
Este de la carpa (metros)	Norte de la carpa (metros)
6	
7	
8	
9	

Parte B

Grafica los puntos de la tabla de la Parte A en la gráfica de coordenadas **Excavación para huesos de dinosaurio 2**. Traza una línea que una los puntos. Extiende la línea 11 metros hacia el este.

Parte C

¿Qué tan al norte estaba la madre de Omar después de avanzar 11 metros hacia el este de la carpa? Explica cómo usar la gráfica para resolverlo y por qué tu respuesta tiene sentido.

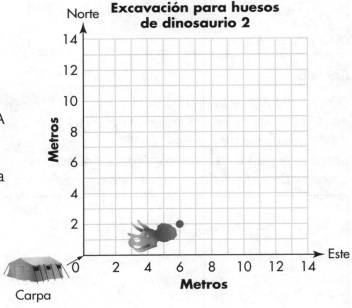

Álgebra: Analizar patrones y relaciones

Preguntas esenciales: ¿Cómo se pueden analizar los patrones numéricos y representarlos en una gráfica? ¿Cómo se pueden usar los patrones numéricos para resolver problemas?

Recursos digitales

Libro del estudiante   Aprendizaje visual   Práctica

Evaluación   Herramientas   Glosario

Los edificios pueden ser de muchas formas diferentes y pueden tener hasta 100 pisos.

Muchos edificios tienen un patrón de vidrio y concreto en cada piso.

Los patrones se hallan en diferentes lugares y objetos. Este es un proyecto sobre encontrar patrones.

Proyecto de enVision STEM: Analizar patrones

Investigar Usa la Internet u otros recursos para buscar patrones en ciudades y edificios de otras partes del mundo.

Diario: Escribir un informe Incluye lo que averiguaste. En tu informe, también:

- describe tipos de patrones que se puedan encontrar en la naturaleza.

- describe tipos de patrones que se puedan encontrar en las ciudades.

- haz una gráfica para representar las relaciones entre algunos de los patrones que hallaste.

Repasa lo que sabes

A-Z Vocabulario

Escoge el mejor término de la Lista de palabras.
Escríbelo en el espacio en blanco.

• ecuación	• expresión	• variable
• evaluar	• par ordenado	

1. Un/Una _____ numérica es una frase matemática que contiene números y al menos una operación.

2. Un/Una _____ se puede usar para mostrar la posición de un punto en un plano de coordenadas.

3. La letra n en $\$10 \times n$ se llama _____ y es una cantidad que puede cambiar.

Expresiones

Escribe una expresión numérica para los cálculos.

4. Suma 230 más 54 y, luego, divide por 7.

5. Resta 37 al producto de 126 por 4.

Resolver ecuaciones

Resuelve las ecuaciones.

6. $7{,}200 + x = 13{,}000$

7. $6{,}000 = 20 \times g$

8. $105 + 45 = w \times 3$

9. $38 + 42 = 480 \div b$

10. Janine tiene 85 tarjetas de hockey en un álbum y 105 en otro álbum. Las tarjetas de hockey vienen en paquetes de 5. Si Janine compró todas sus tarjetas de hockey en paquetes, ¿cuántos paquetes compró?

    Ⓐ 21 paquetes   Ⓑ 38 paquetes   Ⓒ 190 paquetes   Ⓓ 195 paquetes

Evaluar expresiones

11. Explica cómo evalúas la expresión $9 + (45 \times 2) \div 10$.

¿Cómo están ordenadas las teclas de un piano?

Proyecto: Aprende más sobre los teclados

PROYECTO
15B

¿Por qué es importante proteger a las tortugas de la Florida?

Proyecto: Usa información para escribir problemas

PROYECTO
15C

¿Cómo puedes usar patrones para crear arte?

Proyecto: Crea un hilorama

Video

Representación matemática

Juego de apilamiento

Antes de ver el video, piensa:

Apilar tazas es mucho menos complicado cuando están vacías.

Puedo...
representar con modelos matemáticos para resolver problemas que incluyen hacer gráficas de datos y analizar relaciones numéricas.

Nombre_____

Resuélvelo y coméntalo

Emma tiene $100 en su cuenta de ahorros y Jorge tiene $50 en la suya. Cada uno deposita $10 en su cuenta al final de cada semana. Completa las tablas para ver cuánto habrá ahorrado cada uno luego de 5 semanas. ¿Qué patrones observas?

Puedo...
analizar patrones numéricos.

También puedo buscar patrones para resolver problemas.

Semana	Emma
Comienzo	$100
1	
2	
3	
4	
5	

Semana	Jorge
Comienzo	$50
1	
2	
3	
4	
5	

Busca relaciones para ver en qué se parecen y en qué se diferencian las dos tablas.

¡Vuelve atrás! Si los patrones de ahorro se mantienen, ¿podrá Jorge llegar a tener tantos ahorros como Emma? Explícalo.

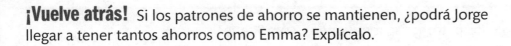

¿Cómo se pueden resolver problemas que tienen patrones numéricos?

A

Lindsey tiene una planta de salvia de 3.5 pulgadas de altura. También tiene una planta de romero de 5.2 pulgadas de altura. Las dos plantas crecen 1.5 pulgadas por semana. ¿Cuánto medirán las plantas luego de 5 semanas? ¿Cuál es la relación entre las alturas de las plantas?

Puedes crear tablas para identificar relaciones entre los términos correspondientes en una progresión numérica.

B Puedes usar la regla "Sumar 1.5" para completar las tablas.

Planta de salvia	
Semana	**Altura (en pulgadas)**
Comienzo	3.5
1	5
2	6.5
3	8
4	9.5
5	11

Planta de romero	
Semana	**Altura (en pulgadas)**
Comienzo	5.2
1	6.7
2	8.2
3	9.7
4	11.2
5	12.7

¡La planta de romero siempre es 1.7 pulgadas más alta que la planta de salvia!

¡Convénceme! **Razonar** Si los patrones se mantienen, ¿cómo sabes que la planta de romero siempre será más alta que la planta de salvia?

☆Práctica guiada

¿Lo entiendes?

1. Anthony dice: "El patrón es que la planta de salvia siempre es 1.7 pulgadas más baja que la planta de romero". ¿Estás de acuerdo? Explícalo.

2. ¿En qué te ayuda hacer tablas para identificar relaciones entre los términos de los patrones?

¿Cómo hacerlo?

3. Si las plantas continúan creciendo 1.5 pulgadas por semana, ¿cuál será la altura de cada planta luego de 10 semanas?

4. Si las plantas continúan creciendo 1.5 pulgadas por semana, ¿cuál será la altura de cada planta luego de 15 semanas?

☆Práctica independiente

Para **5** a **7**, usa la regla "Sumar $0.50" como ayuda.

5. Tim y Jill tienen una alcancía cada uno. Tim comienza con $1.25 en su alcancía y deposita $0.50 cada semana. Jill comienza con $2.75 en su alcancía y también deposita $0.50 cada semana. Completa la tabla para mostrar cuánto habrá ahorrado cada uno luego de cinco semanas.

6. ¿Qué relación observas entre la cantidad que ahorra Tim y la cantidad que ahorra Jill por semana?

7. Si Tim y Jill continúan ahorrando de esta manera, ¿cuánto habrán ahorrado luego de 10 semanas? Explica cómo lo determinaste.

Ahorros en la alcancía		
Semana	Tim	Jill
Comienzo	$1.25	$2.75
1		
2		
3		
4		
5		

Resolución de problemas

Para **8** a **10**, usa la tabla.

Altura de los árboles (en pies)		
Año	Roble	Nogal americano
Comienzo	$25\frac{1}{2}$	30
1		
2		
3		
4		
5		

8. **enVision®** STEM El roble y el nogal americano son árboles de hoja caduca, es decir, pierden las hojas estacionalmente. El roble mide $25\frac{1}{2}$ pies y crece $1\frac{1}{2}$ pies por año. El nogal americano mide 30 pies y crece $1\frac{1}{2}$ pies por año. Completa la tabla para mostrar las alturas de los dos árboles cada año, durante cinco años.

9. Si cada árbol continúa creciendo $1\frac{1}{2}$ pies por año, ¿cuánto medirá cada árbol luego de 15 años?

10. **Razonamiento de orden superior** ¿Qué relación observas entre la altura del roble y la altura del nogal americano cada año? Explícalo.

11. **Razonar** Cada cuadrado pequeño del tablero de ajedrez tiene el mismo tamaño. La longitud de lado de un cuadrado pequeño es 2 pulgadas. ¿Cuál es el área del tablero de ajedrez? Explícalo.

Práctica para la evaluación

12. Jessica ahorró $50 y cada semana agregará $25 a sus ahorros. Roy ahorró $40 y cada semana agregará $25 a sus ahorros. ¿Cuánto habrá ahorrado cada uno luego de 5 semanas?

    Ⓐ Jessica: $275; Roy: $225

    Ⓑ Jessica: $250; Roy: $240

    Ⓒ Jessica: $175; Roy: $165

    Ⓓ Jessica: $165; Roy: $175

13. ¿Cuáles de los siguientes enunciados son verdaderos?

    ☐ Jessica siempre habrá ahorrado $25 más que Roy.

    ☐ Jessica siempre habrá ahorrado $10 más que Roy.

    ☐ Roy siempre habrá ahorrado $25 menos que Jessica.

    ☐ Roy siempre habrá ahorrado $10 menos que Jessica.

Nombre _____

Resuélvelo y coméntalo

Durante las vacaciones de verano, Julie leyó 45 páginas por día. Su hermano Bret leyó 15 páginas por día. Completa las tablas para mostrar cuántas páginas leyó cada uno luego de 5 días. ¿Qué relación observas entre los términos de cada patrón?

Puedo...
usar tablas para identificar relaciones entre patrones.

También puedo buscar patrones para resolver problemas.

Total de páginas leídas	
Día	Julie
1	45
2	
3	
4	
5	

Total de páginas leídas	
Día	Bret
1	15
2	
3	
4	
5	

Busca una regla que te ayude a completar las tablas.

¡Vuelve atrás! **Razonar** Explica por qué existe esta relación entre los términos.

Pregunta esencial ¿Cómo se pueden identificar las relaciones entre patrones?

A

Jack se está preparando para una carrera. Todas las semanas corre 30 millas y monta en bicicleta 120 millas. Creó una tabla para anotar su progreso. ¿Cuántas millas en total habrá corrido y montado en bicicleta luego de 5 semanas? ¿Puedes identificar alguna relación entre las millas que corrió y las millas que montó en bicicleta?

Puedes usar las reglas "Sumar 30" y "Sumar 120" como ayuda para completar la tabla.

B Dado que Jack corre 30 millas por semana, suma 30 para calcular el término que sigue en el total de millas que corrió. Suma 120 para calcular los términos en el patrón de la cantidad total de millas que montó en bicicleta.

DATOS	Semana	Total de millas que corrió	Total de millas que montó en bicicleta
	1	30	120
	2	60	240
	3	90	360
	4	120	480
	5	150	600

C Compara los términos correspondientes de los patrones:

$$30 \times 4 = 120$$
$$60 \times 4 = 240$$
$$90 \times 4 = 360$$
$$120 \times 4 = 480$$
$$150 \times 4 = 600$$

Por tanto, la cantidad total de millas que montó en bicicleta es siempre 4 veces la cantidad total de millas que corrió.

¡Convénceme! **Generalizar** ¿Piensas que la relación entre los términos correspondientes de la tabla que creó Jack siempre será verdadera? Explícalo.

Práctica guiada

¿Lo entiendes?

Para **1** a **3**, usa la tabla de la página 598.

1. Neko dice que la relación entre los términos es que la cantidad de millas corridas es $\frac{1}{4}$ de la cantidad de las millas montadas en bicicleta. ¿Estás de acuerdo? Explícalo.

¿Cómo hacerlo?

2. ¿Cuántas millas en total habrá corrido y montado en bicicleta Jack luego de 10 semanas? ¿Y luego de 15 semanas?

3. Miguel dice que puede usar la multiplicación para calcular los términos de los patrones. ¿Estás de acuerdo? Explícalo.

Práctica independiente

Para **4** a **6**, usa las reglas "Sumar 250" y "Sumar 125" como ayuda.

4. María y Henry abren una cuenta de ahorros cada uno. María deposita en su cuenta $250 por mes y Henry deposita en la suya $125 por mes. ¿Cuánto dinero habrá ahorrado cada uno luego de 6 meses? Completa la tabla para resolverlo.

5. ¿Qué relación observas entre la cantidad total que ahorra María por mes y la cantidad que ahorra Henry por mes?

Cantidad total ahorrada ($)		
Mes	María	Henry
1		
2		
3		
4		
5		
6		

6. Si María y Henry continúan ahorrando de esta manera durante un año completo, ¿cuánto dinero más que Henry habrá ahorrado María?

Resolución de problemas

7. Sheila y Patrick están haciendo una tabla para comparar galones, cuartos de galón y pintas. Usa la regla "Sumar 4" para completar la columna de la cantidad de cuartos de galón. Luego, usa la regla "Sumar 8" para completar la columna de la cantidad de pintas.

Galones	Cuartos de galón	Pintas
1		
2		
3		
4		
5		
6		

8. Patrick tiene una pecera de 12 galones en su casa. ¿Con cuántos cuartos de galón llenará su pecera? ¿Y con cuántas pintas?

9. Buscar relaciones ¿Qué relación observas entre la cantidad de cuartos de galón y la cantidad de pintas?

---

10. Razonamiento de orden superior En su pizzería familiar, Dani hace 8 pizzas durante la primera hora de trabajo y, luego, hace 6 pizzas por hora. Susan hace 12 pizzas durante la primera hora y, luego, hace 6 pizzas por hora. Si la pizzería está abierta 6 horas, ¿cuántas pizzas harán en total? Completa la tabla usando la regla "Sumar 6" como ayuda.

Cantidad de pizzas hechas		
Hora	Dani	Susan
1		
2		
3		
4		
5		
6		

11. Buscar relaciones Compara la cantidad total de pizzas que habrá hecho cada uno al final de cada hora. ¿Qué relación observas?

✓ Práctica para la evaluación

12. Mike y Sarah embalan cajas en una fábrica. Mike embala 30 cajas por hora y Sarah embala 15 cajas por hora.

¿Cuántas cajas habrá embalado cada uno después de un turno de 8 horas?

- Ⓐ Mike: 38 cajas; Sarah: 23 cajas
- Ⓑ Mike: 86 cajas; Sarah: 71 cajas
- Ⓒ Mike: 120 cajas; Sarah: 240 cajas
- Ⓓ Mike: 240 cajas; Sarah: 120 cajas

13. ¿Cuáles de los siguientes enunciados sobre la cantidad de cajas que habrán embalado Mike y Sarah luego de cada hora son verdaderos?

- ☐ Mike siempre habrá embalado un total de 15 cajas más que Sarah.
- ☐ Mike siempre habrá embalado dos veces la cantidad de cajas que Sarah.
- ☐ Sarah siempre habrá embalado dos veces la cantidad de cajas que Mike.
- ☐ Sarah siempre habrá embalado la mitad de cajas que Mike.

Nombre _____

Una panadería puede acomodar 6 pastelitos normales o 4 pastelitos grandes en cada caja. En cada caja habrá pastelitos normales o grandes. Completa la tabla para mostrar cuántos pastelitos de cada tipo caben en 2, 3 o 4 cajas. Luego, genera pares ordenados y represéntalos en una gráfica.

Puedo...
analizar patrones y hacer gráficas de pares ordenados surgidos de una progresión numérica.

También puedo buscar patrones para resolver problemas.

	1 caja	2 cajas	3 cajas	4 cajas
Pastelitos normales	6			
Pastelitos grandes	4			

Halla reglas que describan la relación entre la cantidad de cajas y la cantidad de pastelitos.

¡Vuelve atrás! **Buscar relaciones** La panadería puede acomodar 12 minipastelitos en una caja. ¿Cuántos minipastelitos caben en 4 cajas? Sin ampliar la tabla, ¿qué relación observas entre la cantidad de minipastelitos y la cantidad de cajas?

¿Cómo se pueden generar y graficar patrones numéricos?

A

Jill gana $5 por hora por trabajar cuidando niños. Robin gana $15 por hora dando lecciones de patinaje sobre hielo. Las niñas hicieron una tabla usando la regla "Sumar 5" para mostrar los ingresos de Jill y la regla "Sumar 15" para mostrar los ingresos de Robin. Completa la tabla, compara los ingresos y grafica los pares ordenados de términos correspondientes.

Puedes buscar relaciones entre los términos correspondientes de un patrón.

Horas	0	1	2	3	4
Ingresos de Jill	$0	$5	$10	$15	
Ingresos de Robin	$0	$15	$30	$45	

B Compara las cantidades en las progresiones de Jill y Robin.

Cada progresión empieza con cero. Luego, cada término del patrón de Robin es tres veces el término correspondiente del patrón de Jill.

Genera pares ordenados con las cantidades totales que ganaron Jill y Robin luego de cada hora.

(0, 0), (5, 15), (10, 30), (15, 45), (20, 60)

C Representa en una grafica los pares ordenados.

Ingresos de Jill (x)	Ingresos de Robin (y)
0	0
5	15
10	30
15	45
20	60

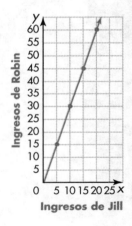

¡Convénceme! **Entender y perseverar** ¿Qué representa el punto (0, 0)?

Práctica guiada

¿Lo entiendes?

1. En el ejemplo de la página 602, ¿qué par ordenado escribirías para indicar cuánto ganaron Jill y Robin luego de 5 horas?

2. Ben dice que la relación es que Jill gana $\frac{1}{3}$ de lo que gana Robin. ¿Estás de acuerdo? Explícalo.

¿Cómo hacerlo?

Sam y Eric anotan la cantidad total de millas que caminan en una semana. Sam camina 2 millas por día. Eric camina 4 millas por día.

3. ¿Qué par ordenado representa la cantidad de millas que caminó cada uno luego de 7 días?

4. ¿Qué relación observas entre la cantidad total de millas que caminó cada uno?

Práctica independiente

Para **5** a **8**, usa la regla "Sumar 4" como ayuda.

5. Durante un campamento, Megan y Scott van de pesca. Megan atrapa 3 peces durante la primera hora y, luego, 4 peces por hora. Scott atrapa 5 peces durante la primera hora y, luego, 4 peces por hora. Completa la tabla para mostrar la cantidad total de peces que atrapó cada uno luego de cada hora.

Total de peces atrapados		
Horas	Megan	Scott
1	3	5
2		
3		
4		

6. ¿Qué par ordenado representa la cantidad total de peces que atrapó cada uno luego de 4 horas?

7. ¿Qué relación observas entre la cantidad total de peces que atrapó cada uno luego de cada hora?

8. Haz una gráfica con los pares ordenados que muestren la cantidad total de peces que atrapó cada uno luego de cada hora.

9. El patrón continúa hasta que el total de peces de Scott es 29. ¿Qué par ordenado representa la cantidad total de peces que atrapó cada uno cuando el total de Scott es 29?

Resolución de problemas

Para **10** a **12**, usa las reglas "Sumar 15" y "Sumar 10" como ayuda.

10. En una tienda de bocaditos hicieron una tabla para anotar los ingresos por las ventas de yogur helado y ensalada de frutas durante cuatro horas. ¿Qué valores faltan en la tabla?

	9 a. m.	10 a. m.	11 a. m.	12 p. m.
Ingresos por las ventas de yogur	$0	$15		$45
Ingresos por las ventas de ensalada de frutas	$0		$20	$30

11. Usar la estructura Si las ventas continúan de la misma manera, ¿qué par ordenado representará los ingresos por las ventas de yogur y ensalada de frutas a la 1 p. m.? Explica cómo lo sabes.

12. Representa en una gráfica los pares ordenados de los ingresos por las ventas de yogur y ensalada de frutas de 9 a. m. a 1 p. m.

13. **A-Z** **Vocabulario** Escribe dos **progresiones numéricas.** Luego, encierra en un círculo los **términos correspondientes** de las dos progresiones.

14. Razonamiento de orden superior Pedro corre $2\frac{1}{2}$ millas por día durante 5 días. Melissa corre 4 millas por día durante 5 días. ¿Cuántas millas más que Pedro correrá Melissa en 5 días? Haz una tabla como ayuda para resolver el problema.

✓ Práctica para la evaluación

15. Cada mes, Leonard paga $240 por su carro y $60 por la membresía de un gimnasio.

Escribe un par ordenado para representar cuánto gasta Leonard en 12 meses por el pago del carro y el pago del gimnasio.

16. ¿Qué relación observas entre lo que gasta Leonard en 12 meses por el pago del carro y la membresía del gimnasio?

Nombre_____

Resuélvelo y coméntalo

Val está organizando una fiesta de bolos y pizza. Con ella incluida, no serán más de 10 invitados. Val quiere saber qué salón de bolos ofrece la opción más económica para la fiesta.

Completa las tablas de "El salón de Leonard" y de "Bolos del Sur". En la misma gráfica, representa los pares ordenados de cada tabla. Usa colores diferentes para los valores de cada tabla. ¿Cuál de los dos salones de bolos será menos costoso? Explica cómo lo sabes.

Puedo...
entender los problemas y seguir trabajando si no puedo seguir adelante.

También puedo graficar datos usando pares ordenados.

El salón de Leonard
Bolos y pizza: $25 más $10 por persona

Invitados	1	2	3	4	5	6	7	8	9	10
Costo ($)	35	45								

Bolos del Sur
Bolos y pizza: $15 por persona

Invitados	1	2	3	4	5	6	7	8	9	10
Costo ($)	15	30								

Hábitos de razonamiento

*Piensa en estas preguntas como ayuda para **entender y perseverar**.*

- ¿Qué necesito hallar?
- ¿Qué sé?
- ¿Qué más puedo intentar si no puedo seguir adelante?
- ¿Cómo puedo comprobar si mi solución tiene sentido?

¡Vuelve atrás! **Entender y perseverar** ¿Cómo te ayudó la gráfica a entender la pregunta?

Pregunta esencial **¿Cómo se puede entender un problema y perseverar en resolverlo?**

A

Entender el problema

En la granja de Aiden, hay 12 acres de soja y 8 acres de maíz. Aiden planea plantar más acres de soja y maíz para reemplazar sus otros cultivos. ¿Habrá alguna vez en su granja la misma cantidad de acres de soja que de maíz? Explícalo.

Plan para nuevos cultivos

Plantar 3 acres más de soja cada año.

Plantar 4 acres más de maíz cada año.

> Puedes entender el problema respondiendo a estas preguntas: ¿Qué sabes? ¿Qué se te pide que halles?

B

¿Cómo puedo entender y resolver este problema?

Puedo

- escoger e implementar una estrategia apropiada.

- usar pares ordenados para hacer gráficas.

- identificar y analizar patrones.

- comprobar si mi trabajo y mi respuesta tienen sentido.

C

Para cada cultivo, puedo escribir una regla, hacer una tabla y marcar los pares ordenados. Luego, puedo ver si la cantidad de acres coincidirá alguna vez.

> Este es mi razonamiento...

Soja
Regla: Iniciar en 12 y sumar 3.

Años	Inicio	1	2	3	4	5
Acres	12	15	18	21	24	27

Maíz
Regla: Iniciar en 8 y sumar 4.

Años	Inicio	1	2	3	4	5
Acres	8	12	16	20	24	28

Donde se intersecan las rectas, a los 4 años, la granja de Aiden tiene 24 acres de cada cultivo.

¡Convénceme! **Entender y perseverar** ¿Cómo puedes comprobar tu trabajo? ¿Tiene sentido tu respuesta? Explícalo.

☆ Práctica guiada

Mindy ya tiene $20 ahorrados y planea ahorrar $8 por mes. Georgette aún no tiene dinero ahorrado pero planea ahorrar $5 por mes. ¿Tendrán alguna vez las niñas la misma cantidad de dinero ahorrado? Explícalo.

Mes	Inicio	1	2	3		
$ ahorrado	20	28	36	44		

Mes	Inicio	1	2	3	4	
$ ahorrado						

1. Escribe una regla y completa las tablas.

   Regla: _____

   Regla: _____

2. En la misma gráfica, representa los pares ordenados de las tablas.

3. Explica si alguna vez las niñas tendrán ahorrada la misma cantidad de dinero.

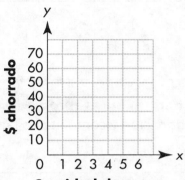

☆ Práctica independiente

Entender y perseverar

"Jardinería ornamental O'Brien" paga a sus empleados $15 más $12 por césped. "Jardinería ornamental Carter" paga $25 más $10 por césped. ¿Qué compañía paga más? Explícalo.

Céspedes	Inicio					
Paga ($)	15					

Céspedes	Inicio					
Paga ($)	25					

4. Escribe una regla y completa las tablas.

   Regla: _____

   Regla: _____

5. Representa en la gráfica los pares ordenados de cada tabla. Explica qué compañía paga más.

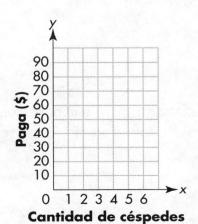

Resolución de problemas

Carrera solidaria

Jordan participa en una carrera solidaria para recaudar dinero para caridad. ¿Quién hará una donación mayor: la tía Meg o la abuela Diane? Explícalo.

Donaciones para la carrera solidaria	
Tía Meg	$8 más $2 por vuelta
Abuela Diane	$15 + $1 por vuelta

6. Entender y perseverar ¿Cómo puedes usar tablas y una gráfica para resolver el problema?

7. Usar herramientas apropiadas Escribe una regla para cada donación y completa las tablas.

Regla: _____

Vueltas	Inicio								
Donación ($)	8								

Regla: _____

Vueltas	Inicio								
Donación ($)	15								

8. Usar herramientas apropiadas
Marca en la gráfica los pares ordenados de las tablas.

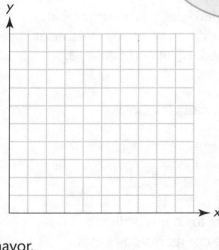

Cuando entiendes y perseveras, escoges e implementas una estrategia apropiada.

9. Razonar Explica qué donación será mayor.

Resuelve los problemas. Sigue los que tienen el resultado 72,072 para sombrear una ruta que vaya desde la **SALIDA** hasta la **META**. Solo te puedes mover hacia arriba, hacia abajo, hacia la derecha o hacia la izquierda.

TEMA
15

Actividad de práctica de fluidez

Puedo...
hacer mi trabajo con precisión.

También puedo hacer mi trabajo con precisión.

Salida

5,544 × 13	819 × 88	1,144 × 63	1,716 × 42	792 × 91
2,012 × 36	4,059 × 18	2,007 × 36	6,562 × 11	1,287 × 56
728 × 99	1,092 × 66	3,432 × 21	2,772 × 26	936 × 77
2,574 × 28	4,504 × 16	1,002 × 71	6,311 × 12	4,039 × 18
1,386 × 52	924 × 78	1,638 × 44	1,848 × 39	1,001 × 72

Meta

Repaso del vocabulario

 A-Z
Glosario

Lista de palabras

- coordenada *x*
- coordenada *y*
- eje de las *x*
- eje de las *y*
- gráfica de coordenadas
- origen
- par ordenado
- progresión numérica
- términos correspondientes

Comprender el vocabulario

Escribe *siempre*, *a veces* o *nunca* en los espacios en blanco.

1. Los términos correspondientes ocupan _____ la misma posición en un par de progresiones numéricas.

2. Un par ordenado _____ se puede marcar en el origen de una gráfica de coordenadas.

3. En una gráfica de coordenadas, el origen _____ puede estar ubicado en una posición distinta de (0, 0).

4. Dos rectas numéricas que forman una gráfica de coordenadas _____ se intersecan en un ángulo recto.

5. El segundo número de un par ordenado _____ describe la distancia hacia la derecha o hacia la izquierda del origen.

Para **6** a **8**, usa las listas de números.

```
0   4   9   12   15          0   5   10   15   20          0   10   20   30   40
        1   4   7   10   10          7   11   15   19   23
```

	Ejemplo	Contraejemplo
6. Progresión numérica	_____	_____
7. Otra progresión numérica	_____	_____
8. Identifica un par de términos correspondientes en tus ejemplos de los Ejercicios 6 y 7.	_____	

Usar el vocabulario al escribir

9. Explica cómo identificar términos correspondientes en dos progresiones numéricas. Usa términos de la Lista de palabras en tu explicación.

Grupo A | páginas 593 a 596

María tiene $4 y ahorrará $10 por semana. Stephen tiene $9 y también ahorrará $10 por semana.

María usa la regla "Sumar 10" para crear tablas para ver cuánto habrá ahorrado cada uno luego de cada semana. ¿Qué relación observas entre los **términos correspondientes**?

Semana	María
Inicio	$4
1	$14
2	$24
3	$34
4	$44

Semana	Stephen
Inicio	$9
1	$19
2	$29
3	$39
4	$49

Luego de cada semana, Stephen tiene ahorrados $5 más que María. O María tiene $5 menos que Stephen.

Recuerda que debes comparar los términos correspondientes para ver si hay una relación.

1. Dos grupos de estudiantes salieron a caminar. Luego de 1 hora, el grupo A había caminado $1\frac{1}{2}$ millas y el grupo B, $2\frac{1}{2}$ millas. Luego, cada grupo caminó 2 millas por hora. Completa las tablas para mostrar qué distancia caminó cada grupo luego de 3 horas.

Hora	Grupo A (mi)
1	$1\frac{1}{2}$
2	
3	

Hora	Grupo B (mi)
1	$2\frac{1}{2}$
2	
3	

2. ¿Qué relación observas entre los términos correspondientes?

Grupo B | páginas 597 a 600

André levanta pesas dos veces por semana y corre 4 veces por semana. André usa la regla "Sumar 2" y "Sumar 4" para completar la tabla. ¿Qué relación observas entre los términos correspondientes?

Semana	Levantar pesas	Correr
1	2	4
2	4	8
3	6	12
4	8	16

La cantidad de veces que André corre es siempre 2 veces la cantidad de veces que levanta pesas.

Recuerda que debes usar las reglas como ayuda para completar las tablas.

1. Un centro de jardinería vende 15 árboles y 45 arbustos por día durante una semana. Completa la tabla para mostrar cuántos árboles y cuántos arbustos en total se vendieron en 4 días. Usa las reglas "Sumar 15" y "Sumar 45" como ayuda.

Días	Árboles	Arbustos
1	15	45
2		
3		
4		

2. ¿Cuál es la relación entre los términos correspondientes de las progresiones?

Kelly usa 3 libras de frutos secos y 2 libras de cereal para preparar una tanda de granola. La tabla muestra cuántas libras totales de cada ingrediente necesitará para 4 tandas. Grafica los pares ordenados de los términos correspondientes. ¿Qué representa el punto (12, 8)?

Tanda	Frutos secos (lb)	Cereal (lb)
1	3	2
2	6	4
3	9	6
4	12	8

La tabla y la gráfica representan el problema. El punto (12, 8) muestra que cuando Kelly use 12 libras de frutos secos, usará 8 libras de cereal.

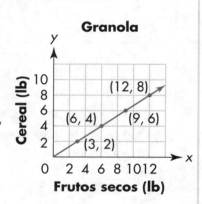

Granola

Recuerda que debes hacer pares ordenados con los términos correspondientes.

1. Lauren tiene $6 y ahorra $5 por semana. Derrick tiene $3 y ahorra $5 por semana. ¿Cuánto habrá ahorrado cada uno luego de 4 semanas? Usa la regla "Sumar 5" para completar la tabla.

Semana	Lauren	Derrick
Inicio	$6	$3
1		
2		
3		
4		

2. ¿Qué representa el punto (26, 23)?

3. ¿Cuál es la relación entre los términos correspondientes?

Piensa en estas preguntas como ayuda para **entender y perseverar** en la resolución de los problemas.

Hábitos de razonamiento

- ¿Qué necesito hallar?
- ¿Qué sé?
- ¿Qué más puedo intentar si no puedo seguir adelante?
- ¿Cómo puedo comprobar si mi solución tiene sentido?

Recuerda que puedes usar patrones, tablas y gráficas para representar y resolver problemas.

1. Sam comienza con 5 estampillas y compra 10 más por mes. Pat comienza con 9 estampillas y compra 9 más por mes. Completa la tabla usando las reglas "Sumar 10" y "Sumar 9".

Mes	Sam
Inicio	5
1	
2	
3	
4	

Mes	Pat
Inicio	9
1	
2	
3	
4	

2. Haz una gráfica con los datos de las tablas. ¿Tendrá Sam alguna vez más estampillas que Pat?

Nombre _____

1. Liz y Fareed abren una cuenta de ahorros cada uno. Liz abre su cuenta con $75 y Fareed abre la suya con $100. Cada mes los dos ahorran otros $50.

A. Completa la tabla para mostrar cuánto ha ahorrado cada uno en total luego de cada mes. Usa la regla "Sumar 50".

Mes	Liz	Fareed
Inicio	$75	$100
1		
2		
3		
4		

B. Marca todos los pares ordenados que representen las cantidades que Liz y Fareed ahorraron.

- ☐ (50, 75)
- ☐ (75, 100)
- ☐ (125, 150)
- ☐ (150, 200)
- ☐ (275, 300)

C. Describe la relación entre las cantidades que ahorró cada uno luego de cada mes.

2. En cada juego de ajedrez hay 16 peones y 2 reyes.

A. Completa la tabla para mostrar cuántos peones y cuántos reyes hay en total en diferentes cantidades de juegos de ajedrez. Usa las reglas "Sumar 16" y "Sumar 2"

Juegos	Peones	Reyes
1		
2		
3		
4		
5		

B. Usa la cantidad total de peones y reyes para formar pares ordenados. Grafica los pares ordenados a continuación.

Piezas de ajedrez

C. ¿Qué representa el par ordenado (96,12)?

3. Luis llevó la cuenta de las alturas de su planta de albahaca y su planta de cebollino. La planta de albahaca medía $15\frac{1}{2}$ cm y creció $1\frac{1}{2}$ cm por semana. La planta de cebollino medía $18\frac{1}{2}$ cm y creció $\frac{1}{2}$ cm por semana.

A. Completa la tabla para mostrar la altura de cada planta luego de cada semana. Usa las reglas "Sumar $1\frac{1}{2}$" y "Sumar $\frac{1}{2}$".

Altura de las plantas (cm)		
Semana	Albahaca	Cebollino
Inicio	$15\frac{1}{2}$	$18\frac{1}{2}$
1		
2		
3		
4		

B. ¿Alguna vez la planta de albahaca será más alta que la planta de cebollino? Si así fuera, ¿cuándo?

C. ¿Cómo te ayuda la tabla de **A** a responder a la pregunta de **B**?

4. La panadería de Bonnie hace 12 pasteles y 36 pastelitos por hora.

A. Completa la tabla para mostrar cuántos pasteles y cuántos pastelitos en total se hacen en la panadería después de cada hora. Usa las reglas "Sumar 12" y "Sumar 36".

Hora	Pasteles	Pastelitos
1		
2		
3		
4		
5		

B. Matías dice: "La cantidad total de pastelitos que se hacen es siempre 24 más que la cantidad total de pasteles". ¿Estás de acuerdo? Explica tu razonamiento.

C. Bonnie quiere graficar esta información. ¿Qué par ordenado representa la cantidad total que se hizo de cada producto luego de 6 horas?

Ⓐ (36, 12)

Ⓑ (18, 42)

Ⓒ (60, 180)

Ⓓ (72, 216)

Nombre _____

Los patrones de las mariposas
Usa la imagen de las **Mariposas** para explorar patrones.

Mariposas

Las mariposas tienen 4 alas y 6 patas.

1. Jessie y Jason usan sus celulares para fotografiar mariposas. Jessie tenía 3 fotografías almacenadas en su teléfono celular y Jason tenía 1 en el suyo. El sábado, cada uno fotografió una mariposa por hora.

Parte A

¿Cuántas alas de mariposa hay en cada colección de fotografías luego de 3 horas? Completa la tabla.

Alas de mariposa		
Hora	Fotografías de Jessie	Fotografías de Jason
0		
1		
2		
3		

Parte B

¿Cuál es la relación entre los términos correspondientes de los dos patrones de la Parte A?

Parte C

Escribe reglas para la cantidad de alas de mariposa que hay en las fotografías de Jessie y en las de Jason.

2. Compara la cantidad de alas con la cantidad de patas en distintas cantidades de mariposas.

Parte A

Completa la tabla.

Cantidad de mariposas	Alas	Patas
0	0	0
1		
2		
3		

Parte B

¿Cuál es la relación entre la cantidad de alas y la cantidad de patas que hallaste en la Parte A?

3. Tomika no tiene fotografías de mariposas en su teléfono celular, pero Kyle tiene 3 fotografías en el suyo. El sábado, Tomika toma 2 fotografías de mariposas por hora y Kyle toma 1 fotografía por hora. Responde lo siguiente para hallar si alguna vez sus colecciones de fotografías de mariposas tendrán la misma cantidad de alas o no.

Parte A

Escribe una regla y completa la tabla **Fotografías de Tomika.**

Fotografías de Tomika	
Horas	Alas
0	
1	
2	
3	

Parte B

Escribe una regla y completa la tabla **Fotografías de Kyle.**

Fotografías de Kyle	
Horas	Alas
0	
1	
2	
3	

Parte C

Representa los pares ordenados de la Parte A y la Parte B en la misma gráfica de coordenadas y traza rectas para los conjuntos.

Parte D

¿Tendrán alguna vez Tomika y Kyle la misma cantidad de alas en sus fotografías? Explícalo.

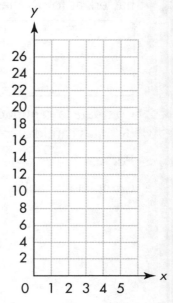

Medición geométrica: Clasificar figuras bidimensionales

Preguntas esenciales: ¿Cómo se pueden describir, clasificar y nombrar los triángulos y los cuadriláteros?

Los nopales, los coyotes, los escorpiones, la arena y las rocas forman parte del ecosistema del desierto en las montañas de Guadalupe.

Un *ecosistema* es una interacción de todos los organismos vivos de un medio ambiente en particular.

¿Pensaste alguna vez en la escuela como un tipo de ecosistema? Este es un proyecto sobre los ecosistemas.

Proyecto de enVision STEM: Ecosistemas

Investigar Usa la Internet u otros recursos para aprender más acerca de los ecosistemas. Busca ejemplos de cambios que pueden causar los organismos vivos. Haz una lista de tres ecosistemas y describe cualquier cambio que los seres humanos puedan haber provocado en cada uno.

Diario: Escribir un informe Incluye lo que averiguaste. En tu informe, también:

- compara dos ecosistemas. Haz una lista de 10 seres vivos y 5 objetos inertes que puedas encontrar en cada uno.

- piensa en los cambios que pueden ocurrir en un ecosistema. ¿Los cambios son positivos o negativos? ¿Por qué?

- usa figuras bidimensionales para hacer un mapa o un diagrama de un ecosistema.

Nombre_____

✰Repasa lo que sabes✰

(A-Z) Vocabulario

Escoge el mejor término de la Lista de palabras. Escríbelo en el espacio en blanco.

• cuadrilátero	• polígono
• grado	• segmento de recta
• paralelos	
• perímetro	• vértice

1. Un _____ es un polígono que tiene cuatro lados.

2. El punto donde dos lados de un polígono se intersecan es un _____.

3. La distancia entre los lados _____ de un polígono es siempre la misma.

4. El _____ es una unidad de medida para los ángulos.

Números decimales

Halla las respuestas.

5. $2.75 + 9.08$

6. $17.6 - 3.08$

7. 83.2×0.1

8. 24.27×10^3

Fracciones

Halla las respuestas.

9. $3\frac{2}{3} + 6\frac{9}{10}$

10. $8\frac{1}{2} - 4\frac{4}{5}$

11. $8 \div \frac{1}{2}$

12. $\frac{1}{3} \div 6$

Escribe una ecuación

13. Louisa dibujó un polígono con seis lados de la misma longitud. Si el perímetro del polígono de Louisa es 95.4 centímetros, ¿cuánto mide cada lado? Usa una ecuación para resolverlo.

14. El área de un rectángulo es 112 pulgadas cuadradas. Si la longitud del rectángulo es 16 pulgadas, ¿cuál es el ancho del rectángulo? Usa una ecuación para resolverlo.

PROYECTO 16A

¿Dónde puedes encontrar una pirámide?

Proyecto: Construye una pirámide

PROYECTO 16B

¿Cómo se usan diferentes formas en los planos?

Proyecto: Dibuja un plano

PROYECTO
16C

¿Qué figuras componen un mapa?

Proyecto: Busca figuras en un mapa

PROYECTO
16D

¿Cómo luce la bandera de la Florida?

Proyecto: Diseña una bandera

Nombre _____

Resuélvelo y coméntalo

A continuación se muestra un triángulo. Dibuja cinco triángulos más con diferentes propiedades. Junto a cada triángulo, haz una lista de las propiedades, como 2 lados iguales, 1 ángulo recto, 3 ángulos agudos, etc. *Trabaja con un compañero para resolver este problema.*

Puedo...
clasificar triángulos por sus ángulos y lados.

También puedo crear argumentos matemáticos.

En un triángulo, los ángulos son agudos, rectos u obtusos.

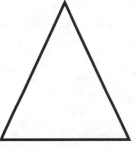

¡Vuelve atrás! **Razonar** ¿De qué maneras diferentes se pueden clasificar los triángulos? Explícalo.

Pregunta esencial ¿Cómo se pueden clasificar los triángulos?

A

Los triángulos se pueden clasificar por la longitud de sus lados.

Triángulo equilátero
Todos los lados tienen la misma longitud.

Triángulo isósceles
Al menos dos lados tienen la misma longitud.

Triángulo escaleno
Todos los lados tienen distinta longitud.

¿Puedes saber si los lados de un triángulo tienen la misma longitud sin medirlos?

B

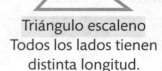 La medida total de todos los ángulos de un triángulo es 180°.

Los triángulos también se pueden clasificar por las medidas de sus ángulos.

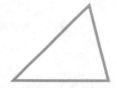

Triángulo rectángulo
Un ángulo es un ángulo recto.

Triángulo acutángulo
Los tres ángulos son ángulos agudos.

Triángulo obtusángulo
Un ángulo es un ángulo obtuso.

¡Convénceme! **Construir argumentos** ¿Puedes dibujar un triángulo rectángulo equilátero? Explícalo usando lenguaje matemático preciso.

Para justificar un argumento matemático, debes usar un lenguaje matemático preciso e ideas para explicar tu razonamiento.

⭐ Práctica guiada

¿Lo entiendes?

1. ¿Puede un triángulo rectángulo tener un ángulo obtuso? ¿Por qué?

2. ¿Puede un triángulo equilátero tener solo dos lados de la misma longitud? ¿Por qué?

¿Cómo hacerlo?

Para **3** y **4**, clasifica los triángulos por sus lados y, luego, por sus ángulos.

3.

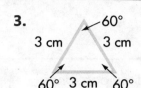

4.

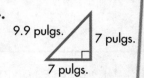

⭐ Práctica independiente

Para **5** a **10**, clasifica los triángulos por sus lados y, luego, por sus ángulos.

5.

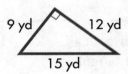

6.

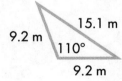

Piensa en lo que necesitas comparar para clasificar el triángulo correctamente.

7.

11 cm /60°\ 11 cm
60° 60°
11 cm

8.

15.1 m
9.2 m
110°
9.2 m

9.

6 m   10 m
8 m

10.

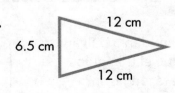

Resolución de problemas

11. La Pirámide del Louvre es una entrada al Museo del Louvre en París. La base de la pirámide mide 35 metros de longitud y los lados miden 32 metros de longitud. Clasifica el triángulo del frente de la Pirámide del Louvre por la longitud de sus lados y las medidas de sus ángulos.

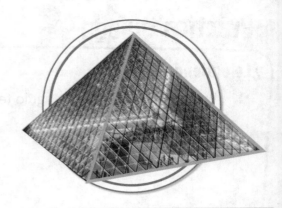

12. Una pizza se divide en doce porciones iguales. Glenn y Ben comieron cada uno $\frac{1}{6}$ de la pizza el lunes. Al día siguiente, Ben comió $\frac{1}{2}$ de la pizza que quedó. ¿Cuántas porciones de pizza quedan? Explica tu razonamiento.

13. Durante una liquidación en la librería, los libros se vendían a $3 y las revistas a $2.50. Jan gastó $16 y compró en total 6 libros y revistas. ¿Cuántos compró de cada uno?

14. Razonamiento de orden superior Las medidas de dos ángulos de un triángulo son 23° y 67°. ¿El triángulo es acutángulo, rectángulo u obtusángulo? Usa términos geométricos en tu explicación.

15. Entender y perseverar Un refugio para animales alberga perros, gatos y conejos. Hay 126 animales en el refugio. De los animales, $\frac{1}{3}$ son gatos. Tres cuartos del resto de los animales son perros. ¿Cuántos conejos hay? Muestra tu trabajo.

☑ Práctica para la evaluación

16. Dos lados de un triángulo miden 5 pulgadas y 6 pulgadas. Jason dice que el triángulo debe ser escaleno. ¿Tiene razón Jason? Explícalo.

Nombre ____________________

Lección 16-2
Clasificar cuadriláteros

Puedo...
clasificar cuadriláteros por sus propiedades.

También puedo razonar sobre las matemáticas.

Resuélvelo y coméntalo Traza un segmento de recta de cualquier longitud que quepa en el siguiente espacio. El segmento de recta puede ir en cualquier dirección, pero debe ser recto. Traza otro segmento de recta de cualquier longitud paralelo al primero. Une los extremos de cada segmento de recta con segmentos de recta para formar una figura cerrada de cuatro lados. ¿Qué aspecto tiene tu figura? ¿Puedes clasificarla? ***Comenta tus ideas con un compañero.***

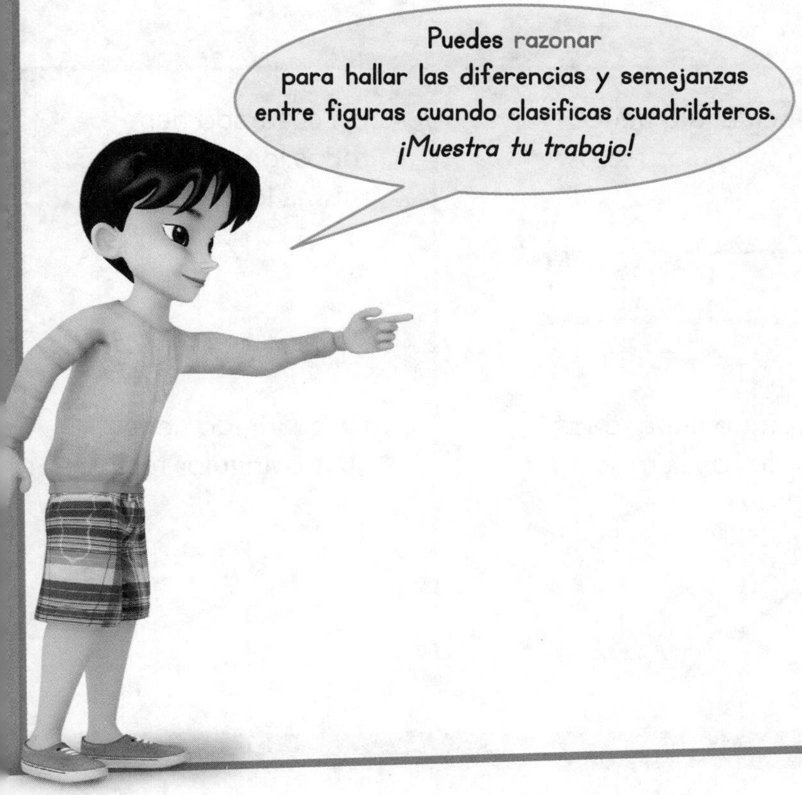
Puedes razonar para hallar las diferencias y semejanzas entre figuras cuando clasificas cuadriláteros. ¡Muestra tu trabajo!

¡Vuelve atrás! **Razonar** ¿Cómo puedes dibujar un cuadrilátero distinto del anterior? Describe qué puedes cambiar y por qué esos cambios modifican el cuadrilátero.

Pregunta esencial

¿Cuáles son algunas de las propiedades de los cuadriláteros?

A

Los cuadriláteros se clasifican en categorías según sus propiedades.

- ¿Cuántos pares de lados opuestos son paralelos?

- ¿Qué lados tienen la misma longitud?

- ¿Cuántos ángulos rectos tiene?

Piensa en las siguientes preguntas cuando clasificas cuadriláteros.

B

Un trapecio tiene un par de lados paralelos.

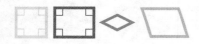

Un paralelogramo tiene dos pares de lados opuestos paralelos y de la misma longitud.

C

Un rectángulo tiene cuatro ángulos rectos.

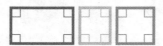

Un rombo tiene todos los lados de la misma longitud.

D

Un cuadrado tiene todos los lados de la misma longitud.

Un cuadrado tiene cuatro ángulos rectos.

¡Convénceme! **Generalizar** ¿En qué se diferencia un paralelogramo de un rombo? ¿En qué se parecen?

Nombre _____

☆ Práctica guiada

¿Lo entiendes?

1. **Vocabulario** ¿En qué se parecen un cuadrado y un rombo?

2. **A-Z** **Vocabulario** ¿En qué se diferencia un trapecio de un paralelogramo?

Usa las preguntas de la parte superior de la página 626 como ayuda para clasificar los cuadriláteros.

¿Cómo hacerlo?

Para **3** a **6**, usa tantos nombres como puedas para identificar los polígonos. Indica cuál es el nombre más específico.

3.

4.

5.

6.

☆ Práctica independiente

7. Identifica el polígono usando tantos nombres como puedas.

8. Identifica el polígono usando tantos nombres como puedas.

9. ¿Por qué un cuadrado es también un rectángulo?

10. ¿Qué cuadrilátero especial es tanto un rectángulo como un rombo? Explica cómo lo sabes.

Resolución de problemas

11. Cada vez que Sophie hace un corte a un polígono, puede formar una clase nueva de polígono. ¿Qué clase de polígono se formaría si Sophie cortara la punta del triángulo isósceles que se muestra?

12. Sentido numérico El carro de Donald rinde unas 30 millas por galón. ¿Aproximadamente cuántas millas puede recorrer Donald con 9.2 galones de gasolina? A $3.15 el galón, ¿aproximadamente cuánto dinero costaría esa cantidad de gasolina?

13. ¿Es posible dibujar un cuadrilátero que no sea un rectángulo pero que tenga al menos un ángulo recto? Explícalo.

14. El área de un cuadrilátero es 8.4 pies cuadrados. Halla dos números decimales que den un producto cercano a 8.4.

15. Hacerlo con precisión Imagina que cortas un cuadrado en dos triángulos idénticos. ¿Qué tipo de triángulos formarás?

16. Razonamiento de orden superior Un paralelogramo tiene cuatro lados de la misma longitud. ¿Es un cuadrado? Explica cómo lo sabes.

¿Qué sabes acerca de los lados de un paralelogramo?

Práctica para la evaluación

17. ¿Qué cuadrilátero podría tener longitudes de lado de 1 m, 5 m, 1 m, 5 m?

Ⓐ Cuadrado

Ⓑ Rectángulo

Ⓒ Trapecio

Ⓓ Rombo

18. ¿Cuál de los siguientes enunciados **NO** es verdadero?

Ⓐ Un rectángulo también es un paralelogramo.

Ⓑ Un trapecio también es un cuadrilátero.

Ⓒ Un rombo también es un rectángulo.

Ⓓ Un cuadrado también es un rectángulo.

Nombre _____

Resuélvelo y coméntalo

Observa los siguientes cuadriláteros. Escribe las letras de todas las figuras que son trapecios en la tabla. Luego, haz lo mismo con los otros cuadriláteros. *Trabaja con un compañero para resolver este problema.*

Puedo...
clasificar cuadriláteros usando una jerarquía.

También puedo crear argumentos matemáticos.

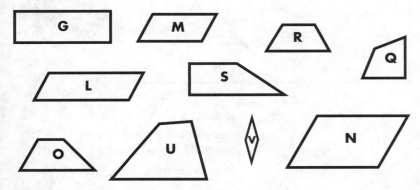

Escribe la letra de las figuras en cada grupo.

Trapecios	
Paralelogramos	
Rectángulos	
Cuadrados	
Rombos	

Puedes clasificar cuadriláteros que tienen más de una propiedad. ¡Muestra tu trabajo!

¡Vuelve atrás! **Construir argumentos** ¿Qué cuadrilátero tenía más figuras en la lista? Explica por qué este grupo tenía más figuras.

Pregunta esencial ¿Cómo se pueden relacionar entre sí los cuadriláteros especiales?

A

Este diagrama de Venn muestra cómo se relacionan entre sí los cuadriláteros especiales.

¿Cómo puedes usar el diagrama de Venn para describir otras maneras de clasificar un cuadrado? ¿Qué muestra el diagrama sobre cómo se relaciona un trapecio con otros cuadriláteros especiales?

Un diagrama de Venn usa círculos que se superponen para mostrar las relaciones entre los elementos.

B Cada círculo del diagrama de Venn muestra una categoría de cuadriláteros.

Los elementos de las secciones que se superponen en el diagrama de Venn pertenecen a más de un grupo.

"Cuadrado" está en más de un círculo del diagrama de Venn.

Un cuadrado también es un rectángulo, un rombo, un paralelogramo y un cuadrilátero.

C En el diagrama, el círculo del trapecio no se interseca con ningún otro círculo. Esto demuestra que un trapecio también es un cuadrilátero pero nunca un paralelogramo, un rectángulo, un rombo o un cuadrado.

¡Convénceme! Construir argumentos ¿Cuándo puede un rectángulo ser un rombo? ¿Puede un rombo ser un rectángulo? Explícalo usando ejemplos.

Nombre _____

☆ Práctica guiada

¿Lo entiendes?

1. Explica cómo muestra el diagrama de Venn de la página 630 que todos los rectángulos son paralelogramos.

2. ¿En qué se parecen un rectángulo y un rombo?

¿Cómo hacerlo?

Para **3** a **6**, indica si los enunciados son verdaderos o falsos. Si son falsos, explica por qué.

3. Todos los rectángulos son cuadrados.

4. Todo rombo es un paralelogramo.

5. Los paralelogramos son rectángulos especiales.

6. Un trapecio puede ser un cuadrado.

☆ Práctica independiente

Para **7** a **10**, escribe si los enunciados son verdaderos o falsos. Si son falsos, explica por qué.

7. Todos los rombos son rectángulos.

8. Todo trapecio es un cuadrilátero.

9. Los rombos son paralelogramos especiales.

10. Todos los rectángulos son cuadriláteros.

11. ¿Qué propiedades tiene la figura? ¿Por qué no es un paralelogramo?

12. ¿Por qué un cuadrado es también un rombo?

Resolución de problemas

13. Construir argumentos Dibuja un cuadrilátero con un par de lados paralelos y dos ángulos rectos. Explica por qué esta figura es un trapecio.

14. Una piscina tiene forma de rombo con una longitud de lado de 6 metros. ¿Cuál es el perímetro de la piscina? Explica cómo hallaste la respuesta.

Piensa en las propiedades de un rombo para resolver el problema.

15. Una panadería vendió 31 roscas la primera hora que abrió el negocio y 42 roscas la segunda hora. Si la panadería tenía 246 roscas al comienzo, ¿cuántas roscas le quedaron después de la segunda hora?

246 roscas		
31	42	?

16. Razonamiento de orden superior Ann dice que la siguiente figura es un cuadrado. Pablo dice que es un paralelogramo. Félix dice que es un rectángulo. ¿Pueden todos tener razón? Explícalo.

Práctica para la evaluación

17. A continuación se encuentra el diagrama de Venn de los cuadriláteros.

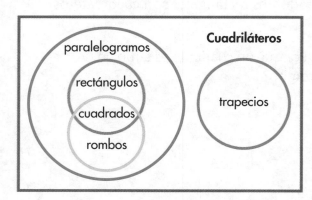

Parte A

¿Los rombos también son rectángulos? Explícalo.

Parte B

¿Cuáles son todos los nombres que describen un rombo?

Nombre _____

Resuélvelo y coméntalo

Alfie piensa que si corta un paralelogramo por una diagonal, tendrá dos triángulos de la misma forma y tamaño. ¿Tiene razón? *Resuelve este problema de la manera que prefieras.* Construye un argumento matemático para justificar tu respuesta.

Puedo...
construir argumentos sobre figuras geométricas.

También puedo clasificar polígonos.

Hábitos de razonamiento

¡Razona correctamente! Estas preguntas te pueden ayudar.

- ¿Cómo puedo usar números, objetos, dibujos o acciones para justificar mi argumento?

- ¿Estoy usando los números y los símbolos correctamente?

- ¿Es mi explicación clara y completa?

- ¿Puedo usar contraejemplos en mi argumento?

¡Vuelve atrás! **Construir argumentos** Imagina que cortas por una diagonal un rombo, un rectángulo o un cuadrado. ¿Obtendrías dos triángulos que tienen la misma forma y el mismo tamaño? Construye un argumento para justificar tu respuesta.

¿Cómo se pueden construir argumentos?

A

Anika dice: "Si trazo una diagonal en un paralelogramo, formaré siempre dos triángulos rectángulos". ¿Tiene razón? Construye un argumento matemático para justificar tu respuesta.

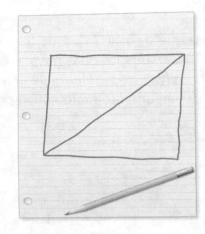

Puedes construir un argumento usando lo que sabes sobre los triángulos y los cuadriláteros.

¿Qué tengo que hacer para resolver este problema?

Tengo que examinar varios casos, incluidos paralelogramos especiales. Luego, necesito expresar mi conclusión y escribir un buen argumento para justificarla.

B

¿Cómo puedo construir un argumento?

Puedo

- usar las matemáticas para explicar mi razonamiento.

- usar las palabras y los símbolos correctos.

- dar una explicación completa.

- usar un contraejemplo en mi argumento.

C

Este es mi razonamiento...

Anika no tiene razón. Los triángulos son triángulos rectángulos solo cuando el paralelogramo es un rectángulo o un cuadrado.

Los rectángulos y los cuadrados tienen cuatro ángulos rectos. Por tanto, cada triángulo que se forma al dibujar una diagonal tendrá un ángulo recto y será un triángulo rectángulo. Pero si el paralelogramo no tiene ángulos rectos, ninguno de los triángulos tendrá un ángulo recto.

 ¡Convénceme! **Construir argumentos** ¿Cómo pueden ser útiles los contraejemplos para construir un argumento?

☆ Práctica guiada

Jamal dice: "Dos triángulos equiláteros del mismo tamaño se pueden unir para formar un rombo".

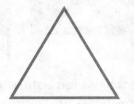 

1. ¿Cuál es la definición de un triángulo equilátero? ¿Cuál es la definición de un rombo?

2. ¿De qué manera conocer estas definiciones te ayuda a construir tu argumento?

3. ¿Tiene razón Jamal? Construye un argumento para justificar tu respuesta.

☆ Práctica independiente

Construir argumentos

Lauren dice: "Si trazo una diagonal en un trapecio, ninguno de los triángulos que se forman tendrá un ángulo recto".

4. ¿Cuál es la definición de un trapecio?

5. Traza ejemplos de una diagonal en un trapecio.

6. ¿Cómo puedes usar un dibujo para construir un argumento?

7. ¿Tiene razón Lauren? Construye un argumento matemático para justificar tu respuesta.

¿No puedes seguir adelante? Responder a esta pregunta te puede ayudar. ¿Interpreté correctamente todos los significados de las palabras?

Un diagrama te puede ayudar a construir argumentos.

Resolución de problemas

Crear banderas

La clase del Sr. Herrera está estudiando los cuadriláteros. La clase trabajó en grupo, y cada uno hizo una "bandera de cuadriláteros".

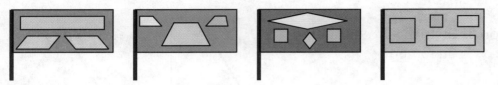

8. **Construir argumentos** ¿Qué banderas muestran paralelogramos? Construye un argumento matemático para justificar tu respuesta.

9. **Razonar** Explica cómo clasificarías los cuadriláteros de la bandera verde y los de la bandera azul.

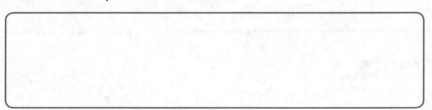

> Las definiciones de los diferentes cuadriláteros te ayudarán a construir argumentos.

10. **Evaluar el razonamiento** El grupo de Marcia hizo la bandera roja. El grupo de Bev hizo la bandera anaranjada. Ambas niñas dicen que su bandera tiene solo rectángulos. Evalúa el razonamiento de las dos niñas y explica quién tiene razón.

11. **Entender y perseverar** ¿Tiene sentido que este cuadrilátero esté en alguna de las banderas?

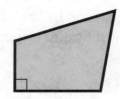

Trabaja con un compañero. Necesitan papel y lápiz. Cada uno escoge un color diferente: celeste o azul.

El compañero 1 y el compañero 2 apuntan a uno de sus números negros al mismo tiempo. Ambos hallan el producto de los dos números.

El compañero que escogió el color donde está ese producto anota una marca de conteo. Sigan la actividad hasta que uno de los compañeros tenga siete marcas de conteo.

Puedo...
multiplicar números enteros de varios dígitos.

También puedo crear argumentos matemáticos.

Compañero 1

| 29 |
| 76 |
| 84 |
| 91 |
| 100 |

12,264	77,532	204,204	70,499
612,339	64,752	195,141	14,600
4,234	672,900	13,286	11,096
85,200	1,292	71,568	243,100
184,756	565,236	493	221,221
1,547	24,708	511,404	1,428

Compañero 2

| 17 |
| 146 |
| 852 |
| 2,431 |
| 6,729 |

| **Marcas de conteo del compañero 1** |
| |

| **Marcas de conteo del compañero 2** |
| |

Glosario

Repaso del vocabulario

Lista de palabras

- cuadrado
- paralelogramo
- rectángulo
- rombo
- trapecio
- triángulo acutángulo
- triángulo equilátero
- triángulo escaleno
- triángulo isósceles
- triángulo obtusángulo
- triángulo rectángulo

Comprender el vocabulario

Escoge el mejor término de la Lista de palabras. Escríbelo en el espacio en blanco.

1. Un polígono de 3 lados que tiene al menos dos lados de la misma longitud es un _____.

2. Un polígono que tiene un par de lados paralelos es un _____.

3. Un _____ tiene cuatro ángulos rectos y los cuatro lados tienen la misma longitud.

4. Los tres lados de un _____ tienen distintas longitudes.

5. La medida de cada uno de los tres ángulos de un _____ es menor que 90°.

6. Un rectángulo es un tipo especial de _____.

Dibuja un ejemplo y un contraejemplo para los siguientes términos.

	Ejemplo	Contraejemplo
7. Triángulo obtusángulo		
8. Rombo sin ningún ángulo recto		
9. Triángulo rectángulo isósceles		

Usar el vocabulario al escribir

10. Alana dice que no todos los polígonos de 4 lados con 2 pares de lados iguales son paralelogramos. ¿Tiene razón Alana? Usa términos de la Lista de palabras en tu respuesta.

Grupo A páginas 621 a 624

Clasifica el triángulo por las medidas de sus ángulos y las longitudes de sus lados.

Como uno de los ángulos es recto, este es un triángulo rectángulo. Como dos de los lados tienen la misma longitud, es un triángulo isósceles.

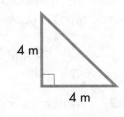

4 m

4 m

Es un triángulo rectángulo isósceles.

Recuerda que los términos *rectángulo*, *obtusángulo* y *acutángulo* describen un triángulo según sus ángulos. Los términos *equilátero*, *escaleno* e *isósceles* describen un triángulo según sus lados.

Clasifica los triángulos por las medidas de sus ángulos y las longitudes de sus lados.

1.

60°
60° 60°

2.
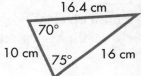
5 pulgs.
3 pulgs.
4 pulgs.

3.
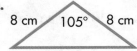
8 cm   105°   8 cm

4.

16.4 cm
70°
10 cm   75°   16 cm

Grupo B páginas 625 a 628

Los cuadriláteros se clasifican por sus propiedades.

Un **trapecio** tiene un par de lados paralelos.

Un **paralelogramo** tiene dos pares de lados iguales paralelos.

Un **rectángulo** es un paralelogramo que tiene 4 ángulos rectos.

Un **rombo** es un paralelogramo que tiene 4 lados iguales.

Un **cuadrado** es un paralelogramo que tiene 4 ángulos rectos y 4 lados iguales.

Recuerda que algunos cuadriláteros se pueden identificar con más de un nombre.

Identifica los cuadriláteros. Descríbelos con tantos nombres como puedas.

1.

2.
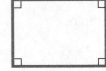

3.

4.

Este diagrama de Venn muestra cómo los cuadriláteros especiales se relacionan entre sí.

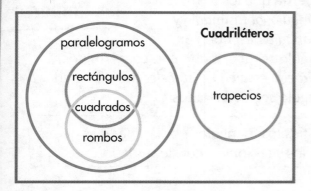

Cuadriláteros

- paralelogramos
- rectángulos
- cuadrados
- rombos
- trapecios

Recuerda que cada círculo del diagrama de Venn muestra un subgrupo de cuadriláteros.

Indica si los enunciados son verdaderos o falsos.

1. Todos los cuadrados son rectángulos.

2. Todo paralelogramo es un rectángulo.

3. Los rombos son paralelogramos especiales.

4. Todos los trapecios son cuadriláteros.

Piensa en estas preguntas como ayuda para **construir argumentos**.

Hábitos de razonamiento

- ¿Cómo puedo usar números, objetos, dibujos o acciones para justificar mi argumento?

- ¿Estoy usando los números y los símbolos correctamente?

- ¿Es mi explicación clara y completa?

- ¿Puedo usar contraejemplos en mi argumento?

Recuerda que usar las definiciones de las figuras geométricas te puede ayudar a construir argumentos.

Malcolm dice: "La suma de las medidas de los ángulos de cualquier rectángulo es 180°."

1. ¿Cuál es la definición de un rectángulo?

2. Haz un dibujo de un rectángulo y rotula sus ángulos.

3. ¿Malcolm tiene razón? Construye un argumento matemático para justificar tu respuesta.

Nombre _____

1. ¿Qué opción describe correctamente los triángulos? Escoge todas las que apliquen.

☐ Los dos triángulos tienen un ángulo recto.

☐ Un solo triángulo tiene un ángulo recto.

☐ Un solo triángulo tiene un ángulo agudo.

☐ Los dos triángulos tienen un ángulo obtuso.

☐ Los dos triángulos tienen al menos dos ángulos agudos.

2. ¿Cuál de los enunciados es correcto?

Ⓐ Los trapecios son paralelogramos.

Ⓑ Un cuadrado siempre es un rectángulo.

Ⓒ Un rectángulo siempre es un cuadrado.

Ⓓ Un rombo es un trapecio.

3. Marca todas las figuras que sean paralelogramos.

4. El dije que se muestra tiene un par de lados paralelos. ¿Qué tipo de cuadrilátero es el dije? Explícalo.

5. Identifica la siguiente figura usando tantos nombres como puedas.

6. Afirmación 1: Un cuadrado es un rectángulo porque tiene 4 ángulos rectos.
Afirmación 2: Un cuadrado es un rombo porque tiene 4 lados iguales.
¿Cuál de los enunciados es correcto? Explícalo.

7. Mira el rombo y el cuadrado siguientes.

A. ¿En qué se parecen las dos figuras?

B. ¿En qué se diferencian las dos figuras?

8. Identifica la siguiente figura usando tantos nombres como puedas.

9. Identifica la siguiente figura usando tantos nombres como puedas.

10. ¿Qué figura tiene dos pares de lados opuestos paralelos y todos sus lados de la misma longitud, pero **NO** tiene cuatro ángulos rectos?

Ⓐ Cuadrado

Ⓑ Rectángulo

Ⓒ Rombo

Ⓓ Trapecio

11. Usa el diagrama de Venn. ¿Son los rombos paralelogramos siempre, a veces o nunca? Explícalo.

Cuadriláteros

paralelogramos

rectángulos

cuadrados

rombos

trapecios

12. Describe el triángulo *HJK* por sus lados y ángulos.

H

J   *K*

Nombre ______________________________

TEMA 16

Tarea de rendimiento

Geometría en el arte

Los artistas suelen usar triángulos y cuadriláteros en sus obras.

1. Usa el **Cartel** para responder a las siguientes preguntas.

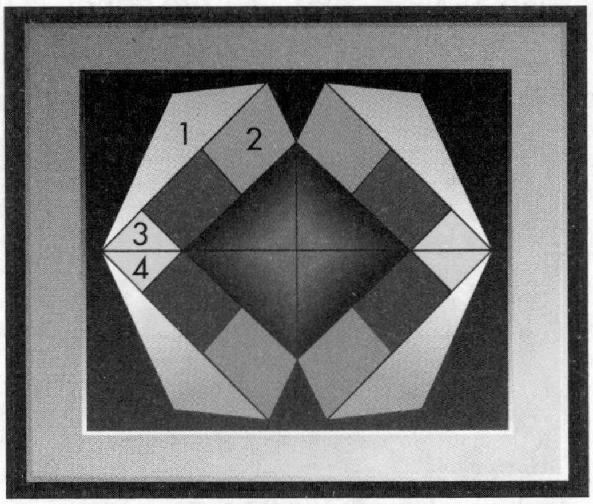

Parte A

Clasifica el triángulo 1 del **Cartel** por sus ángulos y sus lados.

Parte B

¿Cuáles son todos los nombres que puedes usar para describir la figura 2 del **Cartel**?

Parte C

Los triángulos 3 y 4 son idénticos. Están unidos en el **Cartel** para formar un cuadrado. Construye un argumento matemático para mostrar por qué los triángulos 3 y 4 son triángulos rectángulos isósceles.

Parte D

Si el triángulo 3 se une con otro triángulo del mismo tamaño y forma, ¿los dos triángulos siempre forman un cuadrado? Construye un argumento matemático para explicar tu razonamiento.

Parte E

¿Cuáles son las medidas de los ángulos del triángulo 3? Observa que dos ángulos de un triángulo isósceles siempre tienen la misma medida. Explícalo.

2. Clasifica los triángulos y los cuadriláteros del dibujo **Casas** para responder a las siguientes preguntas.

Parte A

¿Todos los triángulos que se muestran en el diseño son isósceles? ¿Son todos equiláteros? Construye un argumento matemático, usando propiedades, para explicar por qué.

Parte B

Todos los cuadriláteros del dibujo **Casas** son rectángulos. ¿Significa eso que todos los cuadriláteros son paralelogramos? ¿Significa eso que son todos cuadrados? Construye un argumento matemático, usando propiedades, para explicar tu razonamiento.

enVision® Matemáticas

Fotografías

Photo locators denoted as follows: Top (T), Center (C), Bottom (B), Left (L), Right (R), Background (Bkgd)

1 James Laurie/Shutterstock; **3** (T) Wayne Johnson/Shutterstock, (C) Foto-bee/Alamy Stock Photo, (B) Macrovector/Shutterstock; **4** (Bkgd) Underworld/Shutterstock, Danny E Hooks/Shutterstock, **6** Risteski goce/Shutterstock; **12** John Foxx/Thinkstock; **18** Vladislav Gajic/Fotolia; **22** (L) James Steidl/Fotolia, (C) Hemera Technologies/Getty Images; (R) Ivelin Radkov/Fotolia. **41** Inacio pires/Shutterstock; **43** (T) Rudy Umans/Shutterstock; **43** (B) Findlay/Alamy Stock Photo; **44** (T) Elenadesign/Shutterstock; (B) Georgejmclittle/123RF; **62** (L) Getty Images; (R) Fuse/Getty Images. **77** Samuel Liverio/Shutterstock; **79** (T) Porco_photograph/iStock/Getty Images, (C) Iofoto/Shutterstock, (B) M. Shcherbyna/Shutterstock; **80** (Bkgd) China Images/Liu Xiaoyang/Alamy Stock Photo, Val lawless/Shutterstock; **92** (CL) Andreanita/Fotolia; (CR) Algre/Fotolia, (R) Eduardo Rivero/Fotolia, **96** Rikke/Fotolia; **102** Cphoto/Fotolia; **109** Tatiana Popova/Shutterstock. **125** Smileus/Shutterstock; **127** (T) FatCamera/E+/Getty Images, (B) Mario Houben/CSM/REX/Shutterstock; **128** (T) AF archive/Alamy Stock Photo, (B) Kali9/E+/Getty Images; **141** Viacheslav Krylov/Fotolia; **149** Alisonhancock/Fotolia. **177** Tom Wang/Shutterstock; **179** (T) Andre Jenny/Alamy Stock Photo, (C) Chronicle/Alamy Stock Photo, (B) David Grossman/Alamy Stock Photo; **180** (Bkgd) Kuvona/Shutterstock, Sailou/Shutterstock. **225** Lisastrachan/Fotolia; **227** (T) Steve Debenport/E+/Getty Images, (B) Monkey Business Images/Shutterstock; **228** (T) Accept photo/Shutterstock, (B) Ton Koene/Picture Alliance/Newscom. **265** Marcio Jose Bastos Silva/Shutterstock; **267** (T) Arsenik/E+/Getty Images, (C) Des Westmore/Alamy Stock Photo, (B) Roman Diachkin/Shutterstock; **268** (Bkgd) Prostock-studio/Shutterstock, (T) Nattika/Shutterstock, (B) Boonchuay1970/Shutterstock; **298** Esanbanhao/Fotolia; **306** Image Source/Jupiter Images; **313** (B) by-studio/Fotolia; (T) Paul Orr/Shutterstock. **329** Simone van den Berg/Fotolia; **331** (T) Philip Images/Shutterstock, (B) Bubbers BB/Shutterstock; **332** (T) Ian Allenden/123RF, (B) ImageBROKER/REX/Shutterstock. **381** Zest_Marina/Fotolia; **383** (T) Stacey Newman/Shutterstock, (C) Arve Bettum/Shutterstock, (B) Fluid work shop/Shutterstock; **384** (Bkgd) Cathy Yeulet/123RF, Jarabee123/Shutterstock, **406** Bev/Fotolia. **425** Jon Beard/Shutterstock; **427** (T) Wk1003mike/Shutterstock, (B) W. Scott McGill/Shutterstock; **428** (T) Neale Clark/Robertharding/Alamy Stock Photo, (B) Emmanuel Lattes/Alamy Stock Photo. **453** Morgan Lane Photography/Shutterstock; **455** (T) 146914/Shutterstock, (C) Africa Studio/Shutterstock, (B) Tomasz Szymanski/Shutterstock; **456** (Bkgd) Cathy Yeulet/123RF, Showcake/Shutterstock, (inset) Chutima Chaochaiya/Shutterstock. **485** Iktomi/Fotolia; **487** (T) Stefano Paterna/Alamy Stock Photo, (B) NASA; **488** (T) Elena Veselova/Shutterstock, (B) MaZiKab/Shutterstock; **498** Getty Images; **510** (L) Marianne de Jong/Shutterstock; (R) Brocreative/Fotolia, **531** (T) Evgeny Karandaev/Shutterstock, (B) Volff/Fotolia. **533** Natalia Pavlova/Fotolia; **535** (T) M.R. Brennan/Shutterstock, (C) Viktoria White/Shutterstock, (B) JPL-Caltech/MSSS/NASA; **536** (Bkgd) LWA/Dann Tardif/Blend Images/Alamy Stock Photo, Rawpixel.com/Shutterstock. **561** Solarseven/Shutterstock; **563** (T) Sean Pavone/Alamy Stock Photo, (B) Kai Chiang/123RF; **564** (T) Oleksii Chumachenko/Shutterstock, (B) Alice McBroom/Pearson Education Australia Pty Ltd. **589** Pisaphotography/Shutterstock; **591** (T) Eugene Lu/Shutterstock, (C) Timothy Holle/Shutterstock, (B) Chameleons Eye/Shutterstock; **592** (Bkgd) 123RF, Laboko/Shutterstock; **615** Leekris/Fotolia. **617** Michael J Thompson/ShutterStock; **619** (T) Pius Lee/Shutterstock, (B) Solis Images/Shutterstock; **620** (T) Rainer Lesniewski/Alamy Stock Photo, (B) Railway fx/Shutterstock; **624** 2010/Photos to Go/Photolibrary.